# 텐배거

## 10배 성장전략

# 텐배거
## 10배 성장전략

• 이상직 지음

한국경제신문

이 시대의 화두는 역시 '경제'이다. 이제 누구나 서슴없이 '경제 전쟁'을 이야기하고 있다. 특히 세계 경제의 흐름에 민감해야 할 것이다. 경제 트렌드는 점차 빠르게 변하고 있고, 결국 그 변화의 속도에 어떻게 대응하느냐에 따라 승패가 좌우될 것이기 때문이다. 이제 이러한 전쟁의 결과는 국가뿐만 아니라 기업에게도 현실이 되고 있다.

물론 경제 트렌드를 읽는다고 오로지 경제 하나만 집중하는 것은 큰 의미가 없다. 오히려 경제를 둘러싸고 있는 정치, 사회, 문화 전반을 읽어내는 노력이 더 중요할 수 있는데, 나는 이 책을 읽으면서 이 상직 부회장이 이런 전체적인 사고의 틀을 가지고 고민한 흔적을 여러 군데에서 느낄 수 있었다.

치열한 글로벌 경쟁에서 '한국 경제가 자신감을 상실하고 무기력에 빠져 있다.'고 많은 사람들이 이야기하고 있다. 어느 정도 수긍이 가는 부분도 있지만 이 부회장처럼 열정적인 기업인은 언제나 큰 희망을 남겨준다. 특히 '대한민국의 텐배거'라는 감격스러운 목표는 나를 놀라게 했다. '땅의 크기에서 밀리면 생각의 크기로 맞서자.'는 말을 생각나게 한다.

우리 경제에 대한 우려를 불식시키기 위해서는 확실한 비전과 자신감을 세우는 것이 우선이라고 본다. 이 책에 나와 있듯이 5~10년 뒤에 성공적으로 자리매김하고 싶다면 합당한 비전을 세워야 할 것이다. 또한 아무리 큰 목표도 아주 작은 것에서 시작된다. 이 부회장이 말하는 '10배 성장(텐배거)'도 마찬가지일 것이다.

우리는 밝은 미래를 기대하지만 결코 수월하지 않은 현실이 우리 앞에 놓여 있다. 어찌 보면 우리는 아직 이 부회장의 말처럼 '국가 텐배거'로 가는 첫걸음조차 떼지 못했는지 모른다. 그러나 어려움에 부딪혔다고 이대로 주저앉을 순 없다. 하나씩 앞에 놓인 문제들을 해결하다 보면 10배 성장의 열매가 열리게 될 것이다.

"문제는 실패한 경험의 충격에서 벗어나지 못하고 일찌감치 체념하고 자신을 실패한 인생으로 결정해버리는 데 있다."

이 책에 나오는 이 글을 항상 가슴에 담아두고 싶다.

한때 국가의 경제부문을 책임졌던 한 사람으로서 경제에 대해 우울한 이야기를 접할 때마다 답답한 심정이었는데, 이 부회장처럼 확실한 비전과 자신감을 가진 사람들이 나로 하여금 여전히 꿈을 꾸게 한다.

이 책을 통해 어려운 현실에서 앞으로 나아갈 힘을 얻었다. 부디 이 부회장의 『텐배거』가 눈 밝은 이들에게 널리 읽히기를 바란다.

진념 前 경제부총리 |

우리는 무한 경쟁 시대에 살고 있다. 이는 사회와 국가를 이끌어가는 주역인 경영자들로 하여금 국가와 기업의 경쟁력을 키워야 한다는 시대적 사명을 요구한다. 이를 실천하려면 리더는 과연 무엇을 어떻게 해야 하는가, 라는 물음에 답을 주려는 흔적이 이 책의 곳곳에 배어 있다. 이 책을 읽는 독자는 사회의 리더는 자기 정체성을 갖는 동시에 주도성을 가지고 맡겨진 임무에 최선을 다해야 한다고 목소리를 높이는 저자를 만나게 될 것이다. 그러고 보니 텐배거, 즉 10배 성장론에 관한 저자의 당당한 주장은 평소 저자의 진지하고 열정적인 눈빛과 참 닮았다는 생각이 든다.

**안상형** 서울대학교 경영대학장 ㅣ

이 책에서 말한, 한국이 20년 후 세계 초일류 국가가 된다는 목표는 불가능한 것이 아니다. 한국은 뛰어난 인적자원을 가지고 있고, 글로벌 리더를 향해 뛰는 많은 기업이 많기 때문이다. 저자의 주장에서 나는 희망의 로드맵을 읽었다. 중소기업을 경영하는 한 기업인이 자신 있게 말하는 한국의 10배 성장전략이 그 중심축을 이룰 것이다. 대한민국 경제의 미래를 생각하는 당당한 태도와 생각은 이미 한국의 기업인을 넘어 세계의 리더로 자리 잡고 있다. 이 책에서 말한 방법을 견지하기만 한다면 우리 모두는 10배 성장이라는 열매를 수확할 수 있다. 20년 후 대한민국의 모습이 기대된다.

**조정남** SK텔레콤 대표이사 부회장 ㅣ

투 자시장을 제대로 이해하지 않고서는 개인이나 기업 심지어 국가조차도 점차 생존하기 힘들어지고 있다. 나 역시 글로벌 경제라는 거대한 링 위에서 국내외 투자시장의 변화를 제대로 이해 했는지, 그리고 하루하루 최선을 다했는지 되돌아보고 있다. 저자는 이런 투자시장의 핵심을 정확히 짚어주면서 자신만의 투자 철학과 마인드를 이야기하고 있는데, 이미 투자시장에서 '텐배거'를 이룬 저자의 명성처럼 짧은 글이지만 많은 의미를 읽을 수 있었다. 한편으 로 내가 평소 강조하는 어떠한 난관 앞에서도 잃지 않는 '긍정의 힘' 과 직원들의 자발성을 이끌어내는 '적절한 보상'을 이 책에서 읽을 수 있어 또한 기쁨이었다. 최고경영자를 비롯하여 투자시장을 이해 하고자 하는 많은 사람들에게 권하고 싶다.

김정태 대한투자증권 사장 |

저 자는 투자시장의 전문가에서 기업의 CEO가 된 현재까지 부 지런히 10배 성장, 즉 '텐배거'를 실천해 왔다. 때문에 그의 주장은 큰 신뢰가 느껴진다. 특히 이 책에서 언급하고 있는 '해외에서 부를 창출하자'는 주장과 논거는 상당부분 내 생각과 일치한다. 특히 IMF의 쓰라린 경험을 바탕으로 중국, 베트남 등 이머징마켓에서 윈윈 할 수 있는 성공적인 금융모델을 만들어야 한다는 주장은 너무나 당연 하다. 또한 이 책에서 언급하고 있는 투자시장의 텐배거 전략은 '기본' 을 강조하는 그의 치열한 역사가 담겨 있기에 더욱 값진 의미가 있다.

홍석주 한국투자공사 사장 |

저 자는 평소에도 '텐배거'란 괴물을 설파하곤 했는데, 이 책을 통해 큰 결실을 보는 것 같아 못내 반갑다. 저자는 수많은 후배 가운데 유독 기억에 남는 사람이다. 어려움을 겪고 있다는 소리가 들리는가 하면 얼마 지나지 않아 그 난관을 극복하고 더 큰 사람이 되어 나타나곤 했다. "참 똑똑한 사람이군!"이라고 생각했지만 두고 볼수록 그의 저력은 명석함에서 오는 것이 아니라 흔들리지 않는 소신과 뚝심에서 오는 것임을 깨달았다. 나는 언론인 특유의 냉정한 시각으로 이 책을 읽어 내려갔다. 개인의 성공에 급급해 있는 오늘날 우리의 모습을 깨우치고 국가의 비전까지 통찰하고 있는 그의 텐배거 정신은 감동을 주기에 충분하리라 확신한다.

**곽영길** 아시아경제신문 사장 |


수 많은 실패와 좌절이 나의 역사'라고 저자가 말한 적이 있다. 그래서인지 그의 주장에는 쉽게 흉내 낼 수 없는 힘이 느껴진다. 그것이 바로 이 책에서 말하는 '텐배거' 정신이 아닐까 한다. 조그마한 커피숍 모퉁이에서도 안테나를 바짝 세우고, 급변하는 시장 환경을 읽어내려는 그의 열정은 머지않아 강대국의 기업인들과 어깨를 나란히 할 수 있는 역량 있는 '큰 기업인'으로 거듭날 것이라는 기대감을 준다. 그와 함께 텐배거, 즉 10배 성장의 기쁨을 대한민국이 함께 누리기를 기대한다.

**오연호** 오마이뉴스 대표이사 |

차례 TEN BAGGER GROWTH

## PART 4_　10배로 불리는 투자시장의 텐배거

# 나를 성공으로 이끄는 희망의 불씨,
# 텐배거

노란 숲 속에 길이 두 갈래로 났었습니다.

나는 두 길을 다 가지 못하는 것을 안타깝게 생각하면서,

오랫동안 서서 한 길이 굽어 꺾여 내려간 데까지,

바라다 볼 수 있는 데까지 멀리 바라다보았습니다. ……


훗날에 훗날에 나는 어디선가

한숨을 쉬며 이야기할 것입니다.

숲 속에 두 갈래 길이 있었다고,

나는 사람이 적게 간 길을 택하였다고,

그리고 그것 때문에 모든 것이 달라졌다고.


— 프로스트 '가지 않은 길' 中에서

사람들은 누구나 특별한 존재로 살고 싶어한다. 누구나 이상적인 삶을 꿈꾸고 있을 것이다. 그러나 현실은 이루고자 하는 방법을 찾기 어려운 미로이고, 선택의 폭도 넓지 않은 쪽방이라는 것을 알게 된다. 이때 사람들은 초라한 자신의 존재를 느끼게 된다.

지난날, 나 역시 그러했다. 성공에 대한 막연한 기대만 품고 현실을 냉정하게 직시하지 못하는 어리석음을 지니고 있었다. 늘 꿈꿨던 바를 이루어가고 있는 지금, 그동안 경험했던 숱한 실패와 좌절이 오늘날의 나에게 쓰디쓴 약이 되었음을 느낀다. 오늘 지금까지 나를 이끌어준 스승이자 함께했던 친구를 소개하고 싶다. 그의 이름은 '텐배거' 이다.

처음에는 '텐배거' 를 10루타 종목, 10배의 투자수익률로 간단하게 불렀다. 그렇게 단순했던 '텐배거' 는 점차 나와 함께 성장하면서 나를 독려하는 스승이 되었고, 차가운 현실에 굴하지 않고 10배 성장이라는 희망과 미래에 대한 비전을 가질 때까지 나와 함께하는 친구가 되었다.

대학을 졸업하고 증권회사에서 사회생활을 시작한 이래, 줄곧 분초를 쪼개며 공부하고 수없이 현장에 몸을 던졌다. 자신을 혹독하게 다루지 않으면 버텨내지 못할 정도로 투자시장은 만만치 않았다. 이때 마음의 스승인 워렌 버핏과 정주영 회장 그리고 '텐배거' 를 만난 것은 행운이었다.

실로 무無에서 출발한 나는 멘토들의 투자철학과 경영철학을 접하면서부터, 한 평이라도 나만의 공간을 갖겠다는 의지로 긴 '텐배거'

의 길에 들어섰다. 수시로 찾아오는 도전을 회피하지 않았고 책과 씨름하고 현장에서 부딪히며 하나하나 기회를 만들어갔다.

현재 내가 이끌고 있는 기업 중에 이스타투자자문(舊 유리스투자자문)이라는 회사가 있다. 이 회사는 연기금과 정부투자기관 그리고 은행, 보험 등 금융권으로부터 자금을 위탁받아 주식형 펀드를 운용하고 있는데, 2006년 말을 기준으로 총 자산 규모가 5,000억 원 정도로 국내 수위의 규모로 평가받고 있다. 그 외에 서너 개의 제조업체 역시 각기 분야에서 국내 1위의 시장점유율을 보이고 있다.

하나의 점에서 시작된 나의 동반자 '텐배거'는 이토록 상당한 두께와 녹록치 않은 면모를 지니게 되었고, 지금은 대한민국의 텐배거까지 고민하는 시점에 이르렀다.

나는 이 책을 통해 개인이자 기업의 경영자로서 그리고 대한민국의 구성원으로서 '텐배거'라는 스펙트럼을 통해 진정한 '성장'을 확인하고 싶었다. 한편으로 '텐배거'를 이루는 과정과 구체적인 사례 등을 통해 '텐배거'가 누구나 넘을 수 있는 산임을 설명하고자 노력했다.

세상에서 유일하게 존재하는 '나' 그리고 '당신'의 꿈을 이루기 위해 희망의 돛을 올리는 순간, 그것이 진정한 '텐배거'의 시작이다.

이 자리에 오기까지 내가 맡은 일에 최선을 다할 수 있도록 많은 사람들이 격려해주었다. 또한 이 책을 내는 데 도움을 주었다. 그들의 이름을 모두 적는 대신 지면을 빌어 깊은 감사의 마음을 전하고 싶다.

그리고 아이들의 엄마에게 고마운 마음을 전하며, 사랑스런 딸 수지와 아들 원준에게는 내가 항상 함께하고 있다는 것을 말해주고 싶다. 어린 나이에 쉽지 않은 길을 가고 있는 아이들이 진정 어려움을 이겨내고 스스로의 힘으로 '텐배거'의 길을 찾았으면 하고 바란다. 오늘도 한발 한발 앞으로 나아가는 아이들이 나를 기쁘게 하고 '텐배거'란 열정의 불씨도 되고 있음을 오롯이 느낀다.

2007. 3

뉴욕 맨해튼에서 이상직

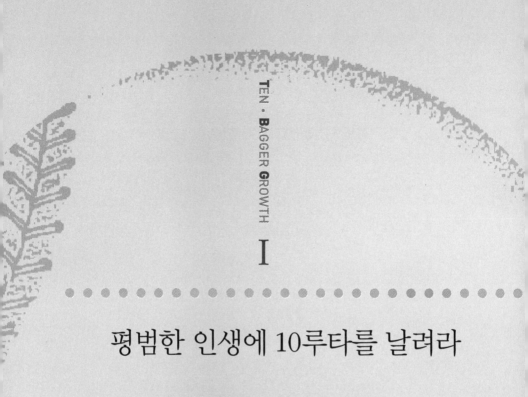

# 평범한 인생에 10루타를 날려라

# 도전의 출발점에 서서

인생을 살다보면 누구나 성공과 실패를 경험하게 된다. 항상 성공가도만을 달리는 사람도, 하는 일마다 번번이 실패하는 사람도 없다. 순간의 선택으로 성공에서 실패의 나락으로, 실패에서 성공의 정점으로 치달릴 수 있는 게 바로 인생이다.

이를 역으로 생각하면 누구나 인생역전이 가능하다는 말이 된다. 실패만 거듭하던 사람도 성공의 대가를 얻을 수 있다. 그러기 위해서는 우선 생각부터 전환해야 한다. 성공은 긍정적인 마인드로의 체질 개선 없이는 불가능한 것이다.

가끔씩 불행하다고 말하는 사람들의 이야기를 듣다보면 답답해진다. 그 사람이 불행하다고 하는 이유들, 이를테면 키가 작다든지 물려

받은 집 한 채 없어 세상살이가 고달프다든지 하는 이야기에 공감하지 못하기 때문이 아니다. 어째서 그러한 불행에만 생각이 머물러서 다른 것은 보지 못할까 하는 안타까운 생각이 들어서이다.

20대 중반의 고학생 시절, 친한 선배인 H가 이런 말을 한 적이 있다.

"가난한 사람은 가난한 이유가 있어."

그 말을 들었을 때, 나는 주먹을 움켜쥐었다. 세상에 그런 법이 어디 있냐고 울컥 하는 심정으로 따져 묻고 싶었다. 선배는 물려받은 가업을 확장하는 새로운 사업 아이템에 관해 이야기하는 중이었고, 내가 시큰둥한 내색을 보이자 대뜸 그런 말을 내뱉은 것이다. 당시 H선배는 젊은 나이에 부를 쥔 사람인 데 비해 나는 취업 공부와 아르바이트로 고단한 일상을 이어나가던 고학생이었다.

성공에 대한 막연한 열정만 가득했던 시절이었기에 반감은 더욱 클 수밖에 없었다. 나는 H선배의 말을 '가난은 대물림된다' 는 의미로 받아들였다. 이렇게 열심히 살고 있는데 가난하게 살 수밖에 없는 또 다른 이유가 있단 말인가. 나는 속울음을 쏟아내며 밤을 새웠다. H선배가 어째서 그런 말을 장담하듯 던질 수 있는지가 궁금했고, 무엇보다 그의 말을 완전히 부정하지 못하는 내 자신에게 화가 났다.

어느 순간 H선배의 말이 깨달음으로 다가왔다. 나는 평소 H선배를 졸부라고 깎아내렸고, 그의 모든 성과를 일부러 인정하지 않으려고 했었다. 나도 모르게 부에 대한 부정적인 생각이 깊이 자리 잡혀 있었던 것이다. 사실 H선배는 타고난 경영감각이 있었다. 선배의 가업은 날로 성장하고 있는 데 비해 우리 집안의 사업은 쓰러져가고 있었으니 부정적 생각을 가질 수밖에 없는 상황이었다.

그날 밤 나는 인생의 목표를 수정하지 않을 수 없었다. 경영학도로서 최대의 역량을 발휘할 수 있는 분야로의 진출을 설계했고 20년 후의 목표까지 구체화시켰다. 가업을 다시 일으키겠다는 다짐도 했다. 지금은 H선배에게 고마움을 느낀다. 의도적이지는 않았겠지만 어쨌든 내가 독을 품게 만들어줬으니 말이다.

지금은 내가 조언을 구하는 후배들에게 H선배와 비슷한 말을 해주곤 한다. 가난한 사람이 가난한 이유가 있듯이 성공하는 사람은 성공하는 이유가 있다고. 그 극명한 결과를 이끄는 것은 의외로 간단하다.

행복이란 결국 스스로 만들어가는 것이다. 긍정적으로 생각하는 사람에게는 행복이 제 발로 찾아오고, 부정적으로 생각하는 사람에게는 행복이 찾아왔다가도 등을 돌리고 만다. 어려운 상황에 부딪혔을 때에는 마음의 장벽을 먼저 뚫고 나가야 한다. 외부의 어려운 상황은 그 다음의 문제다.

## 당신의 인생은 스스로 결정하라

인도에서는 새끼 코끼리를 길들일 때 한쪽 발에 족쇄를 채운다. 족쇄는 단단한 사슬로 깊이 박힌 말뚝에 연결되어 있어 새끼 코끼리의 힘으로는 벗어날 수가 없다. 새끼 코끼리는 처음에는 발버둥을 쳐보기도 하지만 여러 날이 지나면 포기한 듯 얌전해진다. 여기에서 재미있는 것은 새끼 코끼리가 완전히 다 자란 뒤에 일어나는 현상이다. 다 자란 어른 코끼리는 어릴 때와는 비교할 수 없을 정도로 힘이 세졌지만 여전히 족쇄를 차고 지낸다. 어릴 때의 실패의 경험이 코끼리 자신에게 족쇄를 벗겨낼 힘이 없다고 믿게 만든 것이다. 말뚝을 뽑아내려는 한 번의 시도도 없이 코끼리는 건초와 물, 이따금 땅콩을 얻어먹을 수 있는 6피트 정도의 반경 안에서 평생을 보내게 된다. 가까운 곳에서 건초에 불이 붙어 위험한 상황이 되었을 때도 코끼리는 도망갈 생각도 못 한 채 운명을 받아들이는 듯 길고도 슬픈 울음소리만 내지를 뿐이다.

― 내 마음의 족쇄

어른 코끼리가 겨우 2센티미터 두께의 쇠사슬에 묶여 지내는 모습은 상상만 해도 우스꽝스럽다. 그 작은 족쇄에 묶여 평생을 겨우 6피트 반경 안에서만 지내다니. 그러한 운명을 만든 것이 코끼리의 길들여진 마음에 있다고 생각하면 소름이 돋는다. 우리가 흔히 말하는 '깨어 있는 정신'이란, 코끼리에게 채워진 마음의 족쇄가 우리에게도 채워져 있지 않은가 점검해보는 것과 다르지 않을 것이다.

랜스 암스트롱은 '투르 드 프랑스' 우승 타이틀을 일곱 번 연속으로 차지한 사나이다. 그러나 그전에 그는 암이라는 거대한 산을 정복한 사람이었다. 1996년 말, 그는 생존율 49%에 불과한 고환암 말기 판정을 받았다. 보통의 사람이라면 이러한 판정을 받고 어떤 행동을 했을까? 대개 자포자기하고 조용히 생을 마감할 준비를 할 것이다. 그러나 그는 3년 뒤 '1%의 가능성만 있으면 도전한다'는 자신감으로 대회에서 우승한 뒤 내리 7년 동안 사이클 왕으로 군림했다. 한계에 직면한 사람들에게 희망이 된 그는 당당히 이렇게 말했다.

"역경을 기회로 삼아라. 역경은 또 다른 기회의 출발점이다. 부정적인 것을 긍정적인 것으로 바꾸어라."

암스트롱은 암 선고를 받고서 삶을 포기하는 대신 암을 자신이 넘어야 할 새로운 도전 과제로 삼았다. 이제까지 겨룬 숱한 승부들과는 조금 다른 성격을 가진, 이제껏 겨뤄온 상대 중에서 가장 센 상대로 인식한 것이다. 또한 암이 자신을 무너뜨릴 수도 있다는 사실을 끝내 인정하지 않았다. 매일 아침 눈을 뜰 때마다 인생은 자신이 결정하는 그대로 이루어질 것이라는 긍정적인 생각을 가지고 투병생활을 했다. 대체 그런 자신감은 어디에서 나오는 것일까?

인간은 평생 2~5%만의 정신능력을 쓴다고 한다. 나머지는 잠재의식 속에 묻혀 있는데, 이 잠재능력을 끌어내기만 하면 한계를 뛰어넘는 기적 같은 일도 일으킬 수 있다고 한다. 부정적인 마음을 긍정적으로 변화시킬 수 없게 하는 장애물을 걷어내야 한다. 코끼리가 족쇄에 묶여 지내는 것과 같이 '나는 할 수 없어.'라고 체념해버리는 스스로의 족쇄가 우리를 성공에서 멀어지게 한다. 새끼 코끼리가 겪은 것처럼 누구나 처음 시작할 때는 크고 작은 실패의 경험을 하기 마련이다. 문제는 실패의 충격에서 벗어나지 못하고 일찌감치 체념하고 자신을 실패한 인생으로 단정해버리는 데 있다.

행복과 성공을 이끄는 공식은 간단하다. 자신의 성공을 예측하고 그대로 믿으면 되는 것이다. 그것이 텐배거의 출발점이다.

# 텐배거란 무엇인가

야구에서 '2루타를 치다'는 'Hit a Two-Bagger' 라고 표현한다. '배거bagger' 란 루타壘打를 의미하는데, 즉 '텐배거Ten bagger' 는 10루타를 뜻한다. 그렇다면 야구에서 홈런도 아닌 10루타, 텐배거가 실제로 있을까?

월가의 영웅 피터 린치에 의해 회자되면서 유명해진 텐배거는 투자자에게 10배, 1,000%의 수익률을 안겨주는 대박 종목을 말한다. 실제로 피터 린치는 1977년부터 1990년까지 13여 년간 마젤란 펀드를 운영하면서 100만 명의 고객들에게 30여 배의 투자수익을 돌려주었다. 누적수익률 2,703%로 연 29.2%에 달하는 수익을 올린 것이다. 10루타 종목, 즉 텐배거란 주식투자를 하는 사람이라면 누구나 꿈꾸는 수익률이라 할 수 있다.

나 역시 투자시장에 발을 들여놓으며 첫 번째로 삼은 목표가 바로 텐배거 종목을 발굴하는 것이었다. 월가의 영웅이라 불리는 피터 린치의 벽에 한번 도전해보고 싶다는 야심(?)의 발로였다. 지금 생각해보면, 아마도 그것이 '인생의 한계 따위는 걷어치우자'는 텐배거 정신의 시작이 아니었을까 싶다.

## 10루타를 쳐라

1998년 12월 초, 그간의 경험을 바탕으로 인생 최초의 텐배거에 도전했다. 증권인들에게 허용된 근로자주식저축 계좌를 개설하고 실제 투자에 들어간 것이다. 투자원금은 1,300만 원이었다. 약 2년이 지난 2001년 초, 계좌에는 2억 원을 상회하는 금액이 들어 있었다. 투자원금의 15배(1,540%)에 달하는 수익이었다. 대성공이었다.

하지만 텐배거를 달성했다는 기쁨도 잠시. 한 가지 의문이 생겼다. 투자 포트폴리오에는 10루타 종목이 없는데 어떻게 10배 이상의 수익률을 올리게 되었을까 하는 것이다. 즉시 그간의 투자과정과 종목에 대한 분석에 돌입했다. 그 결과 텐배거 돌파는 꽤 간단한 원리로 가능하다는 사실을 깨달았다. 바로 복리 때문이었다.

예를 들어, 10년에 10배 투자수익을 내겠다는 목표를 가지고 1년에 1배씩 수익을 내겠다고 한다면 이는 단리의 개념이다. 복리의 경우, 최초 1년차는 단리와 똑같이 1배의 수익률로 원금의 2배가 되지만, 2년차는 4배, 3년차는 8배 그리고 4년 뒤에는 원금의 16배에 달하는 성과를 거머쥐게 된다.

텐배거가 생각보다 어려운 목표가 아니라는 것을 깨달은 이후 텐배거는 내 인생의 화두가 되었다. 투자시장을 넘어 인생의 목표를 텐배거로 삼은 것이다. 나의 인생과 우리 가족, 그리고 나의 꿈과 목표를 성취함에 있어 10배 이상의 성장을 이루겠다고 다짐한 것이다.

앞으로 이 책에서 밝힐 '텐배거'의 중심은 투자시장에만 머무르지 않는다. 텐배거를 이룰 수 있는 방법은 다양하고, 기회 역시 수시로 주어진다. 지금은 개인의 노력이 어느 때보다 더 빛을 발하는 지식기반 사회가 아닌가.

대학을 졸업한 '평범'한 우리들은 신입사원에서 CEO 자리에 오르기까지 대략 열 단계의 레벨업을 경험하게 된다. 운동선수의 경우 뼈를 깎는 훈련과정을 거친 뒤 자신의 정신적·육체적 능력을 집중시키면서 몸값을 10배 이상 올렸을 때 비로소 진정한 프로가 되었음을 느낄 것이다. 창업의 길에 뛰어든 사람들은 어떠한가. 그들은 회사에서 배운 노하우와 경험 그리고 배경 등을 활용하여 새로운 텐배거의 세상을 열어젖히고자 노력한다.

타이거 우즈는 걸음을 떼는 순간부터 골프를 시작했다. 이것은 부모의 적극적인 노력 덕분이다. 자신과 주위의 노력이 조화를 이루어 천재성을 배가시켰기에 오늘날의 타이거 우즈가 존재하는 것이다. 평범한 형제 둘을 하버드 대에 입학시키고 영예로운 미국인상까지 받은, 『일곱 살부터 하버드를 준비하라』는 책을 쓰기도 한 한국인 부모를 만났을 때도 그들에게서 텐배거의 열정과 교육의 중요성을 느낄 수 있었다.

자신이 기대한 조그마한 소망을 성취하면서, 인생의 목표에 한 발짝 다가가면서, 야심차게 사업을 진척시키면서, 좁은 국내에서 벗어나 글로벌global 기업으로 성장하는 회사를 보면서, 대한민국의 미래를 기대하면서 텐배거를 말하고 싶다. 크고 작음이 전부가 아니고, 경제적 성과만 중요한 것이 아니다. 나는 좀더 넓은 의미의 텐배거를 이야기하고 싶은 것이다.

텐배거는 자신과 몸담고 있는 조직의 현실을 분명하게 인식하는 것부터 시작된다. 그는 다가오는 위기를 회피하지 않고, 실패를 두려워하지 않는다. 도전하고 모험하며, 자신을 단련시킬 것이다. 그는 달성 가능한 목표를 향해 돌진하는데, 그 과정에서 텐배거의 진정성을 만나게 될 것이다. 이것이 텐배거의 전부일지 모른다.

텐배거는 결코 극복하기 어려운 것이 아니다. 우리 주위에서 늘 일어나는 일이고 누구든지 넘을 수 있는 산이다. 복리의 힘을 믿는다면 말이다.


## 인생에도 복리가 붙는다

2002년 초, 미국 뉴욕을 찾았다. 뉴욕의 맨해튼은 9.11 테러의 흔적을 곳곳에 드러내고 있었고, 그것은 사람들의 표정에도 묻어나고 있었다. 하지만 활기 넘치는 브로드웨이와 품격이 묻어나는 티파니를 지나 금융의 중심 월스트리트에 다가서자 세계인을 휘어잡는 맨해튼의 힘과 기세를 느낄 수 있었다. 맨해튼을 단돈 24달러에 샀다는 것을 믿을 사람이 과연 얼마나 될까?

1626년, 맨해튼은 원주민 인디언들의 생활공간이었다. 그러나 구대륙에서 넘어온 이민자들이 늘어나면서 빈번한 마찰이 빚어지게 되었다. 결국 이민자를 대표한 피터 미누아트Peter Minuit가 인디언 추장들과 협상을 통해 맨해튼을 24달러에 구입하는 것으로 분쟁을 마무리하게 된다. 흔히 단돈 24달러에 맨해튼을 판 인디언들을 어리석음에 비유하여 이야기하곤 하는데, 이는 진정 맞는 비유일까?

1989년 월가의 영웅 피터 린치가 재미있는 분석을 했다. 미누아트가 24달러로 맨해튼을 사지 않고 주식에 투자했다면? 1626년 인디언들이 받은 24달러를 연 8%의 수익률을 가정하여 복리로 계산해보니, 놀랍게도 1989년 당시의 가치가 무려 30조 달러에 달했다. 당시 맨해튼 전체의 땅값은 600억 달러로 추산되었다. 게다가 지난 50년간 미국의 주식투자 수익률이 연 12%라는 것을 감안하면 기준 수익률을 높게 잡은 것도 아니다. 피터 린치는 피터 미누아트가 단돈 24달러로 맨해튼을 산 것이 과연 횡재였는지 복리의 마술을 통해 물었던 것이다.

복리의 마술은 72법칙The Rule of 72과 통한다. 72법칙은 채권에 투자한 자금이 두 배로 증가하는 데 얼마의 시간이 소요되는지 혹은 일정 기간 내에 투자원금이 두 배가 되려면 수익률이 얼마나 되어야 하는지를 구하는 데 흔히 사용된다.

이미 앞에 나온 에피소드를 통해 복리의 위력과 장기투자의 중요성을 확인할 수 있었다. 예를 들어 한 기업이 매년 4%씩 성장한다고 가정한다면, 약 18년(72/4%) 후에 그 기업의 규모는 2배가 될 것이다. 만약 매년 3%씩 성장한다고 하면 24년(72/3%)이 소요될 것이다.

성장률 1%의 차이가 한 기업이 2배로 성장하는 데 시간상으로 6년이나 차이가 난다는 것을 보여준다. 단돈 만 원 혹은 규모가 작은 조직이 느끼는 1%의 차이는 실감이 나지 않을 수도 있다. 하지만 복리의 원리, 시간, 규모, 성장을 복합화한 개념 하에서 한 나라의 경제를 놓고 보면 성장률 1%의 차이는 실로 엄청나게 큰 것이다.

그렇다면 한국이 텐배거에 도달하는 데 얼마의 시간과 성장률이 필요할까? 또한 중국의 경우는 어떠한가? 양국의 잠재성장률 추이를 기준으로 삼으면, 한국은 성장률 4%로 18년 만에 2배 성장하게 되고, 약 60년이 지나면 텐배거를 이루게 된다. 반면 중국은 성장률을 8%로 가정하면 약 30년 후 텐배거를 달성하게 된다. 텐배거 달성에 우리와 30년의 차이가 나는 것이다. 더구나 60년 뒤에는 중국이 20배도 아닌 100배의 성장을 이루게 된다.

두렵지 않은가? 우리가 왜 재도약의 기틀을 마련해야 하는지, 왜 한 나라의 성장률 1%를 그토록 중요하게 생각해야 하는지 복리의 마술을 통해 느껴야 한다.

역사상 최고의 과학자로 불리는 알버트 아인슈타인도 "복리야말로 인간의 가장 위대한 발명품 중의 하나"라고 이야기하지 않았던가!

# 텐배거를 선언하라

"**무엇을** 상상하든 그 이상을 보게 될 것이다!"

워쇼스키 형제가 영화 〈매트릭스〉를 내놓으며 세상에 던진 말이다. 자신의 영화에 인간이 꿈꿀 수 있는 최대치를 담았다는 자신감의 표현. 영화를 본 후에 이 말은 다음과 같이 수정되었다.

"우리는 우리가 꿈꾸고 상상한 그 이상의 것을 보았다!"

세기말에 전 세계 영화팬을 흥분시켰던 〈매트릭스〉의 성공 뒤에는 영화를 통해 자신들의 철학적 인식을 설파하겠다는 형제의 꿈이 있었다.

꿈을 갖는 것이 왜 중요할까? 꿈은 그동안 보지 못했던 것을 보게 하고 불가능했던 일을 가능하게 한다. 흑인 인권운동가 마틴 루터 킹 목사가 "나에게는 꿈이 있습니다."라고 말한 바로 그 순간 흑인들은 자신들에게도 인권이 있다는 것을 알게 되었다. 아무도 실현되리라고 생각지 못했던 일이 한 사람의 꿈으로 인해 비로소 현실이 된 것이다.

꿈꾸면 모든 일이 이루어질까?

당연히 그렇다. 꿈은 항상 그것을 실현시킬 힘과 함께 주어진다는 말이 있다. 꿈을 이루겠다는 강렬한 소망과 신념은 행동을 이끌어내고 그런 움직임들이 가능성의 길을 열어주기 때문이다.

꿈이 없는 사람들에게는 공통적인 특징이 있다. 자신의 존재 이유에 대해 깊이 생각해 본 적이 없다는 것이다. 그저 태어났기에 산다는 것은 삶의 이유가 될 수 없다. 꿈을 만들고 간직하기 위해서는 진짜 하고 싶은 일이 무엇인지 먼저 알아야 한다. 많은 이들이 자신이 정말 무엇을 원하는지 모르는 채 살고 있다. 진심으로 바라는 것을 모르는데 어떻게 얻을 수 있겠는가. 꿈을 갖고 이루기 위해서는 진정 하고 싶은 일과 얻고자 하는 것에 대해 진지하게 생각하고 고민하는 태도가 필요하다.

미래에 대한 꿈이 있다면 이젠 그것을 구체적인 비전으로 만들어야 한다. 모든 조직에는 비전이 있듯 개인의 삶에도 반드시 비전이 필요하다. 비전은 자기 삶의 목표와 가치를 분명히 담고 있어야 한다. 내가 무엇을 위해 살고 또 어떻게 살아야 하는지에 대한 설계도에 미래에 대한 청사진을 투영한 것이 진정한 비전이다.

성공하고 싶다면 비전을 세워라. 미래의 삶에 대해 생생한 그림을 그리고 세상 속에 자신을 어떻게 자리매김positioning할 것인지 5년 후, 또는 10년 후의 자신의 모습을 구체적으로 상상하고 계획을 세워야 한다. 이런 점에서 국가와 기업은 물론 개인에게도 '텐배거' 개념은 유용할 것이다.

앞서 말했듯이 내게는 텐배거를 이루겠다는 강한 목표와 뚜렷한 비전이 있었다. 한 자릿수 성장도 어려운 마당에 10배 성장이라는 것이 불가능하게 느껴질지도 모른다. 그러나 홈런을 꿈꾸지 않으면 안타도 치기 힘들다. 개인의 경우 국가 또는 기업에 비해 수많은 다양성이 존재하지만, 여기서도 자기 상황에 맞는 핵심역량을 찾아내고 강화하는 전략으로 어떻게 10배 성장을 거둘 수 있을지 함께 고민해야 한다.

꿈이 없는 사람에게는 오늘도 내일도 똑같은 하루일 뿐이다. 의미도 변화도 없는 반복된 일상을 살다 죽음을 맞이할지도 모른다. 그러나 꿈을 가진 사람은 다르다. 그의 빛나는 꿈은 더 나은 내일을 위해 노력하게 만든다. 거듭되는 노력은 그의 인생을 변화시키고 발전시키는 원동력이 된다.

훗날 사람들은 간절히 원했던 꿈을 이룬 그를 '성공한 사람'이라고 부를 것이다. 모든 성공한 사람들에게는 태초에 꿈이 있었다. 텐배거는 그야말로 꿈꾸는 자의 특권이다.

## 10루타를 꿈꾸지 않으면 번트도 힘들다

스톡홀름 대학의 앤더스 에릭슨 박사는 "한 분야에서 최고 수준의 성취에 도달하고자 한다면 최소 10년 동안은 집중적인 준비를 해야 한다."라는 내용의 이른바 '10년 법칙'을 말한 바 있다.

텐배거가 성장의 성과와 볼륨을 정의하는 개념이라면 10년은 성장을 위해 투자해야 하는 기간을 말한다. 사실 완벽하고자 한다면 10년도 부족하다. 그러나 최소 10년이라도 자신에게 투자하고 준비한다면 원하는 바를 이룰 수 있을 뿐 아니라 남들이 범접하지 못하는 경지에 이를 수 있다. 더구나 10년 동안 준비하고 노력해 10배 성장을 이룬다면 이보다 더 좋은 일은 없는 것이다. 위와 같이 10년 후에 무엇이 되겠다는 목표를 정하는 것은 성공하기 위해 반드시 밟아야 하는 수순이다.

1979년부터 1989년까지 하버드 MBA 과정 졸업생들을 대상으로 목표 설정에 관한 연구가 수행되었다. 1979년 졸업생의 3%는 자신의 목표와 그것을 달성하기 위한 계획을 세워 기록해 놓았다. 13%는 목표가 있었지만 기록하지는 않았다.

10년 후, 목표가 있었던 13%는 목표가 없었던 84%의 졸업생들보다 평균 두 배의 수입을 올리고 있었다. 한편, 뚜렷한 목표를 기록해 두었던 3%는 나머지 97%보다 무려 10배의 수입을 올리고 있었다.

대부분의 사람들은 지도도 표지판도 없이 낯선 세계를 여행하듯 살아간다. 산더미 같은 일에 파묻혀 있다 보면 시간은 하염없이 흐르고 주위를 돌아보면 여전히 삶은 불만족스럽다. 목표가 없으면 우리는 삶의 풍랑 속에서 표류하면서 흘러갈 뿐이다. 그와는 달리 성공한 사람들은 모두 목표 지향적이다. 그들은 자신이 원하는 바를 알고 있으며 하루하루 그것을 이루는 데에 전념한다.

많은 사람들은 목표가 중요하다는 것에는 공감하면서도 목표를 세우는 데 특별히 시간을 들이지 않는다. 그러나 보통 사람들이 목표라고 생각하는 '행복해지고 싶다', '성공하고 싶다' 같은 것은 막연한 소망이나 기대에 불과하다. 이것들은 결코 목표가 아니다. 목표는 자신이 생각하는 의지와 열망, 이미지와 개념들이 구체적인 언어로 표현되어야 한다.

예를 들어 '개인 정보 보호를 위한 최고의 방화벽 시스템을 만들겠다.' 와 같은 구체적이고 명확한 목표를 설정해야 한다. 성공하려면 상위 3%의 방식을 선택하라. 골인지점 없이 달리는 마라토너는 없다!

주위를 둘러보라. 사람들이 꿈꾸었던 많은 일들이 세상을 바꾸고 있다. 신선한 아이디어와 새로운 직업과 전에 없던 교육 시스템들이 생겨났다. 성공한 어떤 사람의 꿈은 편리한 세상을 만들었고, 또 다른 사람의 꿈은 사회를 따뜻하게 변화시켰다. 말하자면 꿈은 자신을 변화시키는 동시에 세상을 변화시키는 힘이다.

잠시 눈을 감고 꿈에 대해 생각해보자. 만일 지금 이 순간 아무런 꿈도 없다면 머뭇거리지 말고 당장 자신만의 꿈을 마련해야 한다. 만약 간절히 바라는 꿈이 있다면 숨을 고르고 그 꿈을 향해 전진하라. 꿈을 향한 길을 떠나라. 길에서 꿈을 이루는 희망을 찾아라!

나 역시 마찬가지다. 개인과 회사의 텐배거를 달성하고 많은 것을 이루었지만 아직 정상에 올라선 것은 아니다. 처음 가졌던 꿈을 이루기 위해 한 걸음도 쉼 없이 나아갈 것이다. 할 일이 무척 많다. 아직 진행형이기 때문이다. 물론 그 과정에서 역경과 또 다시 마주치기도

할 것이다. 그러나 과연 꿈을 이룰 수 있을까 하는 걱정과 두려움은 필요없다. 꿈은 반드시 이루어지기 때문이다.

# 텐배거로 가는 로드맵

**아무리** 훌륭한 원석이라도 세공 과정 없이는 높은 가치를 평가받을 수 없다. 가능성에 투자해 꾸준히 노력하다 보면 다른 이와 구별되는 자신만의 재능을 갖출 수 있다. 이러한 재능을 더욱 돋보이게 하는 것이 바로 열정이라는 에너지다. 그리고 이렇게 발전된 눈에 띄는 능력은 가치를 더욱 향상시키고 이는 전에 없던 자신감을 불러일으키고, 자신감은 긍정적인 마인드를 더욱 강화시키는 일종의 선순환 작용을 하게 된다. 이쯤 되면 부정적인 생각은 저만치 사라지고, 오직 미래에 대한 낙관으로 마음을 가득 채울 수 있게 된다.

이렇게 삼박자가 잘 맞아떨어지면 목표를 향해 가는 길에 어떤 역경이 닥친다 해도 끝까지 헤치고 나갈 수 있다는 '나에 대한 믿음'이 생겨난다. 더욱 중요한 것은 나에 대한 무한한 믿음이 마침내 가져올

빛나는 성공과 행복이다. 마치 긍정적인 마인드 컨트롤을 통해 자신보다 몇백 배 무거운 코끼리를 들어 올린 개미의 승리처럼 말이다.

## 텐배거 로드맵 ❶  1g의 열정

성공한 사람들의 스토리를 읽다 보면 거의 빠지지 않고 등장하는 단어가 '열정'이다. 어느 분야를 막론하고 성공 키워드로 열정이 등장하는 이유는 무엇일까? 정도의 차이는 있겠지만 대부분의 사람들은 가슴속에 열정을 품고 있기 때문이다.

탄수화물이 사람의 육체를 움직이는 에너지원이라면 열정은 마음속의 탄수화물이다. 꿈을 향해 달려 나갈 수 있게 만드는 희망의 연료. '열정은 신이 인간에게 준 가장 큰 선물이다.'라는 말도 있지 않은가. 누구에게나 있는 열정을 어떻게 활용하느냐에 따라 성공하는 사람과 실패하는 사람이 결정된다. 어떤 사람은 뜨거운 열정으로 성공을 거머쥐고, 어떤 사람은 단 1g의 열정도 없는 것처럼 무의미하게 살아간다. 열정 에너지는 무한대다.

누군가 "난 열정이 없어."라고 말한다면 그 분야에 관심이 없다는 뜻일 뿐이지 마음속 열정의 불꽃이 완전히 사라졌다는 뜻은 아니다.

현대증권에서 퇴사하기 일 년 전의 일이다. 동종업계에서 10년 넘게 호흡을 맞춰온 J라는 능력 있는 애널리스트가 있었다. 그의 기업분석 보고서는 늘 호평을 받았고 주가는 그가 예상한 대로 움직였다. 그는 투자자들에게 가장 영향력 있는 애널리스트 중의 한 명으로, 뜨거운 열정으로 똘똘 뭉친 성공한 증권맨의 전형을 보여주었다.

그러던 그가 언제부턴가 의욕을 잃은 태도를 보였다. 나는 1990년대 후반에 불어 닥친 인터넷주와 IT주의 광풍 뒤에 겪는 일종의 후유증이라고 생각했다. 메뚜기가 휩쓸고 간 빈 들판에 앉아 있는 형국이니 그럴 수도 있겠구나 하는 생각이었다. 그런데 그의 고백은 뜻밖이었다.

"투자정보가 귀에 안 들어온다. 열정이 생기질 않아. 원인 모를 병에 걸린 것 같다."

인생을 살면서 누구나 한 번쯤은 겪을 수 있는 일이었다. 슬럼프라고 심각하게 생각하지 않았는데, 결국 그는 투자시장에서의 열정을 끝내 되살리지 못하고 한국을 떠나고 말았다.

그렇다고 그의 인생이 끝난 것은 아니었다. 사람의 열정은 고갈되지 않는 무한대의 에너지다. 다른 분야로 관심을 돌리고 자기 계발을 하면 열정의 불꽃은 다시 타오르게 되어 있다. 그 후 J는 해외 증권 투자를 하고 있고 재미있어 한다는 소식을 전해 들었다. J처럼 프로 중의 프로라는 사람도 열정이 식어 길고 긴 터널을 힘겹게 지날 때가 있다. 하물며 생계를 위해 마지못해 직업을 갖고 있다고 생각하는 보통 사람들은 몇 곱절 힘든 시간을 보낼 것이다. 성취욕이란 것도 얻을 수 없고 능률도 안 생기는 말 그대로 호구지책인 것이다.

J와 달리 내 가슴에는 일에 대한 열정이 펄펄 끓고 있었다. 증권사는 나의 목표와 이상을 실현할 수 있는 최적의 조건이었다. 투자시장에서 살아가는 나의 신경체계는 활발하게 기능했다. 나는 투자시장의 피 말리는 승부를 즐기며 완전히 일에 몰입하고 있었다.

입사 후 줄곧 상승곡선을 그렸고, '10루타 종목'을 연이어 터뜨렸으며, 고객운용자금의 '텐배거'를 달성했다. 연봉이라는 측면에서만 본다면 대한민국에서 더 이상의 직업은 없을 것이었다. 그야말로 투자업무는 내 능력의 최대치와 부합하는 난이도를 가진 업무였다. 그 모든 원동력은 바로 열정이었다.

자신의 가슴속에 단 1g의 열정이라도 있다면 무슨 일이든지 할 수 있다. 열정의 불씨가 화톳불이 되느냐 용광로가 되느냐는 자신의 의지에 달린 것이다.


## 텐배거 로드맵 ❷  3분 59초의 벽을 넘어라

기업 활동을 하다 보면 성공을 확신했던 일이 어이없이 무산되거나 기대에 미치지 못하는 성과가 나오는 등 계획했던 대로 이루어지지 않는 난감한 상황에 직면할 때가 많다. 이런 난관에 부딪힐 때 경영자를 더욱 힘들게 하는 것은 실의에 빠진 직원들의 모습이다. 그렇지 않아도 실패의 책임을 져야 하는 경영자에게 주위 사람들이 등을 돌릴 때만큼 희망을 놓아버리고 싶은 순간이 또 있을까? 이런 때에는 아무리 긍정적이고 자신을 믿는 사람일지라도 두려움과 절망의 벽을 넘어서기 어렵다. 바로 이처럼 도전을 받는 때가 성공하는 사람과 실패하는 사람을 판가름하는 순간이다.

실패하는 사람의 대부분은 벽이 나타났을 때 벽을 돌아가거나 넘어갈 궁리를 한다. 벽을 뚫고 갈 자신이 없기 때문이다. 자신을 믿는다면 오히려 최악의 상황에서 '한번 부딪혀보자.' 하는 도전정신이 작용할 것이다.

"마음 한번 바꿔 먹었더니 인생이 바뀌었어."라는 말은 성공한 사람들이 공통적으로 하는 이야기이다. 자신을 믿는다면 최악의 상황에서 '한번 부딪혀보자.' 하는 독한 도전정신을 불태워야 할 것이다. 독한 마음을 먹고 자신을 포함한 조직 구성원 모두를 희망의 방향으로 돌려세워야 한다. 누구에게나 어려움은 닥치기 마련이며 일을 추진할 때 완벽한 환경은 절대로 주어지지 않는다. 다만 어떤 난관이 닥쳤을 때 그대로 주저앉느냐 위기를 기회 삼아 딛고 일어서느냐 하는 것은 마음먹기에 달려 있다. '1마일 4분 벽'이라는 통념을 깨버린 로저 배니스터Roger Bannister처럼 말이다.

1950년대 사람들은 1마일을 4분 안에 돌파한다는 것은 생각지도 못했다. 인간의 능력으로는 도저히 불가능한 일로 여겼고, 만약 너무 빨리 달리게 되면 폐와 심장이 파열된다고 주장하는 이들도 있었다. 그런 의미에서 옥스퍼드 의대생이던 로저 배니스터가 마魔의 '1마일 4분 벽'을 깨기로 마음먹을 수 있었던 것은 굳은 의지와 더불어 과학적인 훈련법으로 인간 한계를 돌파할 수 있다는 자신감 덕분이었다.

1954년 5월 6일, 드디어 배니스터는 1마일 경기에 도전한다. 체력과 스피드를 적절하게 배분하여 죽을힘을 다해 달린 그는 의심의 눈초리로 바라보는 관중들에게 보란 듯이 기록을 깨뜨린다.

3분 59초 40!

모든 에너지를 쏟은 탓에 결승점에 도달하자마자 의식을 잃고 쓰러진 그는 심장이 멈추는 것 같은 고통을 느꼈지만 장벽을 무너뜨렸다는 승리감에 미소를 지었다. 배니스터의 기록이 갖는 더욱 중요한 가치는 이후에 일어난 연이은 기록 경신에 있다. 인간 능력으로는 도저히 주파할 수 없다고 여겨졌던 육체적·심리적 장벽이 한번 깨지자 다른 선수들도 따라서 4분 벽을 돌파하기 시작했다. 그 후로 2년 동안 300명의 운동선수들이 배니스터의 뒤를 따랐다.

이처럼 어려운 상황에 부딪혔을 때 조직의 리더라면 로저 배니스터처럼 마음의 장벽을 먼저 깨야 한다. 살신성인이라는 과장된 표현까지 쓸 필요는 없다. 단지 리더의 자리에 있다면 꼭 해내야만 한다는 것이다. 이것이 프로정신이다. 할 수 없을지도 모른다는 의심을 조금이라도 품는 그 순간, 회사는 실패의 절벽으로 유턴한다는 것을 알아야 한다.

도전이 왔을 때 물러서지 않고 그 출발점에 섰던 사람들을 기억해보라. 토마스 에디슨은 14,000여 차례나 실패한 끝에 가정에서 쓸 수 있는 백열등을 발명해냈다. 짐 애벗은 한쪽 팔이 조막손임에도 불구하고 메이저리그에서 투수로 뛰었으며, 윌마 루돌프는 아홉 살에 성홍열에 걸려 영영 걸을 수 없다는 판정을 받았지만 올림픽 금메달을 세 차례나 수상하여 미국에서 가장 빠른 육상선수로 인정받았다.

이들의 신화창조의 근원은 끝까지 포기하지 않았던 도전정신과 자기 긍정의 힘이었다. 다른 모든 성공한 리더들 역시 이들과 같다. 성공의 첫째 관건은 외부적인 어떤 것이 아니라, 바로 자신과의 싸움에 달려 있는 것이다.

부정적 감정은 부정적 생각을 유발해 결국 불행한 삶을 살게 한다. 그렇다면 반대로 긍정적 사고는 우리 삶에 어떤 영향을 미칠까? 사회적으로 성공한 사람, 스스로 행복한 삶을 살고 있다고 말하는 사람들은 공통적으로 긍정적인 사고와 태도를 지니고 있다.

성공한 CEO들을 보라. 이들이 자기 성공의 밑거름으로 내세우는 것은 든든한 배경이나 많은 자산이 아니다. 인생의 고비와 맞닥뜨렸을 때 "가능하다! 할 수 있다!"라고 스스로에게 말할 수 있는 긍정적 마인드였다. 작은 일에서도 가능성을 발견하고 난관을 헤쳐 나갈 수 있도록 돕는 것은 모두 긍정적인 생각에서 나온다. 다시 말해, 긍정적인 사고는 성공의 든든한 기반이 되는 것이다.

경영컨설턴트 빈스 포센트의 우화집 『코끼리를 들어 올린 개미』의 주인공 역시 긍정적인 생각을 통해 불가능한 일을 현실로 만들었다. 작은 개미가 자기성찰과 끝없는 수련을 통해 자기보다 몇백 배 무거운 코끼리를 들어 올린다. 여기서 코끼리는 잠재의식 속의 본능적이고 충동적인 습관을, 개미는 의식적이고 분석적인 사고를 뜻한다. 개미의 긍정적인 사고는 우리를 무력하게 만드는 코끼리와 같은 일상의 습관을 깨치고 삶의 방향을 180도 바꾸게 한다. 이렇듯 긍정적인 생각과 태도는 우리에게 행복한 삶과 성공적인 미래를 가져다준다. 그런데 이렇게 긍정적인 생각과 태도의 중요성을 말하기는 쉽지만 온통 부정적으로 보이는 상황에서 낙관적 태도를 갖기란 쉽지 않다.

이럴 때는 한 가지 방법이 있다. 자신의 숨겨진 잠재력을 발견해 강점으로 발전시키는 것이다. 남에게는 없는 자신만의 강점을 지닌 사람은 그렇지 않은 사람보다 미래에 대해 더 낙관적인 태도를 취할 수 있다. 이렇게 말하면 "내게는 인정할 만한 강점이나 잠재력이 없습니다."라고 말하는 사람이 분명히 있을 것이다.

과연 그럴까? 아무리 보잘것없어 보여도 남들보다 뛰어난 자질 또는 재능 하나쯤은 가지고 있기 마련이다. 다른 이들보다 맛에 민감하다든지, 사람들과 쉽게 친해진다든지 하는 하찮게 보이는 것들도 인생을 바꿀 강점으로 만들 수 있다.

대학 시절, 나는 동기들과 포커게임 등의 갬블링을 즐겼했다. 물론 재미 삼아 했던 놀이였지만 승률이 남달리 높았다. 이때 어렴풋하게 깨달은 것은 내가 승부를 즐기는 것은 물론 숫자에 대한 집중력도 높다는 사실이었다. 졸업 후 증권사로 진로를 정한 것은 우연이 아니었다. 이를 계기로 지금도 주위 사람들에게 역시 경험은, 도둑질만 빼고는 아무것도 버릴 것이 없다는 우스갯소리를 들려주고는 한다. 이렇게 스스로의 가치를 깨닫고 강점과 미덕을 발견했다면 다음 순서는 자신을 믿고 그 한 방향으로 매진하면 되는 것이다.

### 텐배거 로드맵 ❹ 긍정의 힘으로 시작하라

이런 광고를 본 적이 있는가. 이색 스포츠용품을 발명해 노숙자에서 사장으로 성공한 기업인, 두 다리를 모두 잃고 휠체어로 유럽을 횡단한 장애인 그리고 가난을 딛고 청소년 퀴즈대회에서 당당히 우승한 여고생의 모습. 광고는 이들의 남다른 성공스토리를 비춘 후 "긍정의 힘을 믿습니다. 대한민국!"이라는 내레이션으로 끝을 맺는다. 어느 모로 보나 불가능할 것만 같았던 이들의 도전은 '불가능은 없다'는 긍정적인 생각과 태도를 통해 오히려 아름다운 성공을 일구어냈다.

이 공익광고는 긍정적인 마인드가 한 개인의 인생을 어떻게 변화시킬 수 있는지를 짧은 시간 안에 극적으로 보여주고 있다. 그들에게는 남다른 도전정신과 열정, 불굴의 의지도 있었지만 가장 밑바탕에는 '할 수 있다'는 자신감과 희망이 있었다. 누구나 그 광고를 보면서 '나라면 저들처럼 할 수 있을까?'라는 질문을 스스로에게 한 번쯤 던져본 적이 있을 것이다.

광고는 단지 몇몇 개인의 인생 역정과 성공담만 보여주는 것에서 그치지 않는다. 긍정적인 마인드가 한 개인의 삶을 송두리째 변화시킨다고 해도 만일 긍정의 힘이 거기까지라면 그다지 감동적이지 않다. 우리의 가슴을 뭉클하게 했던 그 무엇은 바로 기업과 사회, 국가까지 모두 변화시킬 수 있는 '놀라운 긍정의 힘'이다.

실제로 기업 안에서 긍정적인 마인드를 가진 사람이 차지하는 입지는 생각보다 대단하다. 다른 이들에 비해 표정이 밝거나 항상 희망적인 태도를 보이는 사람의 곁에는 그와 가까이 지내려는 이들이 넘쳐난다. 만일 그가 어떤 사안에 대해 긍정적인 주장을 펼친다면 많은 이들이 그 생각에 동조하게 되고, 그 생각들이 모여 만들어진 강인한 추진력은 곳곳에 산재한 걸림돌들을 걷어내고 불가능해 보였던 프로젝트를 완성시킨다.

사회나 국가도 마찬가지다. 물론 이 경우 긍정적인 사고방식과 태도는 공중파 등의 매체를 통해 보다 효율적으로 전달될 수 있다. 이렇게 전파된 긍정적인 마인드는 사회와 국가의 문화 전체를 바꿀 수 있는 힘이 있다. 특히 요즘처럼 국가 경제에 대한 비관론이 확산되고 개인 경제가 회생하기 어렵다는 불안감이 팽배한 시기에 '그래도 희망은 있다'라고 긍정할 수 있는 사회 분위기를 조성하는 것은 당장의 단기경기부양책보다 중요하다. 이런 분위기를 통해 만들어진 긍정성의 문화는 사회 구성원 전체의 '삶의 질'을 보다 향상시킬 수 있기 때문이다.

여기서 놓치지 말아야 할 것이 있다. 낙관주의는 반드시 필요하지만 근거 없는 낙관론에 빠져들지는 말아야 한다는 것이다. 무조건 잘될 것이라는 식의 대책 없는 생각은 노력 없이 열매를 거두려는 것과 다름없으며, 만에 하나 실패할 경우 실패를 있는 그대로 받아들일 수 없게 하여 두 번 실패하는 격이 될 수도 있다.

다시 광고 얘기로 돌아가 만일 내레이션이 "긍정의 힘을 믿습니까?"라고 물었다면 나는 망설임 없이 "Yes."라고 대답했을 것이다. 도저히 불가능할 것 같은 미래를 당당히 현실로 만든 그들처럼 나 또한 긍정의 힘을 전폭적으로 믿기 때문이다. 내 안의 잠재력을 최대한 모아서 폭발시키는 긍정의 힘은 무한 에너지다. 코끼리도 들어 올릴 수 있을 만큼 말이다.

TEN · **BAGGER GROWTH**

II

텐배거의 출발점, 바로 당신!

# 비전을 가져라

한 젊은이가 숲길을 걷다 망치와 정으로 온 힘을 다해 돌을 깨고 있는 석공을 만났다. 젊은이는 그 사람에게 지금 무엇을 하고 있는지 물었다. 석공은 화난 얼굴로 "돌의 형태를 다듬는 중인데 등뼈가 휘어질 정도로 힘들군요."라고 대답했다.

여행을 계속하던 젊은이는 비슷한 일을 하고 있는 또 다른 석공을 만났다. 그는 특별히 화가 나 있지도, 그렇다고 행복해 보이지도 않았다. 젊은이가 석공에게 지금 하고 있는 일을 묻자 그는 무표정하게 "집을 짓기 위해 돌을 다듬고 있습니다."라며 하던 일을 계속했다.

젊은이는 돌을 다듬고 있는 세 번째 석공을 보았다. 그는 일을 하면서 행복하다는 듯 노래를 흥얼거리고 있었다. "지금 무엇을 하고 있습니까?" 젊은이가 묻자 석공은 미소를 지으며 대답했다. "성당을 짓고 있습니다."

미국 경제전문지 《포춘Fortune》에 실렸던 한 편의 에피소드다. 이 이야기가 의미하는 것은 무엇일까? 그것은 바로 비전의 중요성과 그것이 가진 힘에 관한 것이다. 자신이 하는 일의 최종적인 그림을 머릿속에 그려놓고 있는 세 번째 석공은 미래의 희망과 일의 가치를 동시에 느끼며 일을 하고 있었지만 나머지 석공들은 돌을 다듬는 일에서 희망이나 일이 주는 보람을 느낄 수 없었던 것이다. 희망과 일의 가치와 보람을 우리는 '비전'이라고 바꿔 말할 수 있다.

웃음학의 아버지로 일컬어지는 노만 카슨Norman Cousins은 "인생의 비극은 죽음이 아니고 우리가 삶을 사는 동안 인생을 포기하는 것"이라고 말했다. 인생의 낙오자는 자기 주도적으로 새로운 환경에 도전할 의식을 상실한 채 쉽게 포기하고 좌절하는 모습을 보이곤 한다. 결국 자신의 인생에서 일어나는 모든 것들에 대해 책임을 질 사람은 오로지 자신이라는 사실을 깨달아야 한다.

정주영 전 현대그룹 회장이 생전에 "우리의 인생은 그 누구도 대신 살아 주지 않는다. 자기 인생의 운명을 스스로 결정하라. 그래야 최선을 다해 살 수 있다."고 역설한 것도 바로 이 때문이다.

이것이 바로 텐배거의 시작이다. 우리가 살아가는 삶은 지금까지 한 번도 가보지 않은 길이다. 모두가 마음먹고 생각하기에 따라 인생의 주인공이 될 수 있다. 불가능할 것 같은 꿈도 비전을 명확히 설정하고 행동하는 사람에게는 구체적인 현실로 다가올 수 있다.

개인의 집합체인 기업도 마찬가지다.

인간의 무병장수를 위해 존재하는 기업 – Pfizer

인간 생활의 편리함을 최우선으로 하는 기업 – GM

Digital Convergence 혁명을 주도하는 초일류기업 – Samsung


세계 유수 기업들이 가지고 있는 자신들만의 고유 비전이다. 이들 기업은 그들의 존재 이유와 목적 · 경영이념과 가치를 담은 고유 비전이 있었기에 초일류 기업이 될 수 있었다. 개인도 마찬가지이다. 자기만의 고유 비전을 설정하는 시점이 텐배거의 출발점이 된다.

프리젠테이션만큼은 우리 회사 최고의 존재가 되기로 한다.

매일 한 시간씩 일찍 일어나 외국어 공부에 집중한다.

5년 안에 회사를 창업한다.


"만약 당신이 비전을 가질 수 있다면 당신은 그 비전을 실현시킬 수 있다."는 말이 있다. 이와 같이 분명한 비전은 가치 있는 목표를 향하여 자신의 모든 에너지를 한 곳으로 움직이게 만든다.

비전을 가져라. 성공은 준비된 자에게 찾아오는 것이다.

# 02

# 온리원Only One 전략

'세계화globalization'는 끊임없는 경쟁 속에서 살아야 하는 엄연한 현실을 우리 앞에 펼쳐 놓고 있다. 국가나 기업은 물론 개인도 마찬가지이다. 이런 시대에는 아무리 좋은 비전을 설정했다 하더라도 비전을 이룰 수 있는 자기만의 생존전략이 없다면 사상누각에 불과하다.

그렇다면 21세기 지식정보화 사회에서 살아남아 텐배거를 이룰 수 있는 성공전략은 과연 무엇일까? 누구나 성공을 위해서는 자기 분야에서 노력하여 경쟁을 통해 '베스트원best one'이 되어야 한다고 여긴다. 물론 자기 분야에서 최선의 노력을 통해 최고가 되는 것은 아름다운 일이고, 찬사를 보내야 하는 것은 당연하다. 우리나라에서 만들어진 배들이 세계의 대양을 누비는 것에 갈채를 보내는 것도 그 이유이다.

문제는 베스트원은 오직 한 사람에게만 돌아가고, 그 외의 나머지는 돌아서야 하는 현실이다. 이런 엄중한 현실에서 텐배거를 이룰 수 있는 해법으로 '온리원only one'을 이야기하고 싶다. '온리원'을 추구하는 사람들, 그들은 자기 분야에서 최고보다는 유일한 사람이 되기 위해 노력하는 사람들이다. 그들은 다른 이들이 시도하지 않았던 것을 찾아 헤매면서 발상의 전환에 대해 항상 고민한다. 또한 그들은 열심히 자신의 재능을 계발하고 시대의 트렌드를 읽는다.

## 왜 힘들게 최고best가 되려고 하는가

2006년 봄, 세계 경제의 심장 뉴욕을 두 번째로 방문했다. 충격 요법을 통해 내 자신을 재도약시키기 위해 미국 동부 여행을 계획한 것이다. 일행들과 월스트리트를 걸으며 폭발적이라는 표현이 적당할 만큼 활발하고 생생한 뉴욕과 뉴요커들을 느끼고 있었다. 그러던 중 패션가의 대명사인 맨해튼 5번가의 화려한 쇼윈도우에 걸린 돌체앤가바나의 재킷에 시선을 빼앗기고 말았다. 겉감은 평범한 모직인데 안감은 놀랍게도 청바지를 활용한 것이었다. 패션 업계에서의 통쾌한 발상의 전환이었다. 돌체앤가바나만이 해낼 수 있는 그야말로 온리원 작품인 셈이다.

모직 재킷의 안감에 청바지를 활용한다는 아이디어를 처음 접하면 그럴 수 있겠다고 쉽게 생각할 수도 있지만 그 시작은 쉽지 않았을 것이다. 그런 아이디어를 내고 상품화한 디자이너의 변화를 두려워하지 않는 자신감과 자유로운 창의력에 무한한 경의를 표시하고 싶다. 한편으론 이런 것들을 가능하게 한 돌체앤가바나의 자신감 넘치는 기업 모토가 부러웠다.

'패션을 따라가는 것이 아니라 패션이 따라오게 한다!' 쉽고도 당연한 이 말을 실천한 돌체앤가바나는 오늘날 독보적인 패션 브랜드로 자리 잡았다.

무한 경쟁 시대에서 성공하려면 '베스트원'이 되기보다 '온리원'을 택해야 한다. '온리원'은 아이디어만으로도 충분히 경쟁력을 가질 수 있다는 점에서 오로지 실력만으로 경쟁해야 하는 '베스트원'에 비해 매력적인 성공전략이다. 온리원은 경쟁에 쓸 불필요한 에너지를 한 곳에 집중해 보다 효율적으로 활용하는 방법이다.

2006년 말, 이승엽은 초대형 계약을 터트려서 일본 열도를 깜짝 놀라게 했다. 나는 '국민타자'라 불리는 이승엽이 국민들에게 주는 기쁨을 잠시 떠나, 그에게서 '온리원'의 가치를 발견하곤 한다.

이승엽은 프로 입단 후 어깨 부상으로 인해 투수에서 타자로 전환했다. 타격에 재능이 있긴 했지만 변신은 결코 쉬운 일이 아니었다. 연습벌레였던 그는 결국 타자로서 달성할 수 있는 거의 모든 영예를 얻은 후 일본으로 진출했다. 그러나 진출 첫해 집중적인 견제와 약점을 파고드는 한 수 위의 일본야구계에서 쓰디쓴 실패를 경험한다. 이승엽은 힘으로 돌파하는 전략을 세운다. 웨이트 트레이닝으로 16.5인치의 팔뚝과 28인치의 허벅지를 만들어내는 데 성공했다. 영리한 그는 유일한 약점으로 지목되던 몸 쪽으로 떨어지는 변화구를 집중적으로 노렸다. 파워가 향상된 배팅에 약점을 파고드는 볼은 손쉽게 담장을 넘어갔다. 그가 선택한 힘의 승리였다.

슬럼프에 빠지고 2군행이라는 수모를 맛보았을 때, 아니 그보다 앞서 투수에서 타자로 전향해야 했을 때 보통 사람이라면 최악의 상황 앞에서 무릎을 꿇어버렸을지도 모른다. 그러나 그는 오뚝이처럼 다시 일어섰다. 기존의 자기 분야에서 최고best one가 되기를 고수하기보다 그만의 개성이 드러나는 온리원 전략으로 승부를 건 것이다. 그는 자신의 재능을 정확히 파악하고 새로운 도전을 두려워하지 않았다. 결국 남들이 가지 않았던 길, 자신도 처음 가보는 길에 과감히 뛰어들어 성공했다. 이런 것이 온리원의 가치이다.

최고의 몸값을 받게 된 이승엽에 대해 일본 언론은 곱지 않은 시선을 보낸다. 하지만 요미우리가 거액을 투자하면서까지 이승엽을 붙잡은 것은 이승엽 스스로가 개척한 분야의 '온리원'이 되었기 때문이다.


## 360명 모두의 승리

자유로운 영혼을 지닌 21세기의 파가니니이자 세계적인 크로스오버 바이올리니스트라 불리는 하카세 타로Hakase Taro의 경우를 보자. 1968년 하카세는 13세의 나이로 일본 콩쿠르 서부 지역 1위 입상, 18세에는 유고슬라비아 국제 페스티벌에서 대상을 받으며 일약 '신동'으로 떠오른 일본 출신의 바이올리니스트이다. 그러나 일본 동경대 음악부에 입학하여 정규 클래식 교육까지 받은 하카세는 정통 클래식 대신 팝에 몰두해 크로스오버 바이올리니스트로 전향한다.

비범한 재능을 가진 하카세지만 천재로 불리는 바이올린 연주자들이 넘쳐날 정도로 많은 클래식 세계에서는 영원히 온리원이 될 수 없다고 스스로 판단했다. 그래서 그는 록과 클래식을 융합한 크로스오버 장르에 도전했고 자신만이 할 수 있는 온리원으로 성공할 수 있었다.

시대의 변화와 함께 사회에 부는 바람과 가치관 그리고 그에 따르는 요구 수준 역시 업그레이드되고 있다. 남이 모두 가는 길, 남이 모두 하는 정도로는 성공할 수 없다. 자신만의 성공의 법칙을 세워야 한다. 그 성공의 법칙은 남이 하지 않은, 자신만의 독자적인 것을 창조하는 것으로 이것을 통해 인생의 비즈니스는 비약적으로 발전하게 된다.

경쟁이 치열한 분야에서는 성공 확률이 낮다. 모두가 한 방향으로 달리는 정점에서 일등을 하기란 여간 어려운 일이 아니다. 이때 필요한 것이 달려야 할 방향을 선택하는 것이다. 다양성의 시대답게 다양한 방법을 이용한다면 누구나 10배 성장의 신화를 쓸 수 있을 것이다.

미시간 대학의 스콧 페이지Scott Page 교수가 흥미로운 실험을 했다. 컴퓨터 시뮬레이션을 이용하여 각각 10~12명 정도의 구성원들로 이루어진 여러 개의 집단을 만들어 복잡한 문제를 풀게 한 것이다. 시뮬레이션상의 가상 구성원agent의 분류기준은 '현명'이었다. 그는 현명한 사람과 그렇지 않은 사람이 섞여 있는 집단이 현명한 사람들로만 구성된 집단보다 좋은 결과를 냈다는 연구 결과를 발표했다.

왜 이런 결과가 나왔을까? 이유는 간단하다. 현명한 구성원 집단은 문제를 바라보는 관점이 다양하지 못했다. 다양성은 집단이 내놓을 수 있는 해법의 범위를 확장시켜 주며, 기발한 방법으로 문제를 해석하게 해준다.

동질적인 집단, 특히 작은 집단은 종종 '집단사고group thinking'라고 부르는 현상의 덫에 걸려든다고 심리학자인 어빙 제니스Irving Janis는 지적한다. 그는 실패한 미국 외교정책의 사례를 통해 "동질성이 강한 집단은 그렇지 않은 집단에 비해 더 쉽게 결집하며, 응집력이 높아질수록 외부 의견과 고립되고 집단에 더욱 의존하게 된다."는 현상을 설명했다. 이것이 집단사고의 덫이다. 동질적인 집단일수록 구성원들이 동조화conformity의 압력을 많이 받게 되고, 다른 의견을 가지고 있던 구성원도 결국 의견을 바꿀 수밖에 없게 된다는 것이다.

'다양성'은 단순히 다른 생각을 조직에 덧붙이는 것이 아니다. 구성원들의 독립적인 생각을 촉진함으로써 조직에 더 큰 기여를 하게 된다는 점을 잊어서는 안 된다. 독립된 의견은 조직이 현명한 결정을 내리는 데 반드시 필요하다. 다양성은 독립성을 유지하는 바탕이 되므로, 결국 다양성이 없는 조직은 현명한 결정을 내리기 어렵게 된다.

초등학생을 대상으로 한 창의력 실험 중에서 붉은 벽돌의 활용에 대해 상상하는 것이 있다. 보통 반마다 서른 건 이상의 아이디어를 내놓는다고 한다. 우리는 벽돌을 집 짓는 건축자재 외의 용도로 생각할 수 있을까? 인간은 한 사람 한 사람의 생각이 다 다르고 누구와도 구별되는 개성을 가지고 있는 존재다. 자신의 다양함을 인정하고 계발했을 때 내가 속한 기업이 살고 국가가 이롭게 되는 것이 아닐까? 이

것이 텐배거의 출발점이 아닐까 싶다.

'360行行行出狀元', 중국 책에서 쉽게 볼 수 있는, 중국인들이 생활 속에서 많이 인용하는 속담이다. 행行은 업종業種을 뜻하므로, 위 속담은 '360가지 업종이 모두 다 장원급제할 수 있다'고 해석할 수 있다. 중국에서 360이라는 숫자는 '온[全部,完全]'을 뜻하는데, 결국 이 속담은 수많은 분야(업종)에서 각자 최선을 다하면 최고의 대접을 받을 수 있다는 의미이다. 한 방향으로 달리면 일등은 한 명밖에 없지만 360도 제각기 다른 방향으로 달리면 360명 모두 일등을 할 수 있다는 뜻이다. 오늘날 사용해도 전혀 어색하지 않은 지혜가 느껴진다.

# 03

# 텐배거를 위한 마인드

우리 앞에는 새로운 것을 보지 못하게 하는 수많은 장애물이 있다. 진정 변해야 할 때 변해야 할 필요성을 느끼지 못하게 가로막고 있는 것이다. 그만큼 변화와 혁신이 어렵다는 뜻이기도 하다. 특히 집착은 분명 과거의 모습인데, 현재와 미래를 좌지우지하고자 하는 못된 습관이 있다. 이러한 습관을 고치기 위해서 우리는 힘들지만 조금씩 변화하고자 노력해야 한다.

자신의 위치를 파악하고 부족한 점을 채우겠다는 아주 소박한 목표만 있다면 그 후엔 가속엔진이라도 밟은 것처럼 빠르게 성장할 수 있다. 헤쳐나가기 힘든 난관이 가로막더라도 절대 포기하지 말고 배움의 길을 계속 걸어라. 텐배거를 위한 마인드로 단단히 무장하라. 나날이 업그레이드되는 자신의 모습에서 성공으로 가는 길이 한층 더 가까이 다가오는 것을 느끼게 될 것이다.

## 텐배거 마인드 ❶ 인생의 주도권을 쥐어라

'프로는 아름답다'고 했던가. 불확실성의 시대에 한 개인이 전문가로 서 확신을 가지고 능력을 발휘하여 그에 합당한 대우를 누린다는 것 은 분명 아름답고 가치 있는 일이다. 개개인이 각자의 CEO라는 마음 가짐으로 최선을 다할 때 비로소 열정, 잠재력, 일의 보람을 얻게 될 것이다.

새로운 일에 도전할 때도 마찬가지다. 주도적 마인드로 무장하고 두려움을 떨쳐내야 한다. 최악의 상황에서도 자신을 삶의 주인공으로 이끌어내는 강한 정신력이 필요하다. 좀 지독하다 싶을 정도로 자기 관리에 철저한 사람이 진정한 프로가 아닐까? 사람의 잠재력은 무한 하다. 영웅은 태어나는 것이 아니라 만들어진다는 말도 있지 않은가. 성공을 약속받고 태어난 사람은 단 한 명도 없다.

마이클 조던은 1984년에 1라운드 3순위로 시카고 불스에 지명되었 다. NBA의 문을 두드리는 재능 있는 농구 선수들 중의 한 명이었던 조던은 그 뒤 '에어 워크'라는 환상적인 덩크슛과 함께 세계의 젊은 이들을 열광시키고 그의 '덩크슛' 모습을 내건 나이키를 초일류 다국 적기업으로 성장시켰다. 조던은 "나는 지금까지 9,000번도 넘게 슛을 성공시키지 못했고, 30번도 넘게 져봤다. 나는 계속 실패하고 실패하 고 또 실패했다. 그것이 내가 성공한 이유다."라고 말했다. 이렇듯

'농구 황제'는 자신을 채찍질하고 의지를 다잡으며 NBA와 스포츠 세계를 주도했다.

농구가 미국을 벗어나 전 세계가 열광하는 스포츠가 된 이유로 마이클 조던의 출현을 꼽는 사람들이 많다. 어떤 기자는 조던에게 "신이 된 기분이 어떤가요?"라고 묻기도 했다. 조던은 자신이 부상을 입지 않는 이유에 대해 "절대로 속도를 줄여서 경기하지 않기 때문."이라고 말했다. 두려움 없이 전력을 다해 목표에 부딪치는 진정한 프로에게는 아름다운 보상이 뒤따르는 것이다.

내가 현대그룹에 입사한 후 1지망으로 현대증권을 지원한 이유는 단순했다. 경제적으로 퇴락한 집안에서 나 스스로 어려운 상황을 적극적으로 개척하지 않으면 안 된다는 절박감이 작용했다. 금융 시스템을 제대로 배워서 내가 정한 삶의 목표에 가장 빨리 오르고자 했다.

80년대 말부터 증권시장은 호황이었다. 억대 샐러리맨이 속출하고 증권 관련 회사의 입사선호도가 1위였던 시절이었다. 그러나 증권시장은 신출내기 회사원에게는 성공의 길을 쉽게 열어주지 않았다. 잠자는 시간을 줄여 투자 관련 공부를 기초부터 다시 시작하고 선배들의 말 한 마디도 놓치지 않고 연구했다.

그러는 사이 업무 능력에 대한 주위의 평판은 좋아지고 있었다. 그러나 그것은 노력을 통해 얻게 되는, 시간이 지나면 누구나 얻을 수 있는 단순한 경험일 뿐이라는 생각이 들었다. 무언가 부족하다는 생각이 늘 나를 따라다녔다.

그러던 어느 날 주식시황판에서 눈을 돌려 창 밖을 보다가 문득 한

가지 사실을 깨닫게 되었다. 내가 내 인생의 주인공이라는 평범한 진리. 프로 마인드로 무장하고 성공을 향해 달렸지만 정작 그 주체인 나를 돌아보지 않았다는 뒤늦은 깨달음이 밀려왔다.

먼저 나를 정확하게 인식하는 것부터 시작해야 했다. '나'라는 회사를 설립하기 위한 첫걸음은 나에 대한 믿음, 자기 존중심을 가져야만 가능한 것이었다. 업무성과를 창출해내는 모든 행동방식에서 선택의 주체도 나, 행위의 주체도 나, 행한 일에 대한 책임도 나, 라는 주도성을 갖지 못하고 있었다. 다시 말해 나의 행동은 결코 주변 환경이나 여건에 의해 좌우되어서는 안 되고 스스로의 결정에 따라야 한다는 것이었다.

"나는 할 수 있어, 나는 해야만 해!"라는 일방적 선언에서 "내가 선택한다, 내가 원한다!"로의 사고의 전환이 필요했다. 내 인생의 진정한 체질 개선은 그렇게 '주도성' 있는 삶의 자세를 가지는 것에서부터 출발하였다. 새롭게 정신을 가다듬은 후에야 나만의 투자 스타일을 가질 수 있었고 여유 있는 시각으로 장을 바라볼 수 있게 되었다. 당연히 고객과의 상담에도 여유가 생겼고 고객에게 한 수 배운다는 생각을 갖게 되었다. 비로소 나의 미래가 보이기 시작한 것이다.

진정하게 프로의 길을 찾고자 하고 진지하게 텐배거를 이루고자 한다면 먼저 자기 자신부터 정확하게 인식하라고 권하고 싶다. 자신감, 자존심을 가지는 것이 그 출발이다. 모든 의사결정과 행위에 '나'라는 전제조건을 달고 주도적으로 임해야 할 것이다. 주변 환경이나 여건에 스스로의 주도성이 묻히는 일이 없도록 하자. 인생의 진정한 전환은 그렇게 '주도성' 있는 삶의 자세를 가지는 마인드에서 출발하는 것이다. 스스로 마인드 컨트롤을 해보라.

'내가 원하며 내가 선택한다, 내 인생의 주인공은 나!' 라고.


## 텐배거 마인드 ❷  혁신적으로 사고하라

내가 최근에 메이저리그에 특별한 관심을 가지게 된 이유는 빌리 빈
이라는 인물 때문이다. 메이저리그에 대해 다룬 책 『머니볼』의 주인
공 빌리 빈에게서 얻게 되는 텐배거 정신의 전략과 전술은 다양하다.

프로야구와 개인의 삶(인생)의 공통점은 무엇일까?

무수히 많겠지만 공정한 것 같지만 그 속을 들여다보면 전혀 공정
하지 않다는 점을 하나로 들 수 있다. 물론 실제 야구 게임은 공정한
룰에 의해 진행되며 심판도 네 명이나 있다. 그러나 무차별적인 금전
공세로 선수들을 스카우트하는 뒷이야기를 듣고 있자면 메이저리그
는 공정성을 상실한 채 무의미한 게임만이 진행되고 있는 공간으로
보인다. 시즌을 시작하기 전, 뉴욕 양키스로 대표되는 부자 구단들은
능력 있는 선수들을 싹쓸이하는 전략을 구사한다. 구단의 재정상태가
곧 리그 순위를 결정하는 바로미터로 작용하게 되는 것이다.

우리들 삶에서도 이와 비슷한 모습을 어렵지 않게 볼 수 있다. 새롭
게 도전하겠다는 희망과 나름대로 준비한 아이템을 가진 한 개인이
인생이라는 시장에 진입해서 살아남을 확률이 얼마나 될까? 독창적
이고 획기적인 아이디어가 그를 시장의 승자로 만들진 않을 것이다.
시장이 만든 전통과 관습이라는 문을 통과하는 것이 쉽지 않다. 더구

나 우리 사회는 '부익부 빈익빈'의 악순환이 더욱 심각해지고 있는 실정이다.

그런 점에서 빌리 빈의 성공은 중소기업을 경영하는 나 같은 사람에게 더 큰 교훈을 준다. 연봉 총액이 양키스의 4분의 1에 불과한 오클랜드가 양키스를 누르고 이겼을 때는 짜릿한 통쾌함마저 느꼈다.

그럼 빌리 빈은 어떻게 불공정한 법칙이 지배하는 메이저리그에서 성공할 수 있었을까? 그것의 핵심에는 혁신과 변화가 있었다. 그는 백 년을 이어온 메이저리그의 전통적인 경영전략과 선수수급의 법칙에 도전장을 내고, 자신만의 독특한 경제학적 방법으로 선수들을 선발했다. 스카우터들이 흔히 갖고 있는 온갖 편견들, 가령 키 작은 우완 투수나 발만 빠르고 왜소한 타자들에 대해 지니고 있는 편견들에는 전혀 개의치 않았다. 오로지 정확한 통계 자료에 근거하여 각 선수가 갖고 있는 장점을 과학적으로 분석하고 그에 의한 계산으로 팀을 구성하였다. 낡고 전통적인 선수 선발기준에 반기를 든 그의 통찰력은 선수 자신조차 몰랐던 숨은 능력을 찾아내게 한다. 뿐만 아니라 원석을 다듬어가듯 선수들 각각이 지닌 잠재된 고유 능력을 아낌없이 발휘하게 만든다. 혁신적 사고를 가진 팀은 승리할 수밖에 없다는 것을 그는 몇 년째 오클랜드를 플레이오프에 올려놓음으로써 증명하고 있다.

부분적인 것을 고치면서 혁신이라고 안주하는 사람들도 있다. 문제가 발생했을 때 소위 '두더지 잡기' 같은 주먹구구식으로만 대처할 뿐 근본적으로 해결해야 할 생각을 혁신하지 못한다. 옷을 모두 갈아 입어야 하는 상황에서 바지나 윗도리만 갈아 입는 식이다.

빌리 빈이라는 인물이 보여준 혁신적인 사고는 인생을 경영함에 있어서도 주지하는 바가 크다. 인생이란 게임에서 플레이오프에 진출하고 싶은가? 월드시리즈 챔피언 반지를 끼고 싶은가? 텐배거를 이루고 싶은가? 그렇다면 '편견에서 벗어나라. 과거에 집착하지 마라. 그리고 혁신하라.'


### 텐배거 마인드 ❸ 사고의 유연성을 길러라

우리는 유연한 사고를 말하면서, 지니고 있던 많은 것들부터 버리려고 하지만 반드시 가지고 가야 할 습관도 있다. 이를 꾸준히 실천하다 보면 지금까지와는 다른 유연한 생각을 가진 자신을 만날 수 있을 것이다.

전체를 살피는 시각을 갖자. 일을 진행하거나 난관에 부딪혔을 때 바로 눈앞의 것에만 집착해서는 결코 문제를 해결할 수 없다. 화가는 작업 도중 간간히 멀리서 자신의 그림을 바라본다. 대상을 객관화시키는 것이다. 그러면 자기 그림에서 단점을 발견하게 된다. 시선을 멀리 두고 전체를 조망하자. 반드시 남들이 보지 못하는 것을 볼 수 있게 된다.

넓게 보는 것 못지않게 이면을 보는 것도 중요하다. 사물이든 사안이든 다면성을 갖고 있다. 겉모습만 보고서는 진실을 알 수 없는 것이 많다. 어떤 사물에 대해 고정적으로 판단하지 마라. 극히 단순하거나 익숙한 것이라고 해도 항상 같은 패턴으로 반응하는 것은 아니다.

사물을 다양하게 보고 유연하게 사고하는 법을 가져야 한다. 사고의 유연성, 어렵게 생각하지 말자. 답이 나와 있는 문제라 할지라도 한 번쯤 뒤집어 생각하고 반대로 생각해보는 것이다. 주사위는 1에서 6까지의 숫자가 적힌 정육면체이다. 주사위를 볼 때는 좁은 시야로 한 면만 볼 게 아니라 1의 반대편에 6이 있고, 2와 3의 대면에는 4와 5가 있다는 사실을 바탕으로 전체를 두루 살피는 폭넓은 시야가 필요하다.

시대를 뒤흔드는 혁신적인 아이디어의 탄생 배경에는 반드시 상상력을 자극하는 의심의 한 마디가 있다.

"테이프리코더라고 녹음하는 데만 사용하란 법이 있을까?"

이런 말을 한 사람은 소니의 연구원 이라 미츠로였다. 그가 새로 개발한 상품은 아담한 크기의 테이프리코더였는데, 당시로서는 녹음기능이 빠진 다소 이상한 형태의 제품이었다. 스테레오의 훌륭한 음질은 사람들의 관심을 끌지 못했고 그의 아이디어는 그렇게 사라지는 듯했다. 그러다 우연히 그 제품을 본 소니의 창업자 이부카 마사루는 카세트 플레이어가 내는 훌륭한 음질에 착안하여 상식을 뒤엎는 아이디어를 내놓는다. 당시 연구 중이던 헤드폰을 연결한 새로운 상품을 내도록 지시한 것이다. 그 상품이 바로 전 세계 인구만큼 팔렸다는 '워크맨' 이다. 간단한 의심에서 출발한 창조적 상상력이 소니를 세계 휴대용 음악기기 시장의 일인자로 만들어준 것이다. 미츠로의 이 같은 성공담은 말랑말랑한 스펀지 같은 사고의 유연성에서 온 것이다.

남과 같은 평범한 생각만으로는 조직에서 성공하기 쉽지 않다. 하지만 발상의 전환이 말처럼 그리 쉬운 일인가!

"뭐 좀 새로운 것 없어?"라는 상사의 말에 대부분의 직장인은 주눅 들기 마련이다. 아이디어를 머릿속에 저장해두었다가 필요할 때 꺼내 쓰면 얼마나 좋겠는가. 그러나 절망할 필요는 없다. 지금부터가 시작이다. 워크맨을 발명한 획기적인 아이디어처럼 사물을 대하는 꼼꼼한 태도, 바로 '의심' 하는 것부터 시작하라. 이것이 사고의 유연성이다.

지금 눈에 보이는 모든 것을 의심의 눈으로 보자. 비록 현재의 방식이 좋아 보일지라도 더 나은 것이 없는지 한번 생각해보자. 당연해 보이는 것도 한 번쯤 뒤집어볼 필요가 있다. 이 세상에 당연한 것이 없다는 생각, 그것이 바로 의심의 시작이다. '왜?'라는 의심을 가지고 질문을 던졌다면 이미 목표의 절반은 달성한 것이다.

생각해보라. 십 년 전만 해도 길을 걸으며 휴대용 단말기를 손에 쥐고 TV를 보고 인터넷을 하는 것을 상상이나 했겠는가. 음성영상 통화가 가능한 모바일 컨버전스 단말기를 기획하는 아이디어 회의에서 누군가는 분명히 이렇게 말했을 것이다. "불가능하다. 음성 휴대폰이 모바일 통신의 끝이다." 하지만 인간의 아이디어와 기술 개발의 한계는 없다는 것을 진리처럼 받아들이는 시대에 우리는 살고 있다.

유연한 발상의 주인이 되고자 한다면 언제나 논리적이어야 한다는 강박관념은 버리는 게 좋다. 독창적이고 혁신적인 아이디어는 완벽한 형태를 갖추고 찾아오는 것이 아니다. 이제 막 생긴 아이디어가 논리적이지 않은 것은 당연하다. 흐릿한 조명 아래에서 퍼즐 조각을 하나씩 찾아 퍼즐판에 끼워간다는 생각, 그것이 아이디어를 구체화시킨다.

형식적 논리에 빠지는 것 못지않게 인식의 오류와 한계도 경계해야 할 대상이다. 사물의 단면만 보는 인식의 한계는 잘못된 결과를 낳을 수 있다.

아라파트 팔레스타인 해방기구(PLO) 전 의장은 이스라엘 입장에서는 테러리스트지만 팔레스타인 입장에서는 존경받는 지도자다. 골리앗이 이스라엘군 앞에 나타났을 때 병사들이 "저 거대한 자를 누가 쓰러뜨릴 수 있을 것인가."라며 두려움에 사로잡혀 있을 때, 다윗은 "저렇게 크니 빗맞을 일이 없겠군."이라며 전투에 뛰어들었다.

넓게 보고 이면을 생각하라. 인식의 함정에 빠지지 마라. 그러다 보면 자연스럽게 사고가 유연해지고 창조적으로 발상하는 자신을 만나게 될 것이다.


### 텐배거 마인드 ❹ 온리원 브랜드를 창출하라

'샐러던트'라는 말이 있다. '샐러리맨salaryman'과 '스튜던트student'를 합성한 말로, 자기 분야에서 전문성을 보강하거나 새로운 분야에 도전하기 위해 학생처럼 공부에 매진하는 사람들을 가리킨다. 요즘 이 말이 사람들 입에 자주 오르내리는 것은 일하면서 공부하는 사람들이 그만큼 많다는 증거이다.

왜 이렇게 많은 사람들이 직장에 다니면서도 공부와 자기계발을 늦추지 않는 것일까? 아마도 발전 없이는 경쟁사회에서 도태될 수밖에 없다는 위기감 때문일 것이다. 대부분의 선진국에서 평생직장이라는 개념은 오래전에 사라졌다. 선진국 경제가 가지는 일반적인 현상이라고 할 수 있는데, 경제 시스템이 선진화되었다는 것은 실력만 있으면 언제든지 높은 연봉이 보장되는 자리로 이동할 수 있다는 것을 의미한다. 물론 그 반대의 경우도 성립할 것이다.

하지만 우리나라는 상황이 다르게 전개된 경우이다. 외환위기가 평생직장이라는 개념을 떨쳐버리게 했다. 방만한 경영을 하던 기업들과 국내 시장의 경쟁력만으로 버티던 기업들이 무더기로 퇴출되었는데, 대마불사를 호언하던 대기업도 예외일 수 없었다. 대대적인 구조조정이 뒤따르면서 실업자가 대거 발생하게 되었다.

평생직장이 사라지면서 직장인들은 전문성이라는 새롭고 무거운 짐을 지게 되었다. 기업들 역시 글로벌 경쟁에서 살아남기 위해 기술 개발뿐 아니라 회사의 거의 모든 분야에서 변신하려는 노력을 경주하고 있다. 이런 경제적 환경이 우리가 끊임없이 배우고 재정비해야 하는 이유이다. 자기만의 전문성이 없는 사람, 현실에 안주해 자기계발에 느슨한 사람은 결코 조직의 신임을 받을 수 없다. 원치 않는 이직을 해야 하는 상황은 언제든지 다가올 수 있다.

평생직장은 사라졌지만 '평생직업'이라는 개념이 생겼다. 직장을 옮기더라도 커리어는 그대로 유지된다. 국내 한 설문조사에 따르면 직장인 85%가 "평생직장보다는 평생직업이 더 중요하다."고 답했다고 한다. 전문성의 중요성을 절감한 것이다. 많은 사람들이 "내가 겨우 이런 곳에서 재능을 썩히다니."라고 신세 한탄하듯 말하지만 능력만 있다면 결코 고민할 문제가 아니다. 과거에 비해 기업들이 능력 있는 경력직원을 원하는 추세이기 때문에 커리어만 된다면 원하는 곳으로 옮기는 것이 더 쉬워졌다. 하지만 끊임없이 자신을 관리하지 않고서는 불가능한 일이다.

현재의 자신에 만족할 수 없다면 스스로 자신을 변화시켜야 한다. 더 나은 직장, 원하는 직업을 얻기 위해서는 자기 브랜드를 관리하는 방법밖에 없다. 상품만 브랜드를 갖는 것이 아니다. 사람도 남과 구별되는 고유의 브랜드가 필요하다. 이 과정에서 반드시 필요한 것이 영어 구사력 같은 기초지식이다. 먼저 자기 분야에 필요한 지식을 쌓은 다음 전문성을 발전시켜야 한다. 여기서 강조하고 싶은 점은 일반적인 전문 분야의 큰 덩어리를 보다 세분화해 누구에게도 없는 자신만의 전문성에 집중해야 한다는 것이다. 이것이 바로 '온리원'이다.

끊임없이 배우지 않고서는 결코 자기 브랜드가 강화되지 않는다. 내실 없는 브랜드로 시장에 나설 수는 없는 것 아닌가. 직장을 옮기기 위해 이력서와 자기소개서를 작성한다고 생각해보자. 학력과 연관 없는 몇몇 사항을 적은 후 더 이상 쓸 것이 없다면 자기 브랜드 관리에 실패한 것이다. 어떤 분야에 재능이 있으며, 그와 관련해 어떤 경력을 쌓았는지 분명히 보여줄 수 있어야 한다. 패기와 자신감은 다른 데서 나오는 것이 아니다. 꾸준한 자기계발만이 자신감의 근원이 될 수 있다.


나는 현대증권 영업추진부에서 직장생활을 시작했다. 증권시장의 흐름을 예측하기 위해, 수익 창출 모델을 만들기 위해, 나만의 투자 철학을 정립하기 위해, 수많은 자료를 분석하고 분초를 쪼개며 공부했다. 당시 취득한 몇 개의 자격증과 업무성과가 외부에 보여지는 브랜드였겠지만, 나의 진정한 브랜드는 '최선'과 '노력'이었다. 그 뒤 투자전략 분야나 영업점 마케팅 업무에서 최고의 능력을 발휘하게 된 것도 나 자신을 혹독하게 다루며 공부한 결과라고 생각한다. 필드에서의 값진 경험과 나만의 투자철학이 경영자의 길을 걷는 오늘도 큰 자신감으로 작용하고 있다. 공부할 때가 힘들었지만 뒤돌아보면 그 시간들이 더없이 소중하고 행복했었다.

간혹 후배들이 조직에서 어떻게 하면 인정받을 수 있는지를 묻는다. 그럴 때면 기본적인 대답을 해줄 수밖에 없다. 자신을 업그레이드하라. 특히 경력 관리가 중요하다. 직장생활 5년차쯤 되면 능력 있는 후배들이 속속 자신과 같은 레벨에 올라와 있는 것을 느끼게 된다. 이때 처음 입사할 당시의 커리어를 그대로 가지고 있다면 그 직원의 장래는 불을 보듯 훤하다. 나와 같이 증권계에 첫발을 내디뎠던 우수한 인재들이 경력 관리를 소홀히 하여 자리를 잡지 못한 안타까운 현실을 '반면교사反面教師' 삼아 들려주는 충고이다.

# 텐배거의 길잡이, 멘토

간혹 나는 소리 없는 스승인 멘토의 가르침을 듣고자 귀를 기울인다. 멘토가 없다는 것은 긴 인생의 항로에 나침반 없이 떠다니는 어리석음의 다른 비유라고 할 수 있다. 멘토가 있다는 것은 어긋날 수 있는 자신을 추수려주는 마음의 스승과 함께한다는 안도감의 다른 표현이다. 인생의 중요한 순간마다 당신을 잡아줄 마음속의 기준을 하나 가지게 되는 것이다. 특히 텐배거의 비전을 가졌다면 나침반이 되어줄 멘토라는 존재는 필수적이다. 나에게는 투자철학과 도전정신을 일러준 두 명의 멘토가 있다.

# 워렌 버핏의 투자철학을 배우다

투자시장에 처음 입문했을 때 내 머리는 온통 주식과 투자시장에만 집중했다. 그것이 나의 일이라 생각했고, 내 머리는 주식시장에서 한 시도 떠날 생각을 하지 않았다. 주시하던 종목의 가격이 오르는 기미가 보이면 치열하게 배팅했다. 그러다 가격이 한 번 요동치면 무섭게 공황상태에 빠져들었다. 하루하루 주가의 흐름에 노심초사했다. 올라도 불안하고 내려도 불안했다. 나름대로 그런 불안감을 즐긴다고도 생각했다.

나는 열심히 공부하기 시작했다. 시장의 이름난 '고수'를 찾아가 배움을 청하기를 주저하지 않았고, 투자자들의 심리와 시장을 이해하기 위해 최선을 다했다. 그렇게 하다 보니 마음에는 차지 않지만 열정을 쏟은 만큼 어느 정도의 성과가 따라왔다. 하지만 여전히 불안했다. 이럴 때 나는 워렌 버핏을 만났다.

워렌 버핏은 세계적인 부호 중에서 유일하게 주식투자로 부를 이룬 사람으로 가끔 빌 게이츠와 함께 신문지상에 등장하여 세계 최고의 부자 자리를 놓고 경합을 벌이고 있다. 나에게 투자철학을 선물한 워렌 버핏은 내 마음속의 '현인'이다.

버핏은 말한다. "시장의 흐름을 예측한다는 것이 사실상 불가능하다는 점을 논외로 하더라도 항상 주가의 흐름을 살펴야 하고 새로운 흐름이 나타나는지 지켜봐야 하는데, 이는 상당히 피곤한 일이다. 게다가 수급을 예측하고 이용하겠다는 것은 다른 투자자들의 심리를 읽어야 하는 것인데 어떻게 이것이 가능하겠는가?" 전체의 일부인 내가 전체를 읽겠다는 것은 현실성이 없다는 것이다.

워렌 버핏의 '가치투자'는 내 마음을 사로잡았고, 투자의 바이블이 되었다.

"모든 주식 뒤에는 '회사'라는 실체가 있다. 주식은 종잇조각이 아니다. 회사의 순자산이라는 실물이 뒤에 놓여 있다. '주식시장이란 것이 없어도 그 회사 주식을 사겠는가'라는 질문을 던져서 '그렇다'는 대답이 나올 때 그 회사 주식을 구입해야 한다."

주식투자는 '사업체를 사는 것처럼 할 때 성공할 수 있다.'는 것이 버핏의 투자철학이다.

워렌 버핏을 만난 뒤 나는 적지 않은 변화를 느꼈다. 순자산가치를 우선순위에 두게 되었고, 본질적으로 불안정할 수밖에 없는 개인이나 시장의 심리에 쉽게 휘둘리지 않는 여유가 생기기 시작했다. 이는 투자기법이나 투자 마인드의 안정과 함께 장기투자로 이어졌다. 무엇보다 큰 수확은 '주식을 사는 것은 사업체를 사는 것이다.'라는 확고한 투자철학을 가지게 된 것이다. 투자에 앞서 회사의 실체와 경영진을 보려고 노력하는 오래된 습관이 시작된 것이다. 문득 오늘의 경영능력이 워렌 버핏으로부터 비롯되지 않았나 하는 생각이 스쳐간다.


## 정주영의 경영철학을 배우다

쌀가게 점원에서 출발하여 한국 최대의 그룹을 일군 경영인. "종교에는 기적이 있어도 경제에는 기적이 없다."고 단언한 그는 바로 정주영 전 현대그룹 회장이다. 신화라 불리는 정 회장의 경영철학에는 뚜렷한 신념이 깔려 있다. 바로 열정과 자신감 그리고 불굴의 도전정신이다. 그가 강조한 '도전정신' 은 '현대' 라는 기업을 만들었고 현대는 다시 '현대 정신' 을 통해 국민들에게 '하면 된다' 는 자신감을 안겨주었다.

현대증권에 갓 입사했을 때 그룹 워크숍에서 느꼈던 정 회장의 열정적인 모습은 지금도 기억에 생생하다. 당시 정 회장은 고희를 훌쩍 넘긴 나이에도 불구하고 젊은 임원들에게 전혀 뒤지지 않는 패기 넘치는 자세로 강연을 했다. 특히 정 회장은 '도전정신' 을 강하게 외쳤는데, 뼈 속 깊이 스며드는 울림이 있었다. 내가 그룹 공채로 현대증권에 지원했던 것도 어쩌면 도전할 기회가 많은 곳에 스스로 몸을 던진 것인지도 모른다. 이후의 회사 생활은 정 회장의 '도전정신' 을 익히는 과정의 하나였다고 할 수 있다.

아무리 결연한 의지를 가졌다고 해도 열정이 식었다고 느낄 때가 있다. 자신도 모르게 의욕을 상실하고 매너리즘에 빠질 때 말이다. 이미 성공을 거뒀으면서도 쉼 없이 도전하는 사람들은 언제나 강렬한 에너지를 내뿜는다. 열정을 되살려야 할 때 성공적인 인생을 경영한 사람을 보며 교훈을 얻는 것은 좋은 방법이다.

내게 그런 에너지를 불러일으키는 인물 역시 정주영 회장이다. 그의 에너지는 평시에는 평화를 건설하고 전시에는 복구공사를 하겠다고 할 정도로 차고 넘쳤다. "두려워 말라, 움츠리지 말라. 건설이란 평시에는 평화를 건설하는 것이고, 전시에는 전쟁에 따른 복구공사를 하는 것이다. 전쟁과 평화 어디에서나 우리가 나아갈 길이 있다." 성공에 대한 강렬한 열망과 신세계에 대한 동경으로 항상 모험의 길에 서 있던 거인의 육성은 성공의 구체적인 꿈을 가졌던 시기에 열정의 불씨를 타오르게 한 촉매제가 되었다.

세계지도를 펼쳐놓고 보면 한국은 동북아의 작은 나라에 불과하다. 하지만 시각을 달리해서 '경제력 지도'로 보면 한국은 호주나 인도네시아보다 훨씬 큰 대국으로 평가받고 있다. 영국과 미국의 저명한 경제학자 그룹이 1975년부터 2002년까지 27년간의 세계 경제 성장률을 조사한 결과 한국은 세계 8위였다.

2015년에는 중국과 더불어 세계의 경제 주도권을 쥔 동북아경제 클러스터의 당당한 한 축이 된다고 한다. 어디 이것뿐인가. 골드만삭스가 2006년 예측한 세계경제 보고서에 의하면 한국이 2050년에는 미국에 이어 1인당 국민소득이 세계 2위가 될 것이라고 한다. 이런 성과를 얻기까지는 정주영 회장 같은 초창기 한국 경제의 거인들의 열정과 도전정신이 큰 몫을 했다. 열정과 신념, 도전정신과 굳은 의지는 정 회장 개인과 현대그룹, 나아가 한국 경제의 성공을 가져다준 셈이다. 한 개인의 성장은 회사의 성장을 밑받침하고 한 회사의 성장은 국가의 성장을 밑받침한다는 것은 단순하지만 실행하는 것은 결코 쉽지 않은 경제 성장 그림이다. 한 개인의 텐배거에서 출발하여 한 국가의 텐배거를 이루는 기틀을 닦은 정 회장을 보면 그가 내 마음속 깊은 곳에 있는 경영철학의 초석을 깔아주었음을, 나의 진정한 스승이었음을 절로 느끼게 된다.

당신은 어떤 멘토를 가지고 있는가? 멘토는 역사적 인물이나 성공한 사람, 유명한 사람일 필요는 없다. 멘토는 주위에서도 얼마든지 찾을 수 있다. 물음표투성이인 인생길에, 때로는 따스한 친구처럼 같이 걷고 때로는 엄격한 스승처럼 길을 찾아줄 우리 마음의 멘토. 당신의 멘토는 누구인가?

# 05

# 실패 이후의 인생이 진짜다

나의 경영능력은 하루 아침에 생긴 것이 아니다. 수많은 질곡과 실패를 통해 얻은 교훈들이 오롯이 내 가슴속에서 살아 숨쉬게 된 것이다.

현대증권에서 일하던 시절, 여러 경험을 통해 기업과 금융의 시스템을 알게 되었고 프리코스닥Pre-Kosdaq에 투자하면서 간접적으로나마 경영감각을 느낄 수 있었다. 경영 공부에 대한 열정은 누구에게도 뒤지지 않았다. 어려서부터 아버지가 사업하는 모습을 보면서 저절로 터득한 노하우 또한 아주 소중한 자산이 되었다.

내가 '경영자는 항상 깨어 있어야 한다.'는 강박관념에 매달리게 된 이유는 가슴 아프게도 아버지의 사업에 얽힌 가족사에서 출발한다.

# 첫 번째 실패, 가족경제사의 교훈

60년대 초반, 선친은 나전칠기 재료를 공급하는 사업을 시작하였다. 전국 시장을 거의 독점하다시피 했던 것으로 기억되는데, 당시 각 가정의 가구로 수공 문갑이나 화각장식장이 선호되었으므로 사업은 나날이 번창하게 되었다.

70년대 초반, 선친은 큰형에게 사업을 물려주었고, 사업은 한동안 성장가도를 달렸다. 그러나 80년대로 들어서면서 가구 시장의 흐름이 변하기 시작했다. 소비자의 요구가 다양해지고 차별화되기 시작했다. 가구에 대한 선택기준이 실용적이고 세련된 디자인의 서양식 목재가구로 옮겨간 것이다. 보르네오 같은 회사가 양질의 대형 생산 시스템을 갖춰가면서 전통가구의 시장점유율은 급격히 떨어지기 시작했다. 하지만 큰형은 시장의 변화를 간과하고 있었다. "몇 년만 더 하자." 기존의 사업 아이템을 고수하며, 새로운 분야에 진출하는 것을 미루었다. 어쩌면 변화를 두려워한 것일 수도 있다. 결국 큰형은 변화의 흐름을 타지 못했고, 번창하던 사업은 창업 2세대에서 큰 실패를 맛보게 되었다.

큰형은 충분한 이익을 내고 있던 나전칠기 유통 사업을 기반으로 새로운 사업을 고민해야 했다. 변하는 시대의 트렌드에 맞는 아이템을 준비하고 그 당시에 미래를 준비하는 책임감 있는 경영자의 길을 찾아야만 했다. 그때 시대의 흐름을 파악하고 대처했다면 지금쯤 창업 1세대보다 백 배 정도 성장한 유통업계의 중견기업이 되어 있지 않았을까 하는 생각이 든다. 경영자의 무게를 생각하면 더욱 안타까운 생각이 든다.

'경영자는 항상 깨어 있어야 한다.' 혹여 회사가 잘못되기라도 한다면, 고통스러워 할 수많은 종업원과 그 가족들을 떠올려보라. 현실에 안주할 수 없는 것이 경영자의 숙명일지 모른다.

그 어느 때보다 기업의 성장이 요구되고 있다. 기업과 국가의 미래 성장 동력도 고민해야 한다. 이런 사명감이 오늘도 나를 깨어 있게 한다. 경영인으로서 남들이 가기 꺼려 하는 길, 험난한 길을 찾아서 개척하는 것이 나의 운명이라고 생각한다. 또 그런 사람으로 살고 싶은 소망이다.

## 두 번째 실패, 모럴 해저드moral hazard의 교훈

투자시장에서 나는 프로였다. 주위의 평가가 그러했고, 남다른 수익률로 그들의 기대를 저버리지 않았었다. 평판은 브로커 시절이나 펀드매니저 시절이나 큰 차이가 없었다. 개인투자자로부터도 기관투자가에게도 좋은 점수를 받았었다. 독하게 공부했고, 시장과 미래의 흐름을 제대로 읽었던 것 같다.

그러던 나에게도 기존에 가지고 있던 생각을 새로이 정리할 계기가 생겼다. 프리코스닥 투자로 벌어들인 수익을 프리코스닥 기업을 포함한 10개 이상의 기업에 재투자했었는데, 그 결과가 예상 밖이었다. 기업이 하나둘 도산하기 시작하더니, 나중에는 단 두 개의 업체만이 살아남게 되었다. 살아남은 두 업체도 그나마 내가 재무, 마케팅 등 기업 경영에 직간접적으로 관여했던 결과였다. 큰 충격이었다. 직접 작성한 분석 자료를 몇 번이나 들춰봤다. 서류상으로 그들은 투자받을 충분한 가치가 있었다. 그들은 경제 트렌드를 반영하고 있었고, 일정 수준 이상의 기술력도 보유했다. 한동안 실패의 이유를 찾을 수 없었다.

실패가 거듭되자 기업의 경영자들이 눈에 보이기 시작했다. 페이퍼paper의 문제가 아니었다. 경영진의 무능이 깊숙이 자리 잡고 있었던 것이다. 투자전문가에게 후한 점수를 받은 기업이 하루 아침에 도산하는 것을 보면서, 투자분석 능력보다 경영 능력이 기업에 훨씬 더 중요하다는 사실을 뼈저리게 느끼게 되었다. 실패할 때마다.

일련의 과정을 통해 경영에 대한 나름대로의 철학과 자신감을 가지게 되었고, 샐러리맨에서 기업가로 과감하게 변신하게 되었다. 돌이켜보면, 인생의 가장 중요한 전환점에서 나는 약간의 망설임도 없었던 것 같다. 사람과 일이 제대로 들어맞았다고나 할까? 어쩌면 열정을 온전히 쏟게 될 새로운 도전 앞에 두려움이 끼어들 여지조차 없었을 것이다.

기업의 현재와 미래에 몰입하지 않는 경영자는 도덕적 해이moral hazgrd에 빠져 있는 것이다. 경영자는 순간순간 기업의 성장과 비전을 고민해야 한다. 도처에서 무능한 경영진을 쉽게 볼 수 있는데, 그들 기업의 종착역은 항시 '부도'였다. 그들은 능력은 없으면서 경영권은 놓치지 않으려고 한다. 그들은 욕심과 열정을 구분하지 못하고 있었다.

경영자는 항시 길을 찾아야 한다. 경쟁우위에 있는 기업들과 제휴하는 것도 하나의 길이고, 단순하게 경영방식을 벤치마킹하는 손쉬운 길도 있다. 길에서 헤매고 있던 무능하고 열정이 없는 경영자들이 나를 진정한 경영자의 길로 재촉했는지도 모른다.

사람들은 누구나 실패를 경험하고 실패를 통해 무언가를 배운다. 산산이 부서지는 드센 파도에 더욱 단단해지는 바위처럼 혹독한 시련을 겪으면서 더욱 단단해지는 것이다.

인생에는 실패가 따르기 마련인데, 어쩌면 실패 이후가 진정한 삶이 될 수 있다. 실패를 두려워하지 마라! 실패를 겸허하게 받아들이는 자세가 중요하다. 실패의 이유를 냉정하게 따져보는 마음의 여유가 필요하다. 거듭 분석해보라. 그리하면 똑같은 실패를 반복하지 않도록 해주는 교훈을 절로 얻을 수 있을 것이다.

# 06

# 텐배거 리더십

경제학자인 피터 드러커는 '지식시대에서는 기업 내에서 상사와 부하의 구분도 없어지며, 지시와 감독이 더 이상 통하지 않을 것'이라고 지적한 바 있다. 이런 점에서 최근 전통적 리더십 모델들의 대안 중에 하나로 서번트 리더십servant leadership이 제시되기도 한다. 리더가 직원들을 위해서 헌신하며 리더십 능력을 길러주기 위해 노력하는 방향으로 전환을 해야 한다는 것이다.

이렇듯 디지털 시대의 트랜드에 맞춰 리더십의 패러다임도 다양하게 바뀌고 있다. 하지만 한 가지 분명한 것은 시대에 걸맞게 리더십의 유형은 변하더라도 최고경영자, 임원, 더 나아가 묵묵히 변화를 실천하는 팀 리더 즉, 이와 같은 리더들에 의해서 기업의 문화와 가치가 창조되고 주도되어 왔다는 점은 불변이라는 사실이다.

진정한 '지식인'을 지향했고 한 기업의 '경영'에 몰두했으며 우리 사회의 '리더'를 꿈꿨던 한 사람으로서 지금까지의 경험과 생각, 노력의 산물 몇 가지를 이야기하면서 개인적인 측면의 텐배거를 마무리하고자 한다. 특히 리더를 꿈꾸는 모두에게 말해주고 싶은 바이다.

## 텐배거 리더십 ❶ 실패를 감당할 자신이 없으면 리더를 포기하라

구성원과 리더의 가장 큰 차이는 바로 '결정'에 있다. 위기의 순간, 구성원들의 눈은 일제히 리더를 찾는다. 이때 누군가 A안 혹은 B안을 외치는 사람이 있다면 그가 바로 리더다. 구성원들은 리더의 결정이 올바를 것이라고 믿고자 하는데, 리더는 그 신뢰를 충족시켜줘야 한다.

위기의 순간, 적절한 결정을 내리지 못하는 리더는 문제 해결 능력이 없는 것이나 마찬가지다. 일의 결과를 지나치게 두려워하는 사람은 결정을 내릴 때마다 전전긍긍하게 되는데, 이것은 실패를 감당할 자신이 없어서 그러는 것이다. 결단을 신속하게 내리지 못하고 우유부단한 모습을 보이는 것은 일의 결과를 책임지지 않겠다는 말로 바꿔 말할 수 있다.

나에게도 수시로 찾아오는 결정의 순간은 언제나 평범하지 않다. 그렇다고 회피할 수는 없다. 그중 한 가지 사례를 소개해보겠다.

KIC의 계열사로 올해 창립 40주년을 맞은 삼양감속기는 현대엘리베이터, 코스믹 등 국내외 대기업을 포함한 수많은 거래처가 있다. 전국에 대리점만 해도 수백 개에 달한다. 따라서 생산 제품인 감속기어에 대한 고객의 요구가 다양하고 그 변화의 속도 또한 빠르다. 그러나 고객의 needs에 따른 영업팀의 요구는 생산조직에 제대로 반영되지 않고 있었다. 고객이 필요로 하는 기어의 생산은 늦어지고 흔히 관성적으로 생산되던 기어의 재고만 늘어가고 있었던 것이다.

그러한 관성에 조종을 울릴 필요가 있었다. 삼양감속기가 현재는 감속기 분야에서 최고의 위치를 차지하고 있지만 지속적으로 혁신하지 않는다면 최고의 위치를 유지할 수 없을 것이라고 판단한 나는 ERPEnterprise Resource Planning를 요구했다. ERP는 IT를 통해 영업, 생산, 구매, 자재 등 기업 내 경영자원을 하나의 체계로 통합하는 것이다.

일부 임원을 포함한 구성원들의 거센 반발은 당연한 것이었다. 기존 체제로도 국내 시장을 독보적으로 점유하고 있지 않느냐는 반응이었다. 창립 이후 근 40년 동안 굳어 있던 조직으로서는 다소 버거웠던 것도 사실이었으리라. 그러나 나는 타성에 대한 파괴를 선택했다. 문제를 극복하는 것은 조직 구성원 전체의 일이지만 그들을 책임지는 것은 바로 리더의 몫이니 말이다. 나는 구성원들의 자연스럽고 강한 변화를 유도했고, 삼양감속기의 ERP는 성공했다.

명나라 초대 황제 주원장은 사람, 즉 리더는 참을 인忍자 세 개를 잘 다스려야 한다고 했다. 인내忍耐, 용인容忍, 잔인殘忍. 처음에는 참고 견디고, 두 번째는 실수하더라도 포용하고, 세 번째는 잔인하게 죽이든지 냉정하게 선을 긋는 결단력이 필요하다는 말이다. 초대 황제가 될 수 있었던 요인이기도 했던 잔인하고도 냉정한 결단력이 때로는 미덕으로 작용한 것이다.

보상하라, 그러므로 보상하라,
그래도 보상하라

생떽쥐베리는 "만일 당신이 배를 만들고 싶다면 사람들을 불러 모아
목재를 가져오게 하고 일을 지시하고 일감을 나누어주는 등의 일을
하지 마라. 대신 그들에게 저 넓고 끝없는 바다에 대한 동경심을 키워
줘라."고 말했다.

이처럼 조직의 리더는 구성원들이 자기 안에서 스스로 동기를 찾을
수 있도록 유도해야 한다. 적절한 동기를 부여해야 한다는 것이다. 조
직의 목표를 위해 애써야 한다는 당위만 있고 거기에 대한 동기가 없
다면 업무에 최선을 다할 사람은 그리 많지 않을 것이다.

고생스럽게 일해봤자 회사만 이득을 얻고 자신에게는 좋을 게 없다
는 사고방식을 가진 조직 구성원이 적지 않다. 인센티브 시스템이 설
계되어 있지 않기 때문에 일을 해야 하는 이유와 동기가 전혀 생기지
않는 것이다. 높은 성과를 올릴 이유가 없으니 최선을 다하지 않는 것
은 당연하다. 조직의 비전, 개인의 직무와 관련해 많은 대화를 나누고
구성원들에게 영감을 불어넣을 수 있어야 하고 특히 좋은 성과를 낸
구성원이 있다면 이번 성과가 그에게 어떤 영향을 미치는지 구체적으
로 설명해줄 필요가 있다.

각 분야의 연구결과를 살펴보자. 캠브리지 대학은 20여 년의 연구
끝에 조직의 성과에 가장 큰 영향을 미치는 것은 '팀웍' 이라는 결론
을 도출해냈다. 피그말리온 효과Pygmalion Effect, 교사로부터 학습 능력
이 낮다고 판정받은 집단과 학습 능력이 뛰어나다고 인정받은 집단

간의 비교에서 후자의 학습 성과가 훨씬 크다는 사실을 밝혀낸 것이다. 다우 케미컬Dow Chemical은 '임원 육성 프로그램'에 참여하도록 권유 받은 팀원은 그렇지 못한 팀원에 비해 훨씬 높은 성과를 냈다는 걸 보여주었다. 본인이 미래의 임원이 될 수 있다는 걸 인정받았다는 사실이 동기부여에 기여한 것이다.

결국 성과라는 산출물을 지향하는 것이 팀과 조직의 의무이기 때문에 팀웍을 다져 성과를 높일 무언가를 이끌어내야 한다. 이것은 바로 리더의 몫이다. 구성원에 대한 리더의 긍정적인 기대와 동기부여 시스템을 구축하여 생산성의 증가로 이어지게 해야 한다.

이런 원칙을 인식하고 있다면, 성과에 대한 적절한 보상은 동기를 부여하는 최고의 방법이다. 남다른 성과를 올린 구성원에게 인센티브, 승진, 교육기회, 권한위임empowerment 등의 보상은 반드시 필요하다. 또한 조직 내에서 인재를 키워 리더로 끌어 올리는 내부 수혈법을 쓰는 것도 중요하다. 이런 긍정적인 피드백은 목표 성취의 중요한 원동력이 된다. 반대로 일처리를 잘못했을 때 사안을 그냥 지나쳐서는 안 된다. 개선을 요구하지 않고 묵인하는 것은 미리 다음 실수를 인정하는 것과 다르지 않기 때문이다. 리더의 평가는 직원의 단점을 지적하기 위한 것이 아니라 스스로 인식하고 개선할 수 있도록 돕기 위해 필요한 것이다. 과감하게 상벌백계를 해야 한다.

해외 글로벌 기업들의 특징 중에 두드러지는 점은 내부에 파격적인 인센티브 시스템이 정착되어 있다는 사실이다. 확실한 동기부여가 유능한 인재들이 글로벌 인재가 되고자 노력하는 열정의 불씨로 작용하며 초일류기업을 만드는 원동력이 되고 있는 셈이다.

**커뮤니케이션으로 완성하라**

2005년 겨울, 미국 올랜도로 가는 비행기 안에서 『칭찬은 고래도 춤
추게 한다』를 읽었다. 그 책의 한 구절이 머릿속에서 내내 지워지지
않았고, '커뮤니케이션'이라는 만만치 않은 주제에 대해 생각하게 되
었다.

"우리는 신뢰를 쌓고 재미있는 분위기를 만들고자 노력합니다. 중
요한 것은 보상이 아니라 신뢰와 재미입니다. 고래가 즐겁지 않고 관
객들이 즐겁지 않다면 아무런 의미가 없는 거죠."

관객들에게 물세례를 하고 장난을 치는 등 관람객들과 함께 즐기는
씨월드Seaworld의 범고래 쇼는 그동안의 커뮤니케이션에 관한 내 생각
을 뚜렷한 사고로 완성시켜주었다.

나는 각 계열사 임직원들과 비전을 공유하고 신뢰를 쌓아갔지만 줄
곧 뭔가 허전한 것을 느꼈다. 경영진과 직원, 직원과 직원 간의 커뮤
니케이션을 통해 얻어야만 하는 그 무엇, 해답은 바로 재미있는 일터
만들기에 있었다. '중요한 것은 보상이 아니라 신뢰와 재미'였던 것
이다. 재미없는 일을 하면서 기업의 주인이 될 수는 없다. 직원들이
일터에서 재미를 느껴야 한다. 직원들이 관객이 아닌 주체로 느끼게
해주어야 한다.

1990년대 후반 노동조합 집행부로 활동했던 기억이 가끔 떠오른
다. 노勞와 사社의 이해가 엇갈리는 중심에서 양쪽의 장단점을 실감했
던 당시의 경험은 지금의 나에게 의미 있게 다가온다. 그때를 회상하
면 가장 먼저 떠오르는 기억은 노사가 같이 뛰고 소통하면서 많은 문

제를 해결했다는 것이다. 노조 집행부와 회사의 임직원들이 같이 뛰면서, 어려워 보였던 노사 간의 화합의 물꼬를 튼 적도 있다. 노조원 간의 반목도 같이 땀을 흘리다보면 자연스럽게 해소되었다. 이런 경험들이 커뮤니케이션에 관한 생각의 기초가 된 듯하다. 해마다 나는 '한마음 전진대회'라는 형식으로 관계사 전 임직원들을 만난다. 몸을 부딪치면서 비전을 공유하고 목표 달성의 성과를 피부로 느끼기 위한 자리이다.

GE의 잭 웰치 회장은 "GE는 커뮤니케이션이 단절되고 벽이 생기는 대기업이 아니라 서로 자유롭게 이야기하고 재미있게 일하는 구멍가게 방식의 회사가 되었으면 좋겠다."고 말한 바 있다. 충분히 공감가는 이야기다. 나도 기회만 있으면 임직원들과 축구를 한다. 함께 공을 차며 온몸을 부딪치고 같이 땀을 흘리는 것 이상으로 좋은 것은 없다. 형식은 중요하지 않다. 서로의 진심을 알리고 진실한 소통의 문화를 만드는 것, 그것이 진정한 커뮤니케이션이다.


## 텐배거 리더십 ④  텐배거에 올인하라

기업인으로서 더 이상 개인적으로 삶을 즐길 여유가 없음을 토로한다면 지나친 가식일까? 간혹 냉정해지려고 노력하는 나를 보곤 한다. 주위를 둘러볼 때면 더욱 그렇다. 주위에 기업과 사람들이 있고 수많은 연결들이 있다. 종업원과 그 가족들, 주주들, 은행을 포함한 채권자들 그리고 납품업체와 종사자들, 이들은 나의 동반자들이다.

또한 나의 버팀목이자 열정의 근원이기도 하다. 그러나 냉정하게 마음을 가다듬으면, 이들은 일종의 부담으로 다가온다. 잘못된 결정으로 이들에게 좌절을 안겨주지나 않을까? 이들에게 어떤 목표와 비전을 제시해주어야 하나, 성공할 수 있을까? 나는 수없이 묻고 답한다.

KIC를 인수한 지 5년이 지났다. 제조와 금융 분야를 핵심 축으로 KIC를 비롯한 주력 5개 사는 국내 1위 내지 수위의 시장점유율을 가진 리더 기업으로 성장했다. 인수 이후를 전체적으로 보면, 기업의 질과 양에 있어서 평소 좌우명이던 '텐배거'를 이루지 않았는가 조심스럽게 평가해본다.

돌아보면, 실패와 텐배거는 동전의 양면처럼 늘 붙어다녔다. 나는 두 번의 실패를 겪었고, 똑같이 두 번의 텐배거를 이루었다. 투자시장에서의 첫 번째 텐배거는 긴 시간만큼이나 나의 인내를 시험했다. 좌절과 희망, 실패와 성공이 수시로 엇갈렸다. 각양각색의 사람들을 만났고, 다양한 생각과 경험들을 할 수 있었다. 이때 워렌 버핏을 만난 것은 행운이었다. 그는 나에게 투자 철학을 심어주었을 뿐만 아니라 투자시장의 진정한 승자가 될 수 있도록 도와주었다.

경영인으로서의 두 번째 텐배거는 그래도 수월하지 않았나 싶다. 투자시장에서 나를 좌절시켰던, 수많은 실패의 경험들이 오히려 경영 능력의 탄탄한 기초가 되어 돌아왔다. 한편 정주영 전 회장은 경영 마인드를 가르쳐주었고, 감히 말하자면 경영의 꿈을 꾸던 시절부터 끊임없이 열정의 불씨를 타오르게 하는 원동력이 되어 주었다.

세 번째 텐배거는 지금까지와는 다를 것임을 뼛속 깊이 느끼고 있다. 워렌 버핏이나 정주영 전 회장을 떠날 때가 온 것이다. 그들은 나의 영원한 스승이지만 이제는 나만의 철학에 집중해야 한다. 나만의 경영관과 경영기법을 만들어가야만 한다. 어떤 의미에서는 나의 첫 번째 도전일지도 모른다.

새로운 꿈을 꾸며 다시 한번 텐배거에 대한 의지를 다진다. 이제 조직에 그 꿈을 불어넣고 싶다. 우리 조직의 비전이자 나의 세 번째 텐배거는 'KIC 2020'이다. KIC가 2020년에 완성할 목표 즉 'KIC 2020'은 매출 10조, 순이익 1조를 달성하고 재차 텐배거를 이루는 것이다. 세계시장의 글로벌 리더로 등장하게 될 그날을 그리며, 경영전략과 경영 마인드를 새로이 가다듬어본다.

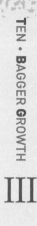

III

# 기업의 텐배거 전략

# 트렌드를 읽어라

경영자의 길에 들어선 뒤, 여행은 나에게 여가활동 이상으로 각별해졌다. 우선 긴 비행시간 내내 미처 하지 못한 일이나 독서에 집중할 수 있다. 또 회사 경영에서 한발 물러나 한국 경제나 세계 경제에 대한 생각의 폭을 넓힐 수 있고, 현지에서 새로운 경제의 흐름을 직접 배울 수 있다는 점에서도 매우 값진 시간이 된다.

몇 년 전, 직접 유럽 문화를 체험하고자 배낭을 메고 유럽 각지를 돌아다닌 적이 있었다. 주로 밀라노, 파리 등의 패션 마켓을 보았는데, 글로벌 기업들의 현지 디자인센터는 빼놓지 않고 돌아보았다. 디자인은 사실 나의 사업과 직접적인 관련이 있는 요소는 아니었다. 하지만 당시 나의 시선은 미래에 가 있었다. 미래는 디자인을 먹고 사는 시대이다. 지금까지 우수한 품질의 제품을 생산하는 것이 기업의 전략이었다면,

앞으로는 브랜드와 디자인 등 소프트파워에 집중해야 한다. 디자인이 제조업의 핵심 경쟁력이 될 것이라고 여겼기에 현지의 디자인센터를 둘러보면서 감각을 키워놓고 싶었다.

　파리 샹젤리제 거리의 루이비통 본점 앞은 배낭족을 비롯한 여행자들과 한국인 유학생들로 북적거렸다. 이는 외국인 관광객에게는 가방 2~3개 정도만 쇼핑을 허용하고 최소 6개월 동안은 제품을 다시 구매할 수 없도록 하는 마케팅 전략 때문이라는 한 유학생의 이야기를 들을 수 있었다. 돈이 필요한 배낭족과 유학생들이 아르바이트로 줄을 서는 광경은 씁쓸했지만, 루이비통의 이미지 고급화 전략은 가슴 깊이 다가왔다. '신분 상승'의 가치를 파는 루이비통의 여유 있는 경영 철학을 보면서, 단칸방에 살고 점심을 샌드위치로 때우더라도 고급 스포츠카를 타고 명품을 입는다는 '뉴 럭셔리족'의 트렌드를 느낄 수 있었다. 지금도 쇼윈도 안의 매력적이고 강렬한 이미지의 루이비통 디자인이 눈에 선하다.


## 해법은 현장에 있다

경제의 흐름을 파악하고 감각을 익히려면 현장에서 배우는 것이 중요하다. 그래야 기업이 어떻게 움직이는지 알 수 있고, 자기가 할 일이 분명해지는 것이다. '업무가 최고의 학습이고 기업이 최고의 학교'라는 말도 있지 않은가. 지식에도 반감기half life가 적용된다. 대학에서 배운 지식이 점점 더 빠르게 낡은 지식이 되어가고 있다. 최근에 기업들이 대학을 원망하면서 신입사원을 재교육시키는 이유이기도 하다. 이제는 교육과정에서 배운 '학교 지식academic knowledge'에 의존할 수 없다. 살아가면서 경험한 것들 또는 비즈니스 현장에서 배울 수 있는 생생한 지식, 이른바 '길거리 지식street knowledge'에 관심을 가져야 한다.

기업을 경영하다보면 여러 곳에서 우리 기업의 문제점을 들을 수 있다. 해법에 대해서도 여러 사람이 이야기한다. 헷갈리기 십상이다. 이럴 때 문제의 해법은 항상 현장에 있다. 스타벅스의 하워드 슐츠는 직원들과 식사하는 것을 거의 거르지 않는다고 한다. 미처 생각지 못했던 조직의 문제점이 직원들과 편하게 식사할 때 의외로 쉽게 발견되기 때문이라는 것이다.

증권회사 시절, 본사에 있거나 펀드를 운용할 때보다는 일선 지점의 창구에서 나의 투자 마인드가 형성되지 않았나 생각해본다. 그곳에서 나는 수많은 투자 고객을 만났지만 같은 성향의 고객은 단 한 명도 없었다. 고객을 대할 때마다 나는 매번 투자의 기본으로 돌아갔고, 그들의 다양한 투자에 대한 생각과 태도를 받아들였다. 정교한 투자 이론이 나를 투자시장의 승자로 이끈 것은 아니다. 나의 스승은 현장이었다.

'책'은 때로 정체된 느낌을 주기도 하지만 지금의 출판시장은 매우 발 빠르게 움직이고 있다. 손쉽게 우리의 현실과 세계 경제의 트렌드를 만날 수 있다. 도무지 읽을 시간이 없다고 엄살을 떠는 사람들에게는 업무와 관련된 도서목록이라도 파악하라고 권하고 싶다. 비즈니스맨에게 급변하는 경제 흐름을 파악하는 것보다 우선인 일은 없다. 출간된 책의 제목과 시놉시스를 통해서라도 변화하는 경제의 흐름을 이해하는 것이 중요하다. 깊이는 다음 문제일 수도 있다.

워렌 버핏은 이야기한다.

"나는 아침에 일어나 사무실에 나가면 자리에 앉아 책을 읽기 시작한다. 읽은 다음에는 여덟 시간 통화를 하고, 읽을거리를 가지고 집으로 돌아와 읽고 나서 다시 전화로 통화한다."

기업과 경제의 흐름을 정확히 진단하고 수많은 정보와 싸워야 하는 주식시장에서 워렌 버핏이 마이더스의 손으로 불리는 이유가 아닐까. 버핏은 지금도 일반인의 다섯 배에 달하는 독서를 하고 있다고 한다.

21세기는 '문화의 세기'라는 말이 있다. 예전에 문화는 그저 단순하게 교양으로 다가왔고 그래서 때로는 진부하게 느껴지기도 했다. 고상한 사람들(?)에게나 어울리는 특별함이 문화에 대한 잔상으로 여겨지기도 했다. 이제 문화는 상품이자 산업으로 이해해야 한다. '아름다움'이 상품이고, 문화가 산업인 것이다. 이제는 그저 예쁘고 잘생긴 것만으로도 국가 경쟁력에 기여하게 되고, 개개인의 미적 감각이나 문화 역량 그 자체가 국가 경쟁력이 되고 있다. 문화를 이해하는 것은 또 다른 경제 감각을 익히는 것이다.

세종문화회관이나 예술의 전당에서 경제를 느껴보라. 길거리도 좋다. 해외 배낭여행도 좋다. 당신이 경영자를 꿈꾼다면 말이다.

# 세계 경제를 이끌 6가지 트렌드

글로벌 경제의 무한경쟁 속에서 살고 있는 우리는 어떤 시각으로 세상의 변화를 읽어야 할까? 홍수처럼 쏟아지는 신기술과 신개념을 또 어떤 방식으로 결합시켜 제품으로 만들어야만 세계시장에서 성공할 수 있을까? 이러한 문제의식을 가지고 가까운 미래의 경제 환경을 예측하고 대비하는 것이 기업의 지속적인 발전을 가능하게 할 것이다.

사실, 미래의 트렌드에 대한 이야기는 여기저기서 들려온다. 미래의 트렌드는 주장하는 사람만큼이나 그 종류도 갖가지이다. 경제지뿐만 아니라 일간지에서도 쉽게 찾아볼 수 있다. 그들의 이야기를 듣다 보면 가끔은 혼란스럽기도 하지만 미래가 눈앞에 펼쳐지는 것 같이 느껴지기도 한다. 미래의 경제 흐름을 알면 현재가 더욱 잘 보이는 법이다. 투자전문가이자 경영인으로서 내가 주목하고 있는 몇 가지 흐름은 다음과 같다.

첫째, 환경을 알면 미래가 보일 것이다. 2005년 온실가스 배출을 줄이기 위한 '교토 의정서'가 발효되면서 환경은 기업들이 미래를 준비할 때 가장 중요하게 여겨야 할 키워드로 떠올랐다. 미국과 유럽연합 등은 다른 국가에게 친환경 관련 인증을 요구하기 시작했다. 앞으로는 가격과 품질이 아무리 뛰어나도 친환경 기준을 충족시키지 못하면 환경이라는 거대한 장벽을 넘을 수 없을 것이다. 최근에는 미국의 시카고, 캐나다, 네덜란드 등 9개소에 이어 일본, 중국도 탄소배출권 거래소 설립을 준비하고 있다. 작년에는 거래가 215억 달러에 달했는데 그 규모는 날로 커지고 있다.

환경생태계 복원 비용이 원자재 등 자원 개발로 얻는 이익의 2~3 배에 달한다는 경고의 보고서가 잇따르고 있음도 주목해야 한다. 이런 흐름에 맞춰 국내의 유한 킴벌리는 '환경은 비용이 아니라 자산이다.'라는 환경경영을 하고 있다. 환경업무를 담당하는 CGOChief Green Officer를 두어 친환경적 제조공법으로 생산의 틀을 바꾸고 있다. 토요타는 GM을 제치고 세계자동차시장 1위에 올라섰는데, 하이브리드카 '프리우스'를 내세운 환경 전략이 주효했던 것으로 보인다. 요즘은 지구의 환경에 공헌하는 기업의 이미지를 구축하는 데 박차를 가하고 있다. 이렇듯 전 세계적으로 녹색 바람의 질주는 거침이 없다.

둘째, 저출산·고령화 사회가 도래할 것이다. 자산운용 등 토털 재산관리 시스템인 PBPrivate Banking 시장이 급성장하고 있는 것도 고령화 사회의 한 단면이다. 우리나라의 출산율은 1.08%로 경제협력기구 OECD 30개 국가 중 최하위다. 저출산으로 인한 한국판 '소황제小皇帝'의 등장에 주목해야 할 시점이다. 하나뿐인 아이한테 최고의 교육환경을 제공하고 명품을 사주는 등 내 자식을 황태자처럼 키우겠다는 생각은 소비문화 전반을 바꿔가고 있다. 미국의 크리스마스 시즌을 대비한 어린이들의 히트 상품 리스트에 3~4만 달러를 호가하는 럭셔리 제품들이 등록되어 있는 것을 봐도 '소황제 신드롬'은 세계적인 소비문화 트렌드가 되어가고 있음을 알 수 있다.

셋째, 서비스 산업의 잠재력에 주목해야 한다. 경제 성장으로 소득이 높아지면서 문화와 소비 수준이 다양해지고 높아질 것이다. 양질의 해외교육, 차별화된 의료 서비스, 고급 레저 수요 등이 지속적으로 확대될 것이다. 선진국들의 경우 서비스 산업이 GNP에서 차지하는 비중이 70%에 달하지만 우리나라는 52%에 불과하다. 우리 경제구조의 변화 방향이 예측되는 것이다.

웅진 그룹은 서비스를 최우선시하는 전략으로 국내 시장을 벗어나 글로벌 기업으로 성장하고 있다. '사후 서비스after service'가 아닌 '사전 서비스before service' 개념을 도입했다. 서비스의 중심에 있는 2만 명에 달하는 코디네이터들의 활동 영역이 학습지에서부터 정수기, 공기청정기까지 넓어지고 있다.

넷째, 웰빙은 트렌드보다는 신드롬 수준이다. 선진국형 웰빙이라는 '로하스LOHAS'도 주목받고 있다. 로하스는 개인을 중시하는 보통의 웰빙과 달리 지속 가능한 발전과 환경을 중시하는 '사회적 웰빙'이다. 예를 들어, 가족의 건강을 위해 집안의 벽지를 친환경 소재로 바꾸는 것은 웰빙이다. 그러나 벽지의 원료가 재생이 가능한 것인지, 폐기할 때 환경 파괴 성분이 나오지 않는지 등을 따지는 것은 로하스다.

풀무원은 인간과 자연을 함께 사랑하는 'LOHAS 기업'을 회사 비전으로 내걸고, 안전과 건강의 가치를 소비자들에게 어필하는 데 성공했다. 웰빙을 기업의 모토로 정한 게 적중한 것이다. 농심이 글로벌 기업이 된 이면에는 이른바 라면파동 이전에 공업용 우지를 식물성 팜유로 바꾸면서 기업 이미지를 개선시킨, 웰빙 트렌드를 정확히 간파한 기업 문화에 있었다는 걸 간과하면 안 될 것이다.

다섯째, 지식정보화 사회에서 각 부문의 상호작용과 융합이 가속화되고 있다. 이른바 퓨전현상이다. 퓨전은 요리와 음악계에서 시작된 이후, 색다른 소비자의 욕구와 맞물리면서 금융 서비스 등 사회전반으로 확산되고 있다. 특히 디지털 기술이 급속하게 발전함에 따라 기존의 기술, 산업, 서비스, 네트워크의 구분이 모호해지면서 이들 간에 새로운 형태의 융합 상품과 서비스가 등장하는 디지털 컨버전스digital convergence가 활발해졌다.

휴대폰은 대표적인 디지털 컨버전스형 제품이다. 시장을 놓고 벌이는 기업들의 경쟁은 점입가경이다. 감성적 디자인으로 경쟁하는가 싶더니, 어느 새 디지털 카메라가 결합된 휴대폰이 등장하여 화질로 승부하기 시작했다. 그러자 이번에는 MP3 플레이어 기능을 부착한 제품이 나와 시장을 선도했고, 이제는 어느 곳에서나 방송 콘텐츠를 볼 수 있는 모바일 기능이 있어야만 시장에서 살아남게 되었다. 휴대폰 하나에 IT기술이 하나둘씩 접목되어 마침내 디지털 카메라, PDA, DMB, MP3 플레이어가 하나로 된 디지털 컨버전스형 휴대폰이 완성된 것이다.

마지막으로 약간 생소하나 디지털 코쿠닝digital cocooning을 들고 싶다. 최근 미국에서는 복잡하고 불확실한 현실에서 벗어나 자기만의 세계로 들어가려는 '코쿠닝 현상'이 강해지고 있는데, 9.11 테러가 안전한 집안에서 보내려는 '가정칩거 증후군'을 확산시켰다고도 한다.

우리나라도 예외는 아닌 것 같다. '휴가 때 힘든 여행을 하기보다 집에서 쉬고 싶다.', '활동적인 취미보다 앉아서 하는 취미 활동이 좋다.'는 실내 지향적 라이프 스타일이 일반화된 흐름으로 자리 잡고 있다. 코스닥시장 스타지수 30종목에는 인터넷, 홈쇼핑, 교육, 여행, 온라인증권 등 코쿠닝 관련 기업이 열 개 넘게 편입되어 있다. 이런 기업들의 성장 속도에 비추어보아도 집안에서 원스톱으로 생활을 영위하려는 코쿠닝 트렌드는 거의 빅뱅이다.

최근에 이민을 간 몇몇 지인들이 있다. 그들은 투자분야의 전문가들이었는데, 주로 캐나다의 밴쿠버나 미국의 서부지역에 자리를 잡았다. 자녀들에게 좀더 나은 교육을 시키고 싶은 욕심을 내세우고 있지만, 그들이 이민을 결심하게 된 바탕에는 디지털 코쿠닝이 있다.

그들은 한국의 주식시장이 열려 있는 시간인 오후 4시(한국시각 오전 9시)부터 오후 10시(한국시각 오후 3시)까지 온라인으로 주식매매를 한다. 풍부한 투자경험과 전문지식을 가지고 있는 그들은 생활비와 자녀들의 교육비를 이른바 온라인 트레이딩으로 충당하고 있는 것이다. 그들은 오후 4시 이전에는 골프 등 운동을 하거나, 직장에서 업무에 열중하지만 오후 4시만 되면 서재나 사무실의 모니터 앞에 앉아 트레이딩을 시작한다. 아이들에게는 원하는 교육을 시키고, 자신들은 전문 분야의 일을 계속하면서 새로운 직업도 갖고, 운동으로 건강도 챙기는 일석삼조의 생활을 누리고 있는 것이다.

실로 디지털 코쿠닝이란 트렌드가 사회 전반에 미치는 영향력은 상상 이상이다.

## 영원한 강자는 없다

40년 전 국내 100대 기업 중 지금까지 100대 기업으로 남아 있는 곳은 몇 개나 될까? 월간 《현대경영, 2004》에 의하면 12개 사에 불과했다. 특히 60년대 최대 기업이었던 동명목재를 비롯해 10위권 기업들은 대부분 흔적 없이 사라졌다. 40년 전 상위 10개 기업 중 현재 100대 기업에 드는 회사는 CJ(구 제일제당)가 유일하다고 한다.

일본의 경제지 《니케이 비즈니스》는 '기업 100년사'라는 특집기사를 통해 2001년 주식 시가총액을 기준으로 세계 100대 기업을 조사한 결과 세계 100대 기업 중 한 세기 이상 생존에 성공한 기업은 17개에 불과하다고 발표했다.

도대체 왜 우량 기업들이 이렇게 짧은 시간 안에 사라지게 된 것일까? '끓는 비커 속의 개구리 신드롬'이라는 것이 있다. 서서히 끓고 있는 비커 속의 개구리는 물이 뜨거워지는 것을 알지 못해 밖으로 뛰쳐나오지 못하고 죽는다는 것이다. 이처럼 생명체의 생사는 자신을 둘러싼 환경의 변화를 얼마나 빨리 감지하느냐에 달려 있다. 이러한 생존의 법칙은 기업에도 적용된다.

많은 전문가들이 21세기 기업의 흥망을 '디지털 다위니즘digital darwinism'으로 설명하고 있다. 적자생존의 법칙이 원시적인 정글에서 디지털의 세계로 넘어오면서, 본능보다는 이성에 뛰어난 기업이 생존의 가능성을 좀더 높이게 될 것이라고 한다. 여기에서의 이성은 외부 환경에 적응하면서도 경쟁적 환경의 변화를 이끌어나가는, 주도적이면서도 유연한 사고를 의미한다. 빌 게이츠는 MS의 생존비결을 '끓임없는 자기변혁'에서 찾았다.

IT, BT, NT기술의 발전을 따라가기가 만만치 않은데, 어느새 IT-BT-NT기술의 융합을 이야기하고 있다. 시장이 다양하고 세분화되고, 소비자들의 요구도 빠르고 다양하게 변하고 있다. 이러한 기술과 기호의 변화가 기업 환경 변화의 주된 요소로 자리 잡고 있다. 세계화 등 메가트렌드의 변화도 현실 깊이 다가오고 있다. 어찌 보면, 기업을 둘러싸고 있는 외부 환경이 급격히 변한다는 것은 '혁신하라', '진화하라'는 신호를 노골적으로 보내고 있는 것일지 모른다. 이러한 외부의 신호를 감지하지 못하거나 '혁신'을 감내해낼 능력이 없는 기업들은 도태될 수밖에 없을 것이다.

그런 점에서 110년 동안 '진화'를 거듭한 GEGeneral Electric는 역사에 남을 생존능력을 보여줬다. 발명왕 에디슨의 에디슨 종합 전기Edison General Electric에서 출발한 GE는 1896년 다우존스 지수에 최초로 포함된 12개 기업 중 현재까지 생존하고 있는 유일한 기업이다. 그들은 '기술을 통해 기업을 성장시킨 것이 GE 발전의 역사'라고 단언한다. GE를 한 세기 넘게 살아남게 해준 것은 끊임없는 기술 혁신이었다. 기술로 성장하고, 기술로 외부환경을 극복했다. '주식회사 미국의 하버드 대학'이라 불리는 GE의 코론토빌 연수원은 오늘도 '상상하는 것은 반드시 이루어낸다.'는 정신을 전파하고 있다.

반면 최고의 기술로 역사의 한 장을 썼던 기업도 트렌드와 환경의 변화에 무뎌지고 예전의 영광에 취해서 현실에 안주하는 찰나, 깊은 나락의 길로 떨어지고 만다.

1898년 세계 최초로 엑스레이 필름을 실용화하고, 1942년 세계 최초로 컬러사진 인화지를 생산한 '아그파'. 100년을 웃도는 전통과 자존심이 신기술 디지털의 쓰나미에 휩쓸렸다.

2001년 이후 3년간 필름 판매량은 매년 10% 이상 감소한 반면, 디지털 부문의 매출은 매년 100% 이상 성장하고 있다는 보고서가 매년 아그파의 경영진에게 보고됐다. 시장의 역사에서 이보다 더 강력한 경고의 신호가 어디 있었겠는가. 결국 변화의 흐름을 타지 못한 아그파는 포토필름 사업을 포기했다.

트렌드와 환경의 변화를 읽어내는 것은 결국 최고 경영진의 몫이다. 뛰어난 인재는 필수적일 것이다. 하지만 여기서 말하고 싶은 것은 그러한 변화를 읽을 수 있는 인재를 살아 숨쉬게 하는 기업문화이다. 이는 구성원 전체가 느끼고 공감해야 하는데, 사무기기만 디지털로 바뀌고 구성원들은 여전히 아날로그적 사고에 빠져 있는 부조화는 생각조차 할 수 없는 문화이다. 외부의 변화를 느끼고, 이를 조직이 흡수하지 못하고 있음을 거리낌 없이 지적하고, 대안을 만들어가는 풍토이다. 여기서는 시장의 불만과 요구가 광통신망 속도만큼이나 빠르게 처리될 것이다.

피터 드러커는 "혁신 능력이 기업의 잠재적 시장 가치를 높여주고 지속적으로 경쟁우위를 제공해주는 핵심역량"이라고 말했다. 동감한다. 오랜 시간, 세계 초일류를 유지한 기업들은 공통된 특징을 보여준다. 그들은 항상 위기 속에서 환경의 변화를 주시했다. 위기는 끊임없는 혁신으로 이어졌고, 이는 독특한 기업문화를 형성했으며, 기업문화 그 자체가 핵심역량이 되었다.

동명목재, 대성목재, 금성방직, 경성방직, 동신화학… 40년 전 국내 시장을 주름잡던 기업들이다. 미래의 트렌드를 잘못 읽거나, 비전을 제대로 세우지 못하거나, 잠시 방심하는 기업들은 40년 뒤 이들과 같은 운명을 맞이할 것이다. 글로벌 무한경쟁의 시대에 기업의 생존은 갈수록 힘들어지고 있다. 나 또한 텐배거의 비전을 끊임없이 담금질할 것이다.

영원한 일등은 없다. 영원한 강자도, 약자도 없다. 이것이 바로 기업이 지속적으로 변화하고 혁신해야 하는 이유이다.


## 생존을 위한 기업의 3대 과제

다음 장부터는 본격적으로 기업의 텐배거 전략을 이야기할 것이다. '핵심역량'과 '가치창조' 그리고 'M&A'의 세 가지 테마이다. 이 세 가지는 글로벌 기업 혹은 텐배거 기업으로 성장하기 위해 떠나는 험난한 가시밭길에서 한 번씩은 고민해야 할 주제이다.

'성공'이란 이름을 경제사에 남긴 기업을 만나게 될 것인데, 이들 글로벌 기업의 기저에 흐르는 '핵심역량'을 먼저 느껴야 한다. GE와 같이 기술혁신으로 최고가 된 기업이 있는가 하면, 마이크로소프트처럼 'ready people(준비된 인재)' 인재 양성을 통해 일류가 된 기업도 있다. 또한 코카콜라와 같이 브랜드 이미지를 통한 마케팅으로 세계적인 기업이 된 경우도 있다. 그 밖에 아이디어와 특화된 역량에 집중하여 글로벌 니치리더global niche leader가 된 기업도 만나게 될 것이다.

그렇다면 위의 기업들과 달리 뚜렷이 내세울 만한 핵심역량이 없는 기업은 어떻게 텐배거를 이룰 수 있을까? 진정 아무것도 없이 새로이 시작해야 하는 기업도 과연 텐배거가 가능한 것일까? 물론 '가능하다'. 그 해법으로 '가치 창조'를 제시하고자 한다. 새로운 가치를 꿈꾸며, '무'에서 '유'를 창조하여 신화가 된 기업을 만나보라. 이런 글로벌 기업은 자원이 부족한 우리나라가 벤치마킹할 모범적 유형이 될 것이다.

마지막으로, 세계 경제의 최대 화두로 등장한 M&A가 세계 자본주의 지도를 바꿔놓고 있음을 인식해야 한다. 우리나라도 예외일 수 없다. 1999년 미국계 타이거펀드, 2003년 소버린, 2004년 영국계 헤르메스펀드, 그리고 2006년 칼 아이칸. 우리에게 익숙한 외국계 펀드들이다. 이들은 대규모 시세차익을 남기고 떠났다. 이들이 할퀴고 간 상처 위에서 우리는 다시 출발해야 한다. 본격화된 M&A시대, 준비된 기업만이 세계를 지배할 것이다.

# 핵심역량에 집중하라

1992년, 핀란드의 노키아그룹은 당시 패기로 가득 찬 41세의 올릴라를 그룹 CEO로 전격 발탁한다. 당시 노키아는 전임 CEO가 경영 악화에 시달리다 못해 자살할 정도로, 경험 없는 올릴라에게 그룹의 운명을 맡길 만큼 최악의 상황이었다.

CEO로 취임한 올릴라는 반 년간의 논의 끝에 결단을 내린다. "휴대전화가 소수의 사무용품에서 다수의 생활용품으로 변하는 시대가 온다. 여기에 집중한다." 그룹에 생소한 통신 분야에 집중하는 것은 위험하다는 내부 반발도 있었지만, 그는 "통신과 함께 살거나 죽는다."며 그룹을 독려했다. 통신 분야에 집중하기 위하여 종이펄프, 고무장화, 컴퓨터, 가전부문 등 예전에 노키아를 끌고 가던 주력 기업들이 매각되었다.

## 선택과 집중

1998년 노키아는 미국 모토로라를 제치고 세계 1위의 휴대폰 제조업체가 된다. 화장지와 목재를 만들던 '굴뚝 회사'가 세계 최고의 통신업체로 변모한 것이다. 올릴라가 CEO가 된 지 6년 만이었다. 올릴라 회장의 '선택과 집중' 전략은 성공했다. 디지털 휴대폰이라는 시대의 트렌드를 정확하게 읽은 것이다. 산타클로스와 호수의 나라인 핀란드가 정보통신의 신세계로 바뀐 것을 보고 한 언론인은 핀란드를 '노키아랜드Nokialand'라고 불렀다.

2002년 국내 제과회사인 D사는 중국과 러시아 등 해외시장으로 영업기반을 확장하면서 제품라인을 대폭 축소하여 일부 제품에 집중하는 전략을 채택하였다. 제과산업이 이미 성숙기에 접어들었다고 판단하고, 경쟁우위에 있는 제품에 집중하며 새로운 성장 동력을 찾아 나선 것이다.

이익을 내고 있던 제품들이 퇴출되자, 매출과 이익의 감소로 오히려 성장 동력만 약화될 것이라는 반발이 내부에서 강하게 일었다. 허나 제품 수는 줄었는데 매출과 이익은 오히려 증가한 성적표가 이러한 우려를 불식시켰다. D사가 주요 제품에 집중하는 사이 방만하게 라인을 유지하던 경쟁사들은 하나둘씩 시장에서 퇴출되었다.

선도 기업은 다른 기업이 따라 잡지 못하도록 핵심 기술을 지속적으로 개선하는 "혁신(이를 '존속적 혁신'이라고 한다)"에 집중하게 된다. 고객이 요구하는 우선순위에 따라 혁신을 집중하기 때문에, 선도 기업은 기술력과 고객 만족이라는 벽돌로 견고한 성을 쌓게 된다. 복사기 시장을 선도하고 있는 제록스는 거인 IBM의 도전을 이겨냈다. 국내에서는 신도리코가 선도 기업이다. IBM은 제록스보다 규모가 훨씬 크지만 패했고, 제록스 역시 규모 면에서 비교가 안 되는 신도리코에게 추월당하고 있다.

반면, 신생 기업은 기존의 고객을 대상으로 경쟁우위를 가지기 힘들기 때문에 신시장이나 틈새시장에서 만나는 새로운 고객의 요구에 대응하는 "혁신(이를 '파괴적 혁신'이라고 한다)"에 집중한다. '파괴적 혁신'은 새로운 가치에 집중하여 새로운 시장을 만들어내거나 기존의 시장을 뒤흔들어 재편하는 강력한 힘을 가지고 있다.

1900년대 초 벨이 발명한 전화기를 보고 당시 거대기업이던 웨스턴 유니언의 CEO는 "그 장난감을 가지고 우리가 할 수 있는 게 뭐요?"라고 물었다고 한다. 웨스턴 유니언은 기존에 자신들이 성공적으로 운영하고 있던 전보와 전신사업에 자신감을 가졌고, 그 결과 전화라는 혁신적인 기술의 파괴적인 힘을 발견하지 못하고 치열한 경쟁에서 밀려나고 말았다.

한때 최고의 자리에 있던 우량기업이 '파괴적 혁신'을 하지 못하고 한순간에 무너진 이유는 경영진이 무능해서가 아니라 자기들에게 부와 명성을 안겨준 기존의 사업 분야에 안주하고 싶어하기 때문이다.

아날로그 방식의 CRT TV에 집착하다가 디지털 방식의 PDP와 LCD TV에 밀려, 전자 사업부문에서의 영향력이 급격히 위축된 소니 Sony도 마찬가지이다. 소니는 트리니트론이라는 CRT를 개발하면서 세계 디스플레이 시장을 주도했다. 하지만 트리니트론에 대한 기술적

우위와 집착이 소니에게는 부메랑이 되었다. 기술적 우위가 확실한 CRT가 디지털 TV와 모니터 시장에서도 충분히 경쟁력이 있다고 판단하였기에, LCD를 주력으로 하는 평판 디스플레이FPD의 등장에 제대로 대응하지 못한 것이다. 소니가 변화의 흐름을 타지 못하는 사이, 한국 업체들이 시장을 주도하는 PDP와 LCD가 노트북, 컴퓨터 모니터, 대형TV 시장의 표준이 되어 버렸다. 소니는 삼성전자와 LG전자의 '파괴적 혁신'에 밀려 추락했다.

위에서 보듯이 '리딩 컴퍼니leading company'를 유지하거나 쟁취한다는 것은 여간 어려운 일이 아니다. 새로운 트렌드를 먼저 읽고 한발 앞서는 기획력과 핵심역량을 집중하여 이를 현실화시키는 것이 말처럼 쉬운 일은 아닐 것이다. 더군다나 어렵사리 오른 최고의 자리에서 흐름을 놓친 잠깐 사이에 사정없이 끌어내려지지 않는가.

이 시대의 판단 기준은 글로벌 스탠더드이다. '국내 최고'라는 타이틀은 점차 의미가 퇴색될 것이다. '세계 최고', 달성하기 멀어 보일지라도 한시도 잊고 지낼 수 없는 글로벌 시대의 수식어이다. GE의 잭 웰치 회장은 말한다. "1, 2등을 할 수 없다면 차라리 독특함uniqueness으로 승부하라." 시스코 사는 필요하면 기술도 외부에서 수혈하고 있는데, 그 기술은 세계 최고여야 한다.

글로벌 기업이라고 온통 강점으로 뒤덮여 있는 것은 아니다. 일류 기업들의 장점 중의 하나가 자기들의 약점을 정확히 파악하고 있다는 점이다. 그들은 핵심역량을 찾아내는 수고를 게을리하지 않는데, 그러한 핵심 부문은 가히 무서울 정도로 기업의 모든 역량이 집중되어 성장 동력으로 육성된다. 반면에 지적되는 약한 고리는 M&A, 전략적 제휴, 아웃소싱outsourcing으로 더욱 끈끈하게 연결시키고 있다.

이런 점에서 델컴퓨터가 제품과 유통경로가 다양한 컴퓨터 시장에서 사용자 주문 제작 시스템을 도입하여 마케팅 대상을 최대한으로 좁히고 이에 집중함으로써, 업계의 난공불락으로 여겨지던 HP를 공략하는 데 성공한 전략은 배울 점이 많다.

모든 걸 다 잘할 필요는 없다. 한계를 인식하는 것이 무엇보다 중요할 수 있다. 보유하고 있는 자원의 한계부터 느껴야 한다. 기업의 현재 상태에서 시대의 트렌드 혹은 시장과 같이 호흡할 수 있는 부분을 찾아서 선택하라. 그리고 열정과 노력으로 집중하라. 이것이 텐배거의 길이다. 중소기업이라고 영원한 중소기업인가. 한국이라고 영원히 동북아의 경제소국인가. 기회와 가능성은 항상 열려 있다.


## 핵심역량을 강화하라

21세기 경영 환경은 공중에 떠 있는 럭비공 같다고 한다. 이는 기술과 소비자들의 기호가 워낙 빠르게 변하여, 기업이 변화를 예측하기가 점점 어려워지고 있음을 토로한 것이다. 지금까지와는 달리 경쟁의 링에 세계의 모든 기업들이 올라가는 무한경쟁의 세계가 열렸음을 빗대어 말한 것일 게다. 판이 바뀌고 룰이 바뀌고 있다. 이런 예측 불허의 시대, 니치시장을 타깃으로 핵심역량을 강화하는 길을 걸어보고 싶다.

핵심역량이란 경쟁기업에 비해 우월한 경쟁우위를 가져다주는 기업의 능력을 말한다. 이는 보통 축적된 기술, 우수한 인력, 가치를 창출하는 브랜드와 문화상품, 기업의 규모, 자금력, 제조관리 능력 등 다양하고 거시적이며 동시에 미시적인 모든 자원을 가리킨다. 지금껏 일류기업들은 자신들이 가지고 있는 경쟁우위의 핵심역량을 지속적으로 키우고 강화하였다. 이러한 핵심역량 전략은 이들 기업에 녹아들어 있다.

2006년 미국의 경제잡지 《포브스》는 '세계에서 가장 존경받은 기업 200곳'을 선정, 발표했다. 1위에 뽑힌 이탈리아 파스타 제조업체인 바릴라Barilla는 1877년 이탈리아 파르마에서 빵가게로 출발한 가족기업으로 연매출이 50억 달러에 달하는 식품회사이다. 2위는 덴마크 완구업체 레고LEGO, 4위는 스웨덴 가구 유통회사인 이케아IKEA였다.

일류기업의 조건으로 반드시 첨단 기술이 요구되는 것은 아니다. 오히려 생활용품 관련 분야에서 두각을 나타내는 일류기업들이 많음을 위에서도 알 수 있는데, 《포브스》는 이들의 글로벌 경쟁력을 높이 평가하면서 그 공통점으로 수십 년 혹은 백여 년 이상 자신들의 특화된 분야에서 핵심역량에 집중했다는 점을 들고 있다.

2005년 4월, 나를 포함한 우리나라의 중소기업 경영자들은 독일 하노버 박람회에서 위기감을 느끼고 돌아왔다. 기계부품에서 첨단 IT까지 전 세계 6,000여 개 업체가 참여한 현장에서 우리 기업들은 중국의 가격 경쟁력과 일본, 독일의 기술력 사이에서 고전하고 있었다. 우리 기업들은 대체로 마케팅 능력이 부족하고 초일류 기술의 흐름에도 뒤

떨어져 있다는 평가였는데, 우리 자신들의 핵심역량과 장점조차도 제대로 활용하지 못했다는 반성이 뒤따랐다.

하노버 박람회에서 만난 독일 중소기업들은 지금도 강한 인상으로 남아 있다. 세계 생선 처리 장비 시장의 90% 이상을 점유하고 있다는 '바더Badder'를 비롯해 언젠가 책에서 봤던, 세계 열대어 먹이시장을 석권하고 있는 '테트라Tetra'와 고속담배 제조시장의 절대 강자 '하우니Hauni'의 명성을 현장에서 직접 느낄 수 있었다. 그 외에도 독일은 세계 시장의 50% 이상을 점유하고 있는 글로벌 중소기업을 500개 이상 가지고 있는데, 라벨 부착기, 지폐 인쇄기, 무대용 대형 천막, 포도주 운송 서비스 등 분야도 다양했다. 이들 기업을 만나면서 독일이 미국을 제치고 세계 1위의 수출국이 된 이유를 알 수 있었다.

일본 기업들 역시 주목받고 있다. 그중에서 1935년 창사 이래 볼트한 제품에 핵심역량을 집중한 다케니까 제작소를 소개하고 싶다. 다케니까가 생산한 볼트는 '바닷물에서도 부식되지 않는다.'는 평판을 들을 만큼 기술력에 있어서 타의 추종을 불허하고 있는데, 지금도 기술 로열티로 받는 수익이 이 회사 전체 수익의 50% 이상이라고 한다. 이와 같이 일본은 IT, 기계의 부품·소재산업에서 최고의 경쟁력을 가지고 있었기에 10년 불황을 이겨낼 수 있었던 것이다.

세계 시장을 석권하고 있는 글로벌 니치리더global niche leader 기업들의 독창적인 아이디어는 대기업이 회피하는 분야 혹은 3D 업종에서 주로 볼 수 있다. 이들은 니치시장에서 자신들만의 역량을 특화시켜 결국 세계를 지배하게 된 것이다.

나를 비롯한 우리 기업인들은 핵심역량을 강화하지 못한 이유를 심각히 고민해야 한다. 단순히 환경의 변화에 따라 나타나는 기회만을 포착하여 우왕좌왕하지 않았는지 반성해야 할 것이다. 이러한 고민과 반성이 글로벌 기업으로 거듭나기 위한 토대이자 출발점이 될 것이다. 기회는 아마도 대기업의 영역이 아닌 니치시장에서 주어질 것인데, 최고의 전략은 핵심역량 강화이다. 기술력, 마케팅 능력, 인재 육성, M&A 등 기업의 기저에 흐르는 핵심적인 역량을 찾아낸 뒤 모든 에너지를 집중해야 한다.

세계화의 진전에 따라 국내시장이 곧 세계시장이 되는 경영 환경에서 글로벌 경쟁력 없이는 어떤 기업도 생존할 수 없다. 세계화 시대, 글로벌 경쟁은 거스를 수 없는 시대의 흐름이다.

## 03

# 가치를 창조하라

가치value는 쉽지 않은 개념이다. 사람들마다 약간씩 다른 의미로 사용해서 혼동을 주기도 한다. 경제 시스템에서 가치는 일반 적으로 세 가지 의미로 통용되고 있다.

과거, 기업들은 효율성의 개념으로 가치를 받아들였다. 원가 절감 을 통해 생산성을 높임으로써 기업 스스로 창출하는 가치에 중점을 두었던 것이다. 기업들은 제품의 원가가 낮고 품질이 좋으면 가치가 있다고 판단했다. 그래서 최상의 품질을 시장에 내놓는 것을 최고의 '선善'이라고 생각했다. 일면 맞는 말이다.

하지만 기업이 스스로 창출한 가치에 매료되다 보면, 일류 기업들 도 어이없는 실패의 길로 들어서기도 한다. 소비자의 가치 판단을 고 려하지 않은 채 기업 중심으로만 가치를 판단하여 실패한 대표적인 경우가 '이리듐 프로젝트'이다. 이는 모토로라 컨소시엄이 지구 궤도에 66개의 통신위성을 띄워 세계를 단말기 하나로 묶겠다고 도전한 야심찬 프로젝트다. 그러나 가격이 2천 달러나 되고, 휴대하기에는 너무 무거웠고, 이용료는 1분에 4달러나 되는 이 서비스를 가치 있게 생각하는 고객이 몇 명이나 있었을까?

점차 고객 가치를 중시하는 경영이 주목받고 있다. 이제 기업 스스로 창출하는 가치 외에 고객이 느끼는 가치를 체감해야 한다. 여기서는 고객을 위한, 고객의, 고객에 의한 '가치'에 집중하는데, 고객이 가치 있다고 생각하는 무엇인가에 역량을 집중하는 것이다.

프로슈머prosumer라는 트렌드가 고객과 기업 간의 변화된 관계를 느끼게 한다. 생산자producer와 소비자consumer의 합성어인 프로슈머는 과거에 제품을 단순 소비하는 역할을 하던 고객이 제품의 기획, 생산, 판매의 전 과정에 참여하는 고객으로 바뀐 트렌드를 표현하고 있다.

워렌 버핏 역시 "가격은 우리가 내는 돈이고, 가치는 그것을 통해 얻는 것이다Price is what you pay, Value is what you get."라고 정의했다. 가치가 상품이나 서비스를 '파는' 사람들이 아닌 그것을 '사는' 사람들, 즉 투자자나 소비자의 입장에서 만들어진다는 점을 꿰뚫은 것이다. 고객이나 소비자들은 '얻을 뭔가가 있다.'고 생각해야 돈을 낸다. 바로 그 '뭔가'가 가치라는 것이다.

마지막으로 가치중심 경영value based management, 즉 기업 가치의 중요성이 증대되면서 주식가격에 관심이 집중되고 있다. IMF 이후 기업 가치 평가가 중요해지고, 가치평가의 방법도 정교해졌다. 외국 자본의 적극적인 유입은 국내 주식시장과 M&A시장을 글로벌 스탠더드로 재편시킬 것으로 예상되고 있다. 이런 과정에서 기업가치가 무엇보다도 중요한 관심의 대상이 되고 있는 것이다.

## 경영자가 본 가치value

회사를 직접 경영하는 기업가의 관점에서는, 한 경영학 원로 교수의 기업의 생존과 성장 구조를 명쾌하게 정리한 'V > P > C' 생존 부등식이 피부에 와 닿는다. 기업은 원가cost 이상의 가격price으로 제품을 판매해야 이윤을 창출하고 R&D, 마케팅 활동을 계속할 수 있다. 소비자는 지불하는 대가인 가격 P 이상의 가치value를 느껴야 그 제품에 대한 로열티가 발생하고, 기업은 소비자의 반대급부를 통해 기업으로 계속 성장할 기반을 마련하게 된다는 것을 설명한 부등식이다.

경영자의 시각으로 재해석하면 다음과 같다. 한국인이 가장 좋아하는 음식인 김치찌개는 음식점에서 보통 4~5천 원의 가격으로 팔리고 있다. 라면, 김밥, 햄버거 등 인스턴트식품이 국민의 사랑을 꾸준히 받는 이유는 '한 끼 식사의 가치'를 제공하기 때문이다. 즉, 4~5천 원 하는 김치찌개의 가치 V를 1~2천 원의 가격 P로 대신 제공해주는 대체재 역할을 하고 있는 것이다. 만약 질 좋은 인스턴트식품을 1~2천 원 가격 P 이하의 총원가 C로 만들 수 있다면 그 제품은 소비자의 사랑을 지속적으로 받으며 존속할 수 있을 것이다. S라면, M버거, 버거K 등 이런 제품군에서 글로벌 기업이 나오는 이유도 바로 여기에 있다.

기업의 구성원인 개인도 생계비 C 이상의 연봉 P를 받는 대신 연봉 이상의 가치 V를 기업이 느끼게 해줘야 할 것이다. 기업의 수익에 기여한 부분이 개인의 BEPBreak Even Point를 넘어야 기업은 그 개인과 함께할 이유가 있으며, 개인에게는 기업과 함께 성장할 리더가 될 기회가 비로소 주어지는 것이다.

가치 창출을 하지 못하는 기업이나 개인은 생존 자체가 불가능하다. 너무 극단적인 표현인가. 이런 것을 차치하고서라도 '가치'란 국가, 기업, 개인에게 가장 핵심적인 경제 키워드 중의 하나인 것은 분명하다.


## 스타벅스는 커피를 팔지 않는다

글로벌 기업으로 성장한 기업들을 둘러싸고 있는 가장 큰 주제는 무엇인가? 그들이 가장 집중하는 것은 무엇인가? 무엇이 그들에게 위기이고, 미래인가? 그리고 그들의 전략은 무엇인가? 이러한 질문에 대한 정답을 찾은 기업만이 성공이란 이름을 경제사에 남길 수 있다. 정답은 앞에서 말한 '핵심역량'을 강화하는 것이 아닐까 한다.

허나 핵심역량이 없더라도 제품보다는 가치를 창조하고 팔아서 글로벌 기업이 될 수도 있다. 특히, 나는 이런 기업들을 주목한다. 자원이 부족한 우리에게 벤치마킹의 모범적 대상이 될 것이기 때문이다.

세계적인 경영석학, 톰 피터스는 저서 《미래를 경영하라》에서 "현대사회는 과거에 비해 품질은 10배 좋아졌지만 제품의 독창성은 10분의 1에 불과하다."며 '10배+1/10 현상'을 제기했다. 기술의 발전 속도가 빨라질수록 차별화된 제품을 만들어내기가 어려워진다는 얘기다. 새로운 가치를 창조해 '10분의 1'에 불과한 제품 간 차별성의 벽을 뛰어넘어야 하는 이유가 바로 여기에 있다.

나이키는 최고 중의 최고를 선택한다. 마이클 조던, 타이거 우즈는 나이키의 얼굴인 동시에 이 시대를 대표하는 승리의 상징이 되어 버렸다. 나이키는 스포츠 스타를 앞세운 마케팅 전략으로 스포츠용품의 세계 1위를 굳건히 지키고 있는데, 소비자가 선택할 수밖에 없는 승리라는 높은 가치를 창조한 결과이다.

할리데이비슨은 2기통 엔진에서 나오는 거친 사운드를 통해 사람들로 하여금 서부 개척시대를 달리던 말발굽 소리, 거친 숨을 내쉬는 심장의 박동을 느끼게 해주었다. 값싸고 품질 좋은 4기통 엔진이 밀려오던 1980년대, 할리데이비슨은 오히려 자기들만의 문화와 소리를 외치며 2기통 엔진을 고집했다. 이 회사는 미국 서부문화를 상징하는 가치를 창조했기 때문에 수차례에 걸친 위기를 극복할 수 있었다.

톰 피터스는 "할리데이비슨은 오토바이를 팔지 않고, 스타벅스는 커피를 팔지 않고, 클럽메드는 휴가를 팔지 않고, 기네스는 맥주를 팔지 않는다."고 주장했다. 그들의 성공은 제품에 담긴 가치 덕분이라는 말을 역설적으로 표현한 것이다.

살펴보면, 많은 기업들이 자사의 제품을 기능과 감성, 두 카테고리 중 하나에 포함되는 것으로 규정하고 각각의 핵심요소를 강화하는 데 주력하는 경향을 보이고 있다.

화장품 회사의 경우, 주로 소비자들의 감성을 자극하는 데 관심을 갖는다. 그래서 톱모델이 나오는 광고에 사활을 걸기도 한다. 반대로 전자제품을 만드는 기업들은 기능이 제품의 생명이라는 확고한 의지를 가지고 경쟁적으로 기술 개발에 매달린다. 그러나 감성과 기능의 중점을 이동해보면 새로운 가치가 보인다. 감성에 무게를 뒀던 제품에 기능적인 요소를 가미하거나 기능에 초점을 뒀던 제품에 감성을 더하는 것이다.

영국의 '더바디샵'은 감성 지향적인 화장품 산업에 기능적으로 접근해 성공을 거둔 경우이다. 창업자 아니타 로딕은 용기를 재활용하고, 화려한 포장 속에 숨어 있는 거품을 철저히 제거했다. 대신 천연원료를 사용하고 동물실험을 하지 않으며 플라스틱 용기를 대폭 줄이는 등 친환경 화장품 브랜드라는 이미지를 강화함으로써 화장품은 곧 감성이라는 공식을 깨뜨렸다.

스타벅스는 기능적인 제품으로 인식되던 커피를 감성적으로 접근해 대박을 터뜨린 경우이다. 미국에서는 원래 사람들이 차를 마시며 이야기를 나눌 공간이 흔치 않았다. 커피도 주로 사가지고 가는 이른바 '테이크아웃' 상품이었다. 스타벅스가 새로이 창출한 가치는 커피가 아닌 '커피를 함께 마시는 문화공간'이었고, 스타벅스는 바로 새로운 문화의 흐름이 되었다. 이 새로운 문화공간의 가치에 미국인들이 매료된 것이다.

성공한 가치창출의 효과는 여기서 끝나지 않았다. 《이코노미스트》는 1986년 고안된 '빅맥지수Big Mac Index' 대신 2004년부터 세계 각국에서 팔리고 있는 스타벅스 커피의 가격을 이용하여 각 나라의 적정

환율을 비교분석한 '스타벅스 지수', 일명 '카페라테 지수Tall Latte Index'를 발표하기도 했다.

'스타벅스'는 소설 『백경Moby Dick』에 나오는 일등항해사의 이름이다. 과거 커피 무역상들의 항해 전통과 거친 바다의 로맨스를 연상시키려는 의미로 브랜드명을 따왔다고 한다. 또한 배가 지나가면 황홀한 목소리로 노래를 불러 뱃사람들을 유혹했다는 고대 그리스 신화의 요정 '사이렌'을 로고로 만들었다. 스타벅스 커피는 월 스트리트의 성공한 비즈니스맨들이 마시는 커피를 연상시킨다. 일종의 이미지 마케팅인데, 스타벅스가 전 세계적으로 성공한 이유도 멋진 뉴요커들과 같은 시간대에 살면서 최고의 품질을 마시고 있다는 문화적 가치가 느껴지는 이미지를 불어넣어준 데 있다.

당신은 오늘도 사이렌의 거부할 수 없는 유혹에 이끌려 녹색 잔에 담긴 한 모금의 '뉴욕'을 마시지 않았는가?

## 무無에서 유有를 창조하라

어떤 기업의 산업 환경이 사양 산업이라면 어떻게 대처해야 할까? 그 기업이 난관을 헤쳐 나갈 마땅한 역량이 없다면 어떤 전략이 필요할까? 만일 그 기업이 손에 아무것도 쥐고 있지 않다면, 정말 아무런 희망이 없는 것일까?

헤쳐 나갈 힘과 기회가 없다고 실망하는 기업은 시장에 남아 있을 이유가 없다. 칠흑 같은 어둠 속에서도 희망의 불빛을 발견하려는 기

업은 반드시 살아남기 마련이다. 그런 기업에게 말하고 싶다. '새로운 가치, 새로운 시장을 창조하라.'

기업이 새로운 가치와 시장을 찾지 못하고 실패하는 것은 쉽게 좌절하기 때문이다. 기존의 시장에 만족하지 못하는 소비자들은 항상 존재하고 그들이 새로운 수요를 원하는 한 기회는 얼마든지 있다. 이전과는 다르게 소비자를 만나보라. 백지상태인 '무無'에서 생각해보라. 소비자들이 진정으로 원하는 가치가 무엇인지를 찾다보면 전혀 새로운 시장을 발견할 수 있을 것이다.

'사양기업은 있어도 사양산업은 없다.' 라는 말이 있다. 내 생각도 마찬가지이다. 단 1%의 가능성만 있어도 끝까지 도전해야 하는 게 기업인의 본능 아닌가.


'태양의 서커스단' 이라 불리는 캐나다의 '시르크 뒤 솔레이유' 의 공연은 세계 90여 개 국가에서 5,000만 명 이상이 관람한 것으로 알려졌다. 서커스업계의 일류기업들이 100년 동안 이루었던 성과를 20년 만에 달성했다니 경이롭기까지 하다. 서커스는 명절날 볼 수 있는 TV프로그램 정도로 대표적인 사양산업이 아니었던가.

2005년 겨울, 올랜도의 월트 디즈니 리조트에서 솔레이유의 공연을 관람할 기회가 있었다. '라 누바La Nouba' 라는 2시간 30분짜리 공연에서 받은 충격은 아직도 생생하다. 공연은 연극적인 분위기를 만끽하게 하다가도 어느새 한 편의 뮤지컬을 보는 즐거움을 선사했고 이내 경이로운 서커스까지 펼쳐보였다. 내가 상상했던 모든 것이 한 편의 공연에 녹아들어 있었다. 나처럼 평소에 서커스를 보지 않던 관객까지 끌어들이는 힘을 느낄 수 있었다. 역시 '불가능이란, 단어일 뿐'이었다.

솔레이유의 창업자인 기 랄리베르트가 새로운 가치를 꿈꿨을 때는 무일푼의 거리의 곡예사에 불과했다. 그가 서커스의 희망을 이야기할 때, 동료들조차도 사양산업의 암울한 미래를 이야기하고 있었다. 그는 아무것도 가진 것이 없는 상태에서 새로운 가치에 대한 희망 하나만 가지고 도전한 것이다. 지금 솔레이유는 문화의 퓨전이라는 발상의 전환으로 새로운 엔터테인먼트의 문화적 가치를 창조하며 세계를 누비는 글로벌 기업이 되었다. '무'에서 '유'를 창조한 것이다. 내가 세계에서 가장 좋아하는 기업 중의 하나로 솔레이유를 꼽는 이유는, 공연이 준 감동을 넘어선 바로 이런 점 때문이다.

솔레이유는 가치창조에는 한계가 없다는 것을 보여주었다. 어떤 상황에서도 새로운 가치를 창출할 기회가 있음을, 좌절할 이유가 없음을 보여주고 있는 것이다. 최악의 경제 상황에서는 새로운 가치를 찾는 소비자들이 오히려 늘어난다고 하지 않는가.

1991년 일본 아오모리현. 기록적인 태풍으로 한 해 농사를 망친 농부들은 실의에 빠져 있었다. 그중 좌절하지 않은 한 농부가 태풍에도 떨어지지 않은 일부 사과에 '합격사과'라는 이름을 붙여 시장에 내다 팔았다. 사과는 보통 사과에 비해 10배 이상 비싼 가격이었지만, 엄청난 태풍 속에서도 떨어지지 않았다는 사실 때문에 수험생들에게 폭발적인 인기를 얻었다. 사과에 합격이라는 새로운 가치를 덧붙여, 이전에는 존재하지 않았던 새로운 소비 트렌드를 만든 것이다.

가치란 이렇듯 파는 사람이 결정하는 것이 아닌 사는 사람, 즉 고객이 결정하는 것이라는 사실을 잊지 말아야 한다. 어찌 보면 가장 절망적인 상황이 이전에 없었던 새로운 가치를 창조하게 하는 계기가 될 수도 있음을 염두에 두어야 할 것이다.

주물, 금형, 열처리, 도금, 용접 등 생산기반 기술 분야는 흔히들 3D 업종이자 사양산업으로 일컬어진다. 3D 관련 산업은 과연 난관을 극복할 방법을 찾아낼 수 있을까? 기술 컨버전스라는 새로운 툴tool을 활용해 쉽고easy, 깨끗하고clean, 안전하게safe 작업하는 방법을 찾아가다 보면 텐배거의 가능성은 점차 높아지게 될 것이다.

이 분야는 IT, NT기술을 접목시켜 디지털 금형, 고급 주물 등 고부가 가치 제품으로 새로운 가치를 창조할 수 있다. 최근 부품, 소재 산업이 국가 경쟁력을 좌우하는 핵심으로 떠오르고 있는 이유도 여기에 있다.

창업 열기가 뜨겁다. 고용 불안에 휩싸인 직장인들과 실업난을 겪고 있는 청년 구직자들이 속속 창업 전선으로 뛰어들고 있기 때문이다. 그러나 그들 대다수는 실패의 쓴맛을 보게 될 것이다. 남들처럼 뛰어들었다가 남들처럼 실패하고 말 것이다. 그들은 대부분 실패 뒤에 다시 일어설 만한 여력이 없는 사람들이다.

이런 절망 속에 있는 사람들에게 누구나 갈 수 있는 텐배거의 길을 제시하고 싶다. 남들과 다르게 생각하고, 이전에 없던 고객과 시장의 needs에 집중하라. 유연하게 사고하고, 지속적으로 의지를 세워라. 그러면 누구나 새로운 가치와 만나게 될 것이다. 자신이 가장 자신 있는 부분, 자신의 경험에서 남들이 보지 못한 틈새를 찾아내는 영리함이 필요하다.

"할 것 없으면 트럭에다 야채 싣고 다니며 팔지."라며 남들처럼 트럭 행상을 하던 청년이 있었다. 어느 날 그는 강남의 아파트 단지로 진출하기로 결심하면서 흔히 볼 수 있는 게 야채, 과일 장사이기 때문에 남들과 달라야 한다고 생각했다. 그는 "전혀 장사할 것 같지 않은 대학 출신의 반듯한 용모로 강남권 주부들에게 아들 같고 동생 같은 이미지를 주려고 했다."고 말한다. 그가 바로 '총각네 야채가게'로 유명한 이영석 사장이다. 남들처럼 하던 그가 남들과 다르게 생각하면서 결국 웰빙이라는 트렌드를 읽어내어, 결코 쉽지 않은 자신만의 새로운 길을 개척한 것이다. 성공을 이끌어낼 수 있다는 긍정적 마인드와 남다른 웰빙 문화의 경제 감각을 통해 텐배거를 이루어낸 것이다.

다른 제품도 아닌 일반 농산품으로, 생산자도 아니고 자금의 여유도 없던 단순한 유통업자인 그가 아이디어 하나로 성공의 발자취를 남겼다는 점에서 오늘날 경제 현실에서도 누구나 텐배거를 이룰 수 있다는 희망이 보인다.

또 다른 텐배거의 주인공 장순애 씨는 보험업계에서 가장 유명한 설계사 중의 한 명이다. 그녀는 웬만한 중소기업을 능가하는 실적을 올렸는데, 그녀가 유명해진 것은 단순히 실적 때문이 아니다. 그녀는 아무도 주목하지 않은 새벽시장이라는 새로운 길을 찾아 녹록치 않은 보험업계에서 자신의 위치를 확고히 하였다. 그녀는 새벽 5시면 문을 닫는 새벽시장의 상인들을 찾아가서 그들과 고락을 함께하며, 보험을 이야기한 유일한 설계사였다. 새벽시장의 상인들에게 보험을 팔 생각을 이전에는 왜 하지 못했는가? 장순애 씨는 수십만 명의 보험설계사들이 미처 생각하지 못한 새로운 가치를 창조한 것이다.

이렇듯 '무'에서 '유'를 창조하는 것은 불가능한 이야기가 아니다. 일류기업에만 국한된 이야기도 아니다. 늘 우리 주위에 있는 친근한 사람, 장소, 생활에서도 가치 창조는 가능하다. 지금 이 시간에도 보이지 않는 곳에서 새로운 가치 창조의 아이디어는 샘솟고 있을 것이다.

# 글로벌 경쟁력의 키워드, M&A

많은 사람들이 M&A라는 단어를 경제신문이 아닌 영화를 통해서 처음 접했을 것이다.

리처드 기어와 줄리아 로버츠 주연의 〈귀여운 여인 Pretty Woman〉이 1990년 국내에 개봉되어 크게 흥행했는데, 이 영화의 남자 주인공의 직업이 바로 M&A 전문가였다. 냉혹하게 경제논리로만 접근하는 남자 주인공을 보면서 사람들은 M&A가 무정하게 기업을 사고파는 시스템이라고 이해했을 것이다.

1998년 외환위기를 겪으면서 많은 사람들이 좀더 편향된 시각으로 M&A를 인식하게 된다. M&A를 외국자본이나 기업이 우리 기업을 먹어치우게 하는 괴물쯤으로 여기게 된 것이다.

배용준, 송윤아 주연의 2001년 드라마 〈호텔리어〉는 호텔을 무대로 M&A 공방을 리얼하게 그렸다. 이 드라마의 남자 주인공 배용준 역시 M&A 전문가로 나왔는데, 당시 반응은 〈귀여운 여인〉 때와는 많이 달랐다. 드라마의 인기를 등에 업고 M&A에 대한 인식이 긍정적인 측면으로 많이 선회했는데, 20대 사이에서 M&A 전문가가 되려면 어떻게 해야 하는가에 대한 관심이 높아지기도 했다.

M&A에 대한 조사 결과를 보면, M&A에 대해 긍정적으로 생각하는 사람들이 점차 늘어나고 있는 것을 알 수 있다. M&A의 긍정적인 면을 이해하는 데 걸린 시간이, 리처드 기어의 영화에서 배용준의 드라마로 넘어오는 데 걸린 11년과 거의 일치하는 셈이다.

사실 M&A에 대한 시각이 바뀐 것은 어느 정도 자연스러운 현상이다. 사람들이 〈귀여운 여인〉을 만난 1990년은 3저 호황에서 비롯된 고도성장의 들뜬 분위기를 만끽하고 있을 때였다. 〈호텔리어〉가 방영되던 2001년은 외환위기와 함께 찾아온 경제침체의 터널 속에서 냉혹한 현실을 체감하고 있을 때였다. 11년 동안 사람들은 현실을 직시하게 되었고, 명분보다 실리에서 길을 찾고자 했다. 무엇보다 '시장의 힘'을 좀더 신뢰하게 되었다.

사랑을 위해서 자신의 일을 포기하는 주인공은 이제 영화나 드라마에서도 그다지 매력적인 캐릭터가 되지 못하고 있다. 하물며 현실에서는 더욱 무능한 사람으로 생각될 것이 분명하다.

# M&A, 약육강식의 논리를 넘어서

M&A에 대한 인식이 제자리를 잡아가고 있다. 현실이 좀더 정확하게 반영되고 있는데, 강자가 약자를 지배한다는 단순논리에서 벗어나 기업의 성장에 있어서 반드시 필요한 시스템으로 이해되어야 한다. 기업의 성장이 정체되었다는 것이 현상유지를 의미하진 않는다. 그런 기업은 머지않아 시장에서 사라지게 될 것이다. 개인이 높은 수익률을 보장하는 투자 상품을 찾는 것처럼, 기업 역시 더 높은 가치를 창출하기 위한 방법을 끊임없이 모색해야 하는 것이다.

우리나라 기업의 성장 속도에 적신호가 켜졌다. 미래에 대한 불안감으로 소비심리가 위축되고 내수경기의 침체는 끝이 보이지 않고 있다. 기업 역시 '성장' 보다 '생존' 에 무게를 싣고 있다. 내수시장은 포화상태이고 외부시장의 경쟁은 치열하다. 중국 기업이 달려오는 속도는 가늠할 수 없을 정도인데, 일본 기업과의 거리는 좁혀지지 않고 있다. 모두가 위기감을 느끼고 있다. 외적 성장까지 엄두를 못 내는 현실이 안타깝기만 하다.

허나 내적 성장전략만으로는 외부의 경쟁상대를 대항하기에는 역부족이라는 현실을 받아들여야 한다. 이럴 때일수록 기업은 외적 성장을 도모해야 한다. M&A 전략은 그에 대한 탁월한 대안이 될 것이다.

중국, 인도 등 경쟁국이 세계 M&A 시장의 주체로 부상하고 있다는 사실을 심각하게 받아들여야 한다. 우리 기업이 그동안의 '철칙' 인 내실 경영을 통한 자력 성장만 고집하다가는 글로벌 경쟁에서 탈락할 가능성이 높다. 이미 글로벌 기업은 제품으로 승부를 걸었던 상품시장의 경쟁에서 벗어나 M&A를 통한 경영요소의 장악으로 경쟁범위를 확대하고 있다. 우리 기업도 M&A가 필수적인 경영요소임을 자각해야 한다. M&A를 못하면 도태될 수밖에 없는 시대가 온 것이다.

M&A의 대상으로 떠오르는 기업은 경영진이 무능하거나 도덕적 해이가 심해 기업의 주가나 현재 가치가 기업의 잠재가치 이하로 저평가된 경우가 보통이다. 이들 기업이 M&A를 통해 정상화된다면, 기업의 가치가 증가하는 것은 물론 경제 전체의 효율성도 높아지게 될 것이다.

한편 M&A를 '적대적, 우호적'으로 구분하여 접근하는 경우가 많은데, 그 기준을 나누는 자체가 정말 무모하다. 경제학자들 사이에서는 그러한 구분이 의미 있을지 몰라도, M&A는 매우 합리적인 경제행위이며 현상일 뿐이다.

M이라는 마을에 방앗간이 필요하다고 생각해보자. 방앗간에서 나오는 수익을 나누기로 합의한 마을 주민들이 십시일반 돈을 모아 방앗간을 짓고, 관리자를 뽑아 방앗간의 경영을 맡겼다. 그런데 방앗간이 거두어들이는 수익이 해마다 감소하는 것은 물론, 관리자는 몇 가지 이유를 대며 수익을 배분하지 않았다. 어느날 A마을에 사는 유능하고 정직하기로 소문이 자자한 소금창고의 주인이 방앗간을 경영해보고 싶다는 의사를 표시했다. 이때 M마을의 주민들은 기꺼이 소금창고 주인을 반길 것이다.

주주는 마을 주민과 같다. 자신이 소유한 회사의 주식이 방만한 경영으로 인해 가치가 점점 떨어져 주식이 하락한다면 어느 투자자가 좋아하겠는가. 누구라도 나서서 합리적인 경영을 통해 기업 가치를 상승시켜주길 바랄 것이다. M&A는 비효율적으로 경영되는 기업의 경영진을 시장에서 퇴출시키는 순기능을 갖고 있다.

더불어 기업의 방만한 경영을 감시하는 역할도 수행한다. 소금창고 주인이 자신의 자리를 꿰찰 수 있다는 사실을 방앗간 관리인이 알게 된다면, 그는 혼신의 힘을 다해 방앗간을 운영할 것이다. 또 마을 주민들의 이해관계에도 민감하게 반응할 것이다. 우리 기업은 외국자본이 국내로 유입되면서 바짝 긴장하게 되었다. 이때의 긴장감은 '건강한' 의미의 긴장감이다. 주식회사의 주인은 주주라는, '주주 자본주의'의 인식이 자리를 잡았고 주주의 위치는 상승되었다. M&A 대상 기업이 될 가능성을 차단하기 위해 기업은 '기업 주도'에서 '주주 주도'로 경영 시스템을 변화시키고 있다.

물론 잘 하고 있는데 내몰지는 않는다. 눈치를 살피며 근심할 필요는 없다. 정직하고 효율적인 경영을 통해 기업의 가치를 상승시키라는 해결책이 이미 나와 있지 않은가.


## 내셔널리즘에서 글로벌 스탠더드로

2000년 겨울, 한 미국인 투자자와 장시간 토론할 기회가 있었다. 그는 한국의 투자시장은 당분간 후진국 수준을 벗어나기 어려울 거라고 말했다. 덧붙여 한국의 주식시장이 미국의 30년 전 수준에 머물러 있다는 기고만장한 태도를 보였다. 그는 불편해하는 나의 표정을 애써 못 본 체하며 훈계하듯 말을 이어갔다.

"한국 기업의 주식 관리에는 허점이 많다. 우리가 마음만 먹으면 10년 안에 내실 좋은 기업은 모두 인수할 수 있다."는 식의 허무맹랑한 이야기를 늘어놓았다. 벌컥 화라도 내고 싶었지만 제대로 반박할 수 없었다. 당시 우리나라는 외환위기의 악몽을 떨쳐내는 중이었으니 그의 말이 전적으로 틀린 것은 아니었기 때문이다.

우리 기업은 분명 경영권 방어에 허술했다. 적대적 인수에 대처할 만한 마땅한 방법이 전무全無하다시피 했다. 나 또한 평소에 우려하던 내용이었지만 외국인에게 그런 사실을 직접 듣다 보니 시장주의를 신봉하는 나로서도 민족적 자존심에 지울 수 없는 상처를 받았다.

S자산운용은 수조 원대의 자금을 운용하는 '큰손'인데, 이 회사의 C임원은 "주주 이익은 모든 것에 우선한다."고 외치는 사람이다. 2006년 KT&G의 경영권 공방에서 그는 신념대로라면 당연히 아이칸 측을 지지해야 마땅했을 것이나, 실제 KT&G 주주총회 때는 현 경영진의 손을 들어주었다. C임원은 "외국 자본 편을 들었다면 아마 비난 여론에 엄청나게 시달렸을 것"이라고 말했다.

사실 자국 경제를 보호해야 한다는 국수주의적 경제관, 특히 외국 기업이 자국 기업에 시도하는 M&A에 대한 반감은 우리나라에서만 나타나는 현상은 아니다.

1988년 미 의회는 '외국인이 미국 기업에 대한 M&A 또는 실질적인 지배로 국가 안보에 영향을 미친다고 판단될 경우, 대통령이 인수를 금지할 수 있다.'는 내용의 '엑슨-플로리오Exon-Florio법'을 통과시켰다. 외국인이 미국 기업을 인수할 때 정부가 국가 안보에 위협이 된다고 '판단'하면 얼마든지 이를 무산시킬 수 있는 강력한 권한을 정부에 부여한 것이다. 실제로 당시 미국 정부는 일본 후지쓰의 미국 반도체 회사 페어차일드 인수 건에 대해 '국가 안보상 불가하다.'는 이유로 무산시켰다. 최근에도 미국 정부는 중국의 국영기업 중국 해양석유 총공사CNOOC가 '유노칼'을 인수하려 하자 역시 국가 안보를 내세워 이를 무산시킨 바 있다.

중국은 조선, 통신, 전력, 항공, 유화 등 7개 전략 산업을 지정해서 해외 기업이 M&A하거나 경영권을 행사하는 합작투자도 불가능하게 만들었다. 일본 또한 기술 유출을 막기 위해 안보 위협이라는 명분 하에 외국 기업 인수 신고 대상 업종을 기존 항공산업에서 하이테크 소재, 공작기계 등으로 확대 실시하고 있다. 유럽 각국에서도 황금주golden share, 독약증권poison pill과 같은 제도로 외국 기업의 M&A를 통제하는 사례를 찾아볼 수 있다.

최근 이탈리아 전력회사인 에넬 사가 프랑스 민간 에너지 회사인 수에즈 사를 인수하려 하자, 프랑스 정부가 국영 기업을 동원하여 수에즈 사를 먼저 합병해버린 일도 있었다.

한편 거래가 성사되더라도 절대 허가를 내주지 않겠다는, 글로벌 경제 질서를 무시하는 제도로 제지하는 경우도 많다. 외국 기업이 M&A를 통해 한 국가의 에너지 산업, 기간 산업, 안보 산업과 같은 부분을 잠식한다면 단순히 한 기업의 경영권을 인수하는 것이 아니라 한 국가의 경영권을 사는 것과 같은 위기감을 느끼기 때문이다.

이를 긍정적으로 본다면 자국 경제에 대한 애국심이라고 할 수 있지만, 부정적으로 본다면 시장주의에 어긋나는 자국 이기주의라 할 수 있다. 이제는 어느 한 측면만을 강조할 수 없게 되었다. 국민적 공감대나 합의를 통하여 결국 국가가 그 방향성을 잡게 될 것인데, 최근의 흐름을 보면 애국심으로 방향을 잡아가고 있다는 생각이 든다. M&A를 둘러싼 내셔널리즘이 일종의 글로벌 스탠더드가 되고 있는 것이다.

M&A는 이미 거스를 수 없는 전 세계적인 트렌드다. 매년 세계 M&A 시장 규모는 사상 최대를 기록하고 있다. 특히 후발국인 인도조차도 M&A 시장에서 왕성한 식욕을 자랑하고 있다. 최근 급속한 경제성장에 힘입어 주머니가 두둑해진 인도 기업들은 세계 M&A시장의 큰손으로 떠오르고 있다. 최근 들어 철강이나 석탄 등 기간산업 분야에서의 굵직한 M&A는 인도 기업들이 주도하고 있다.

2002년 중국 레노보의 미국 IBM 개인용 컴퓨터PC 사업 인수로 불붙기 시작한, 중국 기업의 M&A 열풍도 기간산업에서 중소기업까지 폭을 넓히고 있다. 우리나라의 쌍용자동차를 중국의 상하이 자동차가 인수했는데, 이는 단순 해외 펀드인 소버린과는 차원이 다르다. 세계 M&A 시장에서 한국의 현주소를 심각하게 고민해야 할 것이다. 우리나라의 M&A 시장 규모는 주식시가 총액 대비 3% 정도에 불과할 정도로 미약하다.

앨빈 토플러는 저서 『부의 미래』에서 각 사회 주체들의 변화에 대한 대응능력을 고속도로를 달리는 자동차의 속도에 비유했다.

'미국의 경우 기업과 금융회사는 시속 100마일로 변하고 있다. 시민단체는 90마일로 움직이고, 이에 비해 관료조직은 25마일의 속도에 불과하다. 교육 시스템의 변화속도는 불과 10마일에 그치고 있다. 정치조직과 법률은 각각 3마일과 1마일에 불과해 변화를 하는지조차 모를 정도다.'

토플러는 뒤처진 주체들의 속도를 향상시키는 것이 한 국가의 미래 경제를 선도하는 열쇠라고 덧붙였는데, 우리나라의 각 주체들 역시 미국과 비슷한 속도를 낼 것이다. 특히 우리 기업의 혁신과 발전 속도는 관료 조직이나 정치조직에 비해 빠른 속도를 자랑할 만하지 않을까? 아니면 정치조직의 속도가 너무 느려 상대적으로 기업들이 득을 보고 있는 것인지도 모른다.

이렇게 느려 터진 정치조직도 눈앞에 목적이 설정되면 발 빠른 전략과 행보를 보여준다. 90년 '3당 합당', 97년 'DJP 연합', 2002년 '통합21'은 경영인의 시각에서 보자면 자본시장의 최첨단 기법인 M&A나 전략적 제휴를 응용한 고도의 전략으로 해석할 수 있다. 이렇게 현실정치에서도 활용되는 M&A · 전략적 제휴와 같은 전략을, 부 창출 시스템이라는 고속도로를 백 마일로 달리고 있다는 우리 기업이 활용하지 않는다는 건 있을 수 없는 일이다.

우리 기업에 대한 외국계 기업이나 펀드의 M&A 시도는 계속될 것으로 예상되는 만큼 그에 대한 방어는 물론, 해외 기업 인수를 위해 M&A 역량을 높여야 할 것이다. M&A는 시대적 요구이며 거스를 수 없는 트렌드다. 기업인들의 적극적인 인식 전환이 미래 경제의 운명을 좌우할 것이다.

## Hey, Cash Cow!

사업의 순환주기는 보통 경기의 순환주기 절차를 밟게 된다. 처음에
는 물음표로 사업을 시작했다가 성장성과 안정성을 모두 충족시키는
'스타' 기업으로 자리하게 된다. 시간이 지나면서 성장성은 둔화되
지만 시장점유율의 우위를 발판으로 '캐시카우cash cow' 의 지위를 누
리다가 경쟁사의 난립과 수요 악화로 더 이상 성장하지 못하고 점유
율도 점점 떨어지면 '도그dog' 의 길로 가게 되는 것이 일반적인 흐름
이다.

기업이 계속해서 '스타' 산업군에 머물고, 스타 기업을 발굴하는
것은 쉬운 일이 아니다. 따라서 '캐시카우' 의 수명 연장이 중요한 이
슈가 되고 있다. 새로운 캐시카우가 자리 잡기 전에 기존 캐시카우의
경쟁력이 약화되면, 기업의 현금 흐름이 줄어들 뿐만 아니라 성장사
업에 투자할 재원이 없어지기 때문이다. 이것은 기업에 있어 커다란
어려움이 될 수 있다. 성장사업의 추진 못지않게 캐시카우의 관리가
중요한 이유이다.

수십 년간 한국인의 사랑을 받은 B드링크 사의 예를 보자. 이 회사
는 캐시카우를 효과적으로 유지하는 데 주력했다. 시장점유율 1위에
안주하지 않고 계속적인 기술 개발과 함유성분을 취사선택하는 마케
팅 전략을 병행했다. 또한 젊은이들이 등장하는 이미지 광고를 통해

신세대들도 즐겨 마시는 젊은 음료라는 트렌드를 만들어내면서 획기적인 변신에도 성공했다. 그야말로 신구新舊의 이미지가 완벽하게 융화된 제품이라고 할 수 있다.

계속적인 매출 유지의 핵심에서는 독창적인 기술력과 그에 대한 관리가 기본이 되기도 하지만 그 다음으로 중요한 것이 점유율market share 관리라고 할 수 있다.

소비자가 S라면을 좋아하는 이유 중에 흥미로운 것이 있다. 라면은 출고된 지 한 달 안에 먹는 것이 가장 맛있는데, S라면의 판매대에서는 끊임없이 라면이 팔려 새로운 상품을 계속 채워야 하니 S라면의 맛이 떨어질 이유가 없다는 선순환 고리가 형성된 것이다. 반면 다른 라면은 계속해서 팔리지 않고 그 자리에 있으니 출고된 지 한 달을 넘기게 되면서 라면 맛이 떨어지게 되고 재고는 늘어나는 판매부진의 악순환을 겪는 것이다.

분명 모든 제품에는 쇠퇴기가 찾아온다. 그러나 어떻게 관리되느냐에 따라 그 쇠퇴기는 짧아질 수도 있고 거의 드러나지 않을 수도 있다. 아예 쇠퇴기가 찾아오지 않을 수도 있다.

B음료나 S라면의 경우 기존의 명성이 계속 유지하는 것처럼 보이지만 시장 1위라는 근간에는 끊임없는 기술 개발이라는 힘든 진화의 과정이 분명히 있다.

요즘 텔레비전에 나오는 연예인들을 보면 10년이 지나도 전혀 늙지 않고 오히려 젊어진다는 느낌을 받을 때가 있다. "과학기술의 발전이다, 성형수술 덕분이다."라는 말도 많다.

개인적으로는 자신이 가진 장점을 끊임없이 관리해서 자신의 값어치를 높인다는 점은 인정해주고 싶다. 연예계 활동 수명을 높일 수만 있다면, 또 그것이 자신의 전부라면 어떤 대가라도 지불해야 하는 것이다. 그런 면에서 기업이든 연예인이든 수입을 발생시키고 경쟁력을 확보한 캐시카우 분야에 대한 끊임없는 관리가 젊음을 유지하는 비결이다.

캐시카우는 비록 기업의 성장성은 둔화되었지만 시장점유율은 여전히 높아서 기업에 현금을 공급하는 효자 사업이다. 기업 내에 캐시카우 역할을 하는 사업 파트가 있다면 그 자체도 핵심역량이라고 말할 수 있다.

성장성이 높은 사업과 수익성이 높은 사업으로 균형 있게 짜여진 포트폴리오는 기업이 진정 원하는 황금률이다. 이런 포트폴리오를 구성할 때, 캐시카우를 가진 기업과 그렇지 못한 기업과의 격차는 갈수록 크게 벌어지게 된다. 캐시카우의 진정한 가치는 성장성이 높은 사업, 즉 스타 기업을 M&A할 때 드러난다고 볼 수 있다. 가치 있는 기업을 M&A할 수 있는 현금 젖소 역할을 충실히 해주기 때문이다.

캐시카우는 노름판에서 비밀스럽게 허리춤에 찬 전대錢臺와 같다. 믿고 있는 구석이 있기 때문에 노름판에서 전대를 찬 타짜의 표정은 여유롭다. 노름에서 가장 중요한 것이라고 할 수 있는 '포커페이스'가 가능하다. 밑천이 부족하다면 확실한 패를 가지고서도 과감히 배팅하지 못하게 될 것이다. 개인 사업가도 마찬가지겠지만 기업에 있어서도 두려움과 초조함은 투자에서 걸림돌이 된다. 그 걸림돌의 실체는 바로 현금 부족이다. 확실한 사업 아이템이 있더라도 자금이 부족해서 한 번에 충분한 자금을 투입하지 못해서 머뭇거린다면 결국 그 분야의 주도권을 빼앗기고 말 것이다.

사업에서 투자는 적금과 같은 적립식 펀드가 아니다. 한 번의 배팅으로 주도권을 쥐고 시장의 리더로 치고 나가야 하기 때문에 사업에서 현금 확보는 성공 여부의 키를 쥐고 있다고 해도 과언이 아니다.

대기업의 문어발식 확장을 부정적 시각으로만 볼 게 아니다. 건설, 무역, 섬유 등 과거 캐시카우 기업들을 발판으로 불투명하고 리스크가 있는 분야로 여겨지던 반도체, 자동차, 조선, IT, 금융 등의 사업에 과감히 뛰어들었거나 M&A를 활용하여 가치를 창조하였기에 오늘날 일류 기업이 될 수 있었던 것이다.

기업의 목표는 이윤 추구에 있다. 기업가의 목표는 기업 가치를 높이는 것이다. 투자자의 목표는 수익 창출이다. 아무리 사회에 긍정적인 변화를 불러일으킨다고 해도 이익을 창출하지 못하고 계속 성장하지 못하면 그 기업의 운명은 바람 앞의 촛불과 같다. 존립 자체가 위협받고 최후에는 흔적도 없이 부도수표만 남게 되면 그 피해는 고스란히 우리 모두에게 돌아오게 된다.

기업에 있어 현금의 흐름은 우리 몸의 혈액 순환과 같다. 피가 잘 순환하지 못하면 결국은 피눈물만 흘리게 된다. 경제 시스템의 '혈의 누'는 한 번으로 족하다. 더 이상의 외환위기는 없어야 한다. 이것이 오늘날 우리가 카우를 목놓아 부르는 이유이기도 하다.

## 진정한 윈윈 게임

국내외의 M&A를 보면 M&A 업무가 점차 일상적이고 경상적인 기업 활동이 되고 있다는 흐름을 느낄 수 있다. 기획실, 구조조정실 등 기업의 상시조직들이 M&A 또는 M&A 관련 업무를 수행하고 있다. 성공적인 M&A와 윈윈게임을 위하여 주요 포인트와 간과하기 쉬운 부분을 검토하는 것이 중요한데, 무엇보다 사전 준비 작업이 필수적이다.

진정한 M&A의 승자가 되기 위한 첫걸음은 사업 연관성이 있는 기업을 발굴해내는 것이다. 자신들의 핵심 역량과는 상관없는 기업을 무분별하게 인수할 경우, 문어발식으로 확장하다가 몰락한 일부 재벌들의 운명을 답습하게 될지 모른다. 외형만 키우다 오히려 핵심 산업이 경쟁에서 밀리는 위험을 낳을 수도 있다.

사업의 가능성을 예측하고 투자한다는 점에서 M&A는 진정한 가치 투자라 할 수 있다. 그렇다면 가치 투자의 기본은? 그 사업을 정확히 이해하고 있어야 한다는 것이다. 따라서 인수 기업의 피인수 기업에 대한 이해는 필수이다. 사업에 대한 충분한 이해 없이 M&A를 실행할 경우, 시너지 창출보다는 관리 쪽에 자원이 집중될 수밖에 없을 것이다.

이질적인 문화 충돌에서 오는 마찰을 줄일 수 있는 준비도 철저히 해야 한다. 같은 업종이라 할지라도 경영 시스템이나 기업 문화가 두드러지게 차이가 나는 경우에는 통합과정이 수월하지 않을 것이다. 특히 피인수 기업의 직원들이 자신들이 이뤄놓은 것을 빼앗겼다는 상대적인 박탈감을 느끼게 되면 장기적으로 기업의 성장을 가로막는 주요 원인이 될 수 있다.

근본적으로 M&A는 인재를 사는 것이라고 말하고 싶다. 시너지는 결국 사람에게서 나오기 때문이다. 사전에 직원들의 불만을 예방하고 관리하는 것이 중요하다. '일단 M&A를 하고 보자.' 라는 생각은 '묻지마 주식투자' 와 같은 것이다. 사전에 더 많은 시간과 정열을 기울여 사업에 대한 이해를 높여야만 M&A가 성공할 수 있다.

언젠가 이런 문구를 본 적이 있다.

"내가 걱정했던 것 중 97%는 실제로 일어나지 않았다."

— (80세 노인)

지나친 걱정은 인생을 살아가는 데 도움이 되지 않는다는 의미인데, 역으로 생각하면 철저한 준비를 통해 앞으로 일어날 수 있는 문제를 미리 예방해야 한다는 뜻도 된다. M&A는 실행하기 이전에 철저한 준비가 있어야만 성공할 수 있다. 그렇지 않으면 일어나지 않았던 97%의 현실이 걱정으로 닥쳐올 수밖에 없다.

역설적으로 M&A를 실행할 때는 반드시 실패를 염두에 두고 실행해야 한다. 모든 실패의 가능성을 열어놓고 계획을 세워야 계획은 철저해지고 실패에 대한 위험부담도 적어진다. 무작정 밀어붙이기 식의 M&A는 각각의 기업에게 마이너스 효과만을 안겨줄 뿐이다. M&A가 활성화된 미국에서도 성공하는 사례보다 실패하는 사례가 더 많다는 걸 항상 염두에 두여야 한다. 국내의 한 회계 자문 기업의 분석 결과에 따르면 국내 M&A에서 기업의 가치가 높아진 사례(17%)보다 오히려 떨어진 사례(53%)가 많은 것으로 나타났다.

한편 M&A는 시간과 기술을 사는 과정이다. M&A를 대할 때 많은 사람들이 한 기업이 다른 기업의 기술을 빼앗는다, 라고 인식한다. 기술을 향상시키려는 노력은 하지 않고 남이 애써 키워놓은 기술을 거저 먹으려 한다, 고 보는 것이다. M&A를 R&D와 정반대의 개념으로 생각하려는 경향이 있는 것이다. 그러나 이것은 잘못된 생각이다. M&A를 시도하는 기업은 새로운 기술을 통해 시너지 효과를 얻으려고 하는 것이지, 그 기술을 사장시키려고 하는 것이 아니다.

인수 기업들은 합병 후 경영상의 비효율적인 면을 걷어내는 데 우선 집중한다. R&D에 대한 투자를 줄이는 경우는 드물다. 오히려 핵심기술력을 사들인 후에 충분한 자금을 투입함으로써 기술력의 향상을 꾀한다. 기술개발 시간을 단축할 수 있는 규모의 R&D 투자는 기업을 성장시키고 자금 창출력은 더 커진다. 결국 기업의 가치가 극대화되고 이익이 증가한다면, 그 과실은 최종적으로 종업원과 주주에게 돌아가게 될 것이다.

윈윈을 위해서는 상호이익을 모색하는 과정에서 용기와 배려를 균형 있게 유지하고 자제하는 태도가 필요하다. 성공적인 M&A가 낳는 시너지 창출 효과는 기업에 머무르지 않고 개인, 기업, 국가에 긍정적으로 작용한다. 이것이 진정한 윈윈 전략이라고 할 수 있다.


북유럽의 강소국 스웨덴 GDP의 30%를 차지하고 있는 발렌베리 Wallenberg 그룹의 역사는 후발산업국 스웨덴의 발전과정이라고 할 수 있다. 19세기 말, 발렌베리는 스웨덴 최초의 민간 상업은행을 만들어 국내외의 자금을 끌어모아 스웨덴의 산업화를 성공시키는 데 결정적인 역할을 한다. 은행을 통해 부를 축적한 발렌베리는 유망한 기업들을 잇달아 인수하면서 점차 산업왕국으로 변모하게 된다.

M&A와 '선택과 집중'을 통해 에릭슨, ABB, 일렉트로룩스 등 세계 최고의 기업을 5개나 보유하고 있는 발렌베리 그룹이지만, 의외로 오너의 재산은 많지 않은 것으로 알려졌다. 경영 수익금의 상당 부분이 여러 개의 공익재단에 들어가기 때문이다. 발렌베리가 세운 재단은 스웨덴 과학기술을 세계적인 수준으로 성장시키는 종잣돈이 되고 있다. 예컨대, 크누트앤앨리스 발렌베리 재단은 스웨덴 과학기술연구의 최대 민간 후원자이다. 소유 재산만 300억 크로네(4조 2천억 원)로 노벨 재단보다도 규모가 크다.

이렇듯 성공한 M&A가 사회와 국가에 미치는 영향은 지대하다. 도덕 경영과 사회환원 시스템도 배워야 한다. 150년 전통은 단순히 기업가치 증대만으로는 이루어지지 않은 것이다. 발렌베리 그룹의 경영 전통은 '장기적인 주주 가치'가 중요하다는 것이다. 소유 기업을 장기적으로 책임지는 태도는 발렌베리가 스웨덴에서 얻고 있는 신뢰의 원천이기도 하다.

## 스타벅스의 된장녀

M&A의 역사는 1900년의 미국으로 거슬러 올라가는데, 그것에 비하면 우리나라의 M&A 역사는 짧은 편이다. 과거 개발도상국 시절에는 경제 성장 속도가 빨라서 M&A의 필요성이 적었다.

우리나라에 M&A가 본격적으로 활성화된 계기는 외환위기라고 할 수 있다. 많은 사람들에게 외환위기는 떠올리기조차 싫은 아픈 과거다. 그러나 외환위기 이후 거의 10년이 지난 지금, 각계 전문가들의 관점은 많이 달라졌다. 외환위기를 냉정하게 평가하자면 한국 경제에는 축복이었다, 라고 말한다. 즉, 외환위기를 통해 경제 전반에서 우리를 괴롭히던 갖가지 병들이 한꺼번에 곪아 터졌고, 제 살을 깎아내는 고통을 통해 발전에 걸림돌이 되는 문제들을 치유할 수 있었다는 점을 긍정적으로 평가하는 것이다. 몸집만 비대하고 실제는 허약했던 경제는 구조조정과 M&A라는 살인적인 다이어트를 통해 예전보다 훨씬 건강한 체질로 변화했다.

그런 아픈 경험을 통해 우리 기업들은 단순한 몸집 불리기가 아니라 전략적, 효율적인 M&A를 통해 기업의 볼륨을 키워야 한다는 것을 배우게 되었다. 그럼 단지 외환위기로 인해 M&A의 필요성이 증대되었는가? 외환위기가 없었더라면 한국의 M&A는 아직까지도 제자리걸음이었을까?

꼭 그렇지만은 않다. 물론 외환위기가 M&A 활성화에 촉매제가 됐다는 것을 부인할 순 없다. 그러나 외환위기를 겪지 않고도 선진 자본시장의 토대가 구축된 나라에서, M&A 시장이 더 활성화되는 경우를 보면 M&A는 거스를 수 없는 경제 변화의 도도한 흐름이다.

현재는 우리 기업도 세계적으로 뻗어나갈 정도로 경제 잠재력이 성장한 상태다. 선진 경제로 진입하는 시점에서, 경제의 효율적인 재정비라고 할 수 있는 M&A의 활성화는 반드시 거쳐야 하는 관문이다. 또 기업의 성장 활력을 높이기 위한 수단으로 M&A의 필요성이 과거에 비해 커지고 있는 추세를 눈여겨봐야 한다. 새로운 기업을 설립하기보다는 기존 사업을 인수해서 경영하는 것이 새로운 사업과 시장에 쉽게 접근할 수 있는 수단으로 인식되었기 때문이다.

M&A를 적극적으로 활용하는 기업과 그렇지 않은 기업의 성과 차이는 앞으로 더욱 커질 것이다. M&A를 핵심역량으로 성장한 기업의 과거를 살펴보면, 그들 기업이 미래에 보여줄 천문학적 이익이 눈에 보이는 듯하다.

시스코시스템스의 역사를 살펴보면 그 자체가 벤처기업 인수의 역사라고 할 수 있다. 시스코가 처음 M&A에 나선 것은 1993년, 경쟁 기업이 진화한 데이터 전송 시스템을 개발하자 곧바로 M&A를 추진했다. 그 분야의 선두업체를 사들인 것이다. 당시 IT기업들이 M&A를 통해 신기술을 접목하는 데 소극적이었지만 시스코는 최고 기술력을 가진 기업들을 사들이는 것을 주저하지 않았다. 시스코는 무려 110여 개의 혁신 벤처기업을 인수하며 글로벌 기업으로 도약했다.

시스코가 M&A에 나서는 목표는 단순하다. 회사가 갖고 있지 않은 것을 확보하겠다는 전략이다. 부족한 기술과 제품, 엔지니어, 경영 인재를 한꺼번에 얻겠다는 것이다. 시스코는 M&A 태스크포스를 구성해 직·간접 투자를 병행하는 등 매우 공격적이었다. 시스코 M&A 전략 담당 이사는 "연구개발 인력은 내부 역량 확충보다는 인수를 통한 기술과 인력 확보를 더 중요시한다."고 말한다. 시스코는 M&A한 기업의 70%가 성장의 핵심축을 이루고 있다는 자체 평가를 내보내기도 한다.

세계 제2의 부자인 워렌 버핏은 과거 섬유회사인 버크셔 해서웨이를 65년에 인수해 지주회사로 재편한 후 현재 코카콜라, 질레트, 아메리카 익스프레스 등을 가지고 있으면서 한 주당 십만 달러를 상회하는 명품 주식을 만들어내고 있다. '가치 투자의 귀재'라는 수식어가 따라붙는 그는 주식이 아닌 기업을 산 후 가치를 높여서 파는, 즉 M&A를 핵심역량으로 활용하는 전략으로 현재의 위치에 올랐다.

다국적 기업은 로컬 기업의 인수 합병을 통해 사업영역을 확대했다. 세계의 100대 다국적 기업이 전 세계의 M&A 시장을 주도하고 있다는 연구결과도 있다. 거대 금융자본은 국경을 넘나든 지 벌써 오래이고 이들의 영향력은 웬만한 국가권력보다 더 커져 있는 형국이다. 이렇듯 거대 자본과 M&A를 배경으로 성장한 초일류 기업이 세계 경제, 사회 전반에 미치는 영향력과 그 범위는 일반인들이 상상하는 것 이상이다.

이와 같이 실체를 드러내지 않는 거대 자본의 세계를 뒤로 하더라도 M&A가 세계 경제에 미치는 '나비효과The Butterfly Effect'와 같은 파급력은 상식으로라도 알고 있어야 한다. 예전에는 코카콜라, 맥도날드와 같은 몇 개의 기업만이 다국적 기업으로 인식되었으나 이제는 사정이 다르다. 뉴욕에서나 볼 수 있던 간판들이 우리나라 골목 곳곳에 자리 잡고 우리는 점점 더 무의식적으로 다국적 기업의 상품을 이용하고 있다. 식사는 떡볶이로 대신해도 디저트는 스타벅스 커피를 마시는 '된장녀'가 유별난 사람만을 지칭하는 속어는 아닌 것이다. 이것은 문화가 동질화되고 있는, 국경 없는 경제 트렌드를 응용한

M&A의 실체 때문에 일어나는 경제 현상이다.

'세계는 넓고, 할(투자할) 일은 많다.'는 원로 경영인의 어록이 요즘 더더욱 절실히 와닿는 것은 무슨 이유일까? 우리 기업들도 글로벌의 꿈을 이루고 있는 다국적 기업을 부러워만 할 게 아니라 M&A전략을 활용해 세계로 진출해야만 한다.

## 위기를 기회로 만드는 팩맨 전략

M&A의 대상이 된 기업이 상대 기업을 공격해서 기업의 경영권을 유지하는 것은 물론 상대 기업을 역으로 인수하는 사례를 볼 수 있다. 이런 현상을 일명 '팩맨' 전략이라고 한다. 이것은 적이 공격하기 전에 먼저 적을 먹어 치우면 주인공이 승리한다는 컴퓨터 게임에서 이름을 따온 것이다. 이처럼 M&A전략은 기발한 면도 있지만 실제 현실은 매우 첨예하다.

SK(주)와 KT&G가 외국 자본의 공격에 시달릴 때 이를 지켜보는 국내 기업들도 바짝 긴장하고 있었다. 이때 기업들은 닳고 닳은 외국의 기업사냥꾼들에게 기업이 헐값에 넘겨지지 않으려면 '황금주' 등 다양한 방어수단을 허용하고, 금산분리나 출자총액 제한 등 갖가지 역차별적 규제를 풀어야 한다고 주장했다. 반면 정부는 우리 기업들이 불투명한 지배구조와 방만한 경영에서 벗어나려면, 외국 자본의 적대적 M&A 시도가 오히려 보약이 될 수도 있다는 입장이다. 정부의 입장 변화나 제도의 개선을 기다리는 것은 천수답을 가진 농부가 하늘만 바라보고 있는 것과 무슨 차이가 있겠는가? 우리 기업들이 현 제도에서도 가능한 최선의 M&A 역량을 키운다면 문제의 해답을 찾을 수 있을 것이다.

예를 들어, 포스코가 적대적 M&A에 노출됐다는 이야기가 있는데, 이것은 실제 상황이 될 수도 있다. 마냥 정부를 바라보고 있을 수는 없다. 현실적인 방어책을 세우는 게 우선이다.

지분 스왑equity swap 형태의 '전략적 제휴'가 한 가지 방법이 될 수 있다. 철강의 후방 연관 산업인 중공업, 자동차, 건설회사 등과 상호 지분 투자를 통해 경영권 안정과 원자재 안정적 조달이라는 두 마리 토끼를 잡을 수 있는 윈윈 시스템을 만들 수 있을 것이다. 또한 연기금 등 국내 기관투자가를 통한 경영권 안정을 생각할 수 있다. 연기금 등과 우호적, 전략적인 관계를 유지하는 것은 자사주 매입자금을 R&D, 설비투자 등과 같은 생산적인 영업활동에 투입하여 지속적인 성장 기반을 구축할 수 있게 할 것이다. 이를 통해 안정적인 기업가치 상승에 따른 자본이득과 배당이득을 기관투자가에게 제공하는 선순환의 틀이 만들어지는 효과를 보게 되는 것이다.

대기업, 민영화 공기업만 M&A 전략이 필요한 게 아니다. 중소기업, 벤처기업도 R&D, 설비투자, 마케팅 등 포괄적 협력관계를 위해 M&A나 지분 스왑 등의 전략적 제휴가 필요하다. 이렇게 된 데는 기술 경쟁의 격화가 주요 원인이 되었을 것이다. 시장이 한 가지가 아닌 다양한 분야의 복합적인 기술력을 요구하면서, 독자적인 R&D가 어려워지고 있다. 기술 개발 비용이 늘어나는 한편, 기술의 변화와 소비자의 기호가 빠르게 변화하여 제품의 수명이 단축되면서, 재정적 위험을 혼자서 감당하기 힘들어지고 있다. 이제 '전략적 제휴'는 선택이 아닌 필수인 시대이다.

산업 간 기술 융합 현상이 좋은 예가 된다. 기술의 융합은 기계산업과 IT산업과의 조합만이 아니라 모든 산업분야에서 일반화되고 있는 트렌드다. 기계 생산은 물론이고 주물, 금형 등 3D 업종이라 불리는 영역도 IT산업과의 기술 접목으로 시너지를 창출할 수 있다. 기업은 이제 경쟁우위의 기술과 자금력이 있는 다른 기업을 활용하는 다양한 방법을 알아야 한다.

KIC 역시 이런 변화의 흐름에 뒤처지지 않으려 줄곧 IT분야에 경쟁우위를 가지고 있는 기업들과 전략적 제휴를 모색하고 있다. 기계부품 분야에 IT분야를 접목시켜 시너지를 창출하고, 미래의 성장 동력을 찾고자 노력하고 있다. 그 일환으로 코스닥에 등록된 한 IT업체와 전략적 제휴를 추진한 적이 있었는데, 그 과정에서 오해가 생겨서 '전략적 제휴'는 성사되지 못했다. 현재의 안위安慰에 만족하고 있는 상대 기업의 경영진을 보면서 안타까움을 떨칠 수 없었다.

지금의 경제트렌드는 어떠한가? 기업의 생존과 성장을 위해서는 기술, 마케팅, 지분 스왑 등 가능한 모든 분야에서 전략적 제휴를 추진하는 추세인데, 이를 제대로 인식하지 못하고 있는 경영인에게 맡겨진 기업의 운명이 암담해보였다. 한편으로, 제조업 간에 진행되는 M&A나 지분 투자 등의 '전략적 제휴'를 경제 트렌드의 한 현상으로 읽지 못하고, 단순한 머니게임으로 평가절하하면서 인수 기업을 폄하하는 일부 관료들의 무감각함을 보면서 우리 경제의 현실이 착잡할

따름이었다.

토플러는 저서 『부의 미래』에서 주요 제도들이 뒤처지면 부를 창출하는 잠재력이 제한된다는 '적합성의 법칙Law of Congruence'을 말하는데, 특히 뒤쳐진 조직으로 일본의 관료조직, 중국의 국영기업, 프랑스 내각과 대학들을 지적하고 있다. 특히 민간기관들의 엄청난 속도와 복잡성을 다루지 못하고 있는 미국 증권관리위원회SEC는 무능력만 보여주고 있다고 강도 높게 비판했다.

미국 같은 대표적인 선진국에서도 산업사회에 머물러 있는 관료주의가 부 창출을 위한 지식기반 사회의 발전을 가로막고 있는데, 우리 주위에서 시대의 흐름에 맞지 않는 낡은 규제의 잣대를 무리하게 들이대는 관료를 가끔 볼 수 있다는 것이 오히려 당연한 것일까?

그럴 때면 개인의 건강과 가족과의 유대를 희생해가면서 회사와 직원들의 미래를 위해 밤낮으로 노력하는 기업인들이 안쓰럽다. 그들이 새로운 사업을 창출하고, 직원들을 고용하고, 납세 의무를 성실히 이행하는 것은 관료들을 위하는 것이 아닐진대 말이다.

## SK, 토종 팩맨의 반격

글로벌 시장에 M&A 바람이 매섭게 분다. 2006년의 세계 M&A 규모는 2005년 같은 기간에 비해 41%나 급증했는데, 특히 미국과 유럽에서는 M&A 규모가 세 배나 늘었다고 한다. 한국 기업을 겨냥한 외국계 펀드나 기업의 M&A 시도는 더욱 거세질 전망이지만, 우리 기업은 현금을 쌓아 둔 채 쉽사리 움직이지 않고 있다. 해외 기업 M&A에는 관심이 없는 듯하다. 경쟁국 기업들이 M&A로 시장 지배력을 키우고, 새로운 사업에 진출하면서 글로벌 경쟁력을 높이고 있는 현실을 보면 안타까울 정도이다.

외국계 펀드나 기업들이 한국 시장에 도전하는 이유는 여러 가지가 있지만, 기술력에 비해 자금이나 경영능력이 취약한 벤처기업들이 많은 것이 대표적인 이유이다. 2005년 1월, 세계 최대 인력 채용 사이트 몬스터닷컴이 국내 취업 포털 1위 업체 J사를 전격 인수했다. 이베이가 옥션을 인수해 아시아 시장에서 경쟁력을 갖춘 것처럼, 몬스터닷컴은 한국을 취업 관련 온라인 시장의 아시아 전초기지로 삼는다는 계획이다. 외국 자본의 공격적인 M&A 앞에 우리 벤처기업을 무방비로 방치할 수는 없지 않은가. '세상을 움직일 만한 혁신은 오히려 작은 기업에서 일어난다.'고 한다. 벤처기업과 벤처정신이 우리 경제의 미래 동력이 되어야 한다. 한편으로 소버린, 칼 아이칸 등 외국계 투기자본의 증시 교란을 자본시장 성숙과 해외 M&A 역량을 키우는 기회로 삼아야 할 것이다. 이런 쓰라린 경험을 지식으로 전환하여 부를 창출하는 기업으로 체질을 변화시키는 마인드가 절실한데, 중국, 인도, 베트남 등과 같은 이머징 마켓emerging market에 응용하는 지혜가 필요하지 않을까?

SK가 엠파스를 인수하여 완성한 인터넷사업 부문의 M&A 구축 전략은 벤처를 살리고 기업의 경쟁력을 갖추는 일석이조의 경영 전략 모델로 모두가 주목할 가치가 있다. 소버린 사태로 고생한 SK를 보면 일면 아이러니가 느껴지기도 한다.

우리 경제사에서 SK는 성공적인 M&A의 사례를 남긴 대표적인 회사로 기록될 만하다. SK는 섬유(선경합섬)에서 출발, 유공(현 SK정유), 한국이동통신(현 SK텔레콤), 인천정유 등의 덩치 큰 기업을 차례로 인수하며 그룹의 역량을 키워왔다. M&A 전략을 통한 텐배거를 교과서적으로 보여준 것이다. 최근에는 캐시카우와 M&A 전략을 적극 활용해 차세대 사업부문으로 그룹의 핵심역량을 속도감 있게 전개하면서 다시 주목받고 있다. 차세대 성장 동력으로 인터넷 네트워크 사업을 목표로 세운 SK의 치밀함이 돋보인다. 특히 앞선 M&A로 구축된 이동통신의 모바일 핵심역량을 인터넷 콘텐츠 부문으로 확장하기 위해 SK는 개인 홈페이지에 주목했다.

변화 속도가 빠른 인터넷 콘텐츠 시장을 감안하여 웹솔루션과 콘텐츠개발 회사를 M&A한 후 트렌드를 잘 적용한 콘텐츠를 앞세워 국내 개인 홈페이지 시장을 석권하게 된 것이다. 여기에 소요된 시간이 불과 일 년이라는 점은 시사하는 바가 크다. 그리고 앞선 모바일 기술을 이용해 세계 최초의 일인 미디어라는 '폰페이지'를 론칭시키면서 SK의 인터넷 네트워크 전략을 완성하기에 이른다. 이 과정에서 기술력 있는 벤처기업을 살려냈고, 스피드를 갖춘 효율적인 사업 전개에는 M&A만한 전략이 없다는 것을 다시 입증한 셈이다.

물론 국내판 M&A였지만, 대기업이 가진 숙련된 경영 관리 능력과 벤처기업의 창조성을 결합하여, 막강 시너지를 창출한 SK는 인터넷 네트워크 사업을 해외로 돌려 구글 등 세계적인 업체들과 경쟁하기 위한 발판으로 활용한다고 한다. 소버린 사태를 겪은 SK를 회상하면서, M&A로 강해진 토종 팩맨의 반격을 느꼈다면 너무 비약한 것인가.

성공적인 국내 시장의 M&A가 이렇듯 글로벌 경쟁력을 가질 수 있다는 점에서, 이제 M&A를 세계 경제의 새로운 패러다임을 이끌 중요한 전략으로 인정하는 사회적 정서의 변화가 필요하다. 한편, M&A의 무대가 되는 투자시장을 이해한다는 것은 결국 우리 기업의 미래를 이해하는 것과 같다.

돌이켜보면, 나는 워렌 버핏과 정주영 전 회장, 그 밖의 많은 사람들로부터 영향을 받았다. 주위의 자양분이 나의 성공과 텐배거의 토대가 되었음을 항상 기억하고 있다. 한편으로는 경영인으로서의 자질을 키우기 위해 많은 준비를 해왔다. 기업이 성장하기 위한 가치 기준과 전략에 대해서도 수시로 고민했다. 또한 M&A가 기업의 성장전략에서 매우 중요함을 강조해왔다. 이런 모든 노력들은 투자시장에서 평가받을 것이다. 부끄러운 이야기이지만, 지금까지는 좋은 평가가 주류를 이룬다. 그러나 시간이 갈수록, 기업의 규모가 커질수록 나의 경영철학, 경영능력에 대한 시장의 판단은 보다 냉철해질 것이다.

나는 투자시장에서 텐배거를 이루었지만, 이젠 경영인으로서 평가를 받아야 하는 입장이다. 투자시장은 이해하기 만만치 않은 상대이지만 그래도 정답은 투자시장에 있다는 것을 확신한다. 이제 그것에 대해 이야기하고자 한다.

# IV

# 10배로 불리는 투자시장의 텐배거

# 실전투자의 감각을 익혀라

"Why, do we keep investing?"

미국 드라마 〈섹스 앤 더 시티〉에서 나온 말이지만 투자자로서도 생각해볼 만한 말이다. 또다시 손해를 입을지도 모르는 주식에 투자하는 것처럼 우린 왜 끊임없이 시간과 공을 들여 이성과 만나려 할까? 드라마 주인공이 우여곡절 끝에 얻은 결론은 투자를 하지 않으면 아무것도 얻을 수 없고, 마찬가지로 아무도 만나지 않는다면 좋은 이성을 만날 기회마저 얻을 수 없다는 것이었다. 현재 사랑하는 사람이 첫 남자, 첫 여자이거나 지금의 반려자가 첫사랑인 경우라면 문제는 다르겠지만 대부분의 사람들은 몇 번의 시행착오 끝에 지금의 반려자와 함께 인생을 꾸려가고 있다.

현재의 행복은 시간과 노력을 투자한 결과물이다. '투자를 하지 않으면 아무것도 얻을 수 없다.' 라는 말은 '원하는 것을 얻으려면 투자를 해야만 한다.' 라는 말과 다르지 않다.

어디 남녀 간의 사랑뿐인가? 부모는 자녀를 일류대학에 보내려고 막대한 비용을 교육에 투자한다. 올림픽에 출전하는 마라토너는 어떤가? 우승을 위해 4년이라는 시간 동안 심장이 터질 것 같은 고통을 참으며 뛰고 또 뛴다. 사랑하는 사람과 함께하는 행복을 위해, 훌륭하게 키운 자녀에 대한 자부심을 위해, 승리의 영광을 위해, 기대하는 것을 얻기 위해 사람들은 투자를 하는 것이다.

기대심리. 바로 여기에 투자에 대한 핵심이 있다. 우리는 기대를 충족시키기 위해서 아낌없는 투자를 한다. 그런데 기대심리를 충족시켰을 때 더 이상의 바람은 없어질까? 그렇지 않다. 그 이상의 무언가를 바라게 되는 것이 인간의 기본적인 욕구다. 또 다른 '기대'를 품고 투자를 하고, 그 기대가 충족되면 또 다른 기대심리를 갖게 되는 것이다.

애덤 스미스는 『국부론』에서 "사람은 누구나 자신의 안전과 이익을 추구한다… 공익을 증진시키려고 의도하지 않으며 또 얼마나 증대시킬 수 있는지도 알지 못한다… 우리가 저녁식사를 기대할 수 있는 것은 정육업자, 양조업자, 제빵업자들의 자비심 때문이 아니라 그들의 이익 추구 때문이다."라며, 이는 각자의 이익을 도모하는 과정에서 '보이지 않는 손invisible hand'에 의해 의도하지 않는 시장의 질서가 잡힌다는 과정까지 설명하고 있다. 즉 국가 경제의 기본은 개인의 경제활동이고 개인 경제의 기본은 이기심의 발로라는 것이다. 산업 자본주의 이론의 토대를 마련한 중요한 이 말에서 나는 복잡한 경제이론까지는 언급하지 않겠다. 그러나 19세기 자유방임주의의 경제체제에

서든 신자유주의의 열풍이 몰아치고 있는 지금이든 간에 잘 먹고 잘 살기 위한 인간의 욕구는 변하지 않았다.

이렇듯 돈을 벌기 위한 기대심리를 충족하는 과정은 우리의 삶을 이끌어가는 활력소가 되고, 때로는 삶 그 자체가 되기도 한다. 투자는 인간의 기본적인 활동이 될 수밖에 없으며 '투자의 이유'가 곧 '존재의 이유'가 되는 것이다.

실질적인 투자이자 경제적인 관점의 투자를 생각해보자. 경제적인 관점에서 기대심리는 무엇일까? 답은 간단하다. 투자자들의 기대심리는 사랑도, 자녀도, 영예도 아니다. '돈'이다. '돈'이라는 직접적인 표현이 거부감이 든다면 '부富'라고 하자.

앨빈 토플러는 아예 대놓고 말한다. 이제 "부의 시대가 왔다."고. 정확히는 부를 창출하는 시스템의 역사와 미래에 출현할 부의 형태는 어떠한가를 말하고 있지만, 개인 경제라는 측면에서 살펴보면 이 세계적 석학은 "부는 일반적으로 필요와 욕구를 채워주는 어떤 것"이라고 말한다.

우리 사회에서 '부자'라는 단어가 긍정적으로 다가온 지는 얼마 되지 않았다. '부자'는 무엇이든 마음먹은 것을 돈으로 해결하려는 인간미가 없는 사람이라고 치부하던 시절도 있었지만 지금은 '부자되기' 열풍에 편승하지 않으면 사람 취급도 못 받는 세상이 되었다. "돈이면 다 되는 세상이야."라는 말 속에는 속물스러운 세상에 대한 비난이 담겨 있었다. 이제 그 말은 능력 없는 자의 푸념 정도로만 들린다. 사업의 성공은 가정의 행복을 희생한 대가로 얻어진 기회비용의 대가라고 당당히 주장하는 사업가도 있다. 현실은 돈이면 다 되는 세상이고, 그 현실에서 살아가야 하는 사람은 바로 우리 자신이기 때문이다. 그것을 먼저 깨닫고 투자시장에 몸을 던진 사람들은 지금 '부자'가 되어 부러움의 눈길을 받고 있다.

어느 리서치 자료에 의하면 현재의 30대 부부의 30년 후 노후자금은 최소 4억 원이라고 한다. 조금 더 품위 있는 생활을 하려면 최소 7, 8억 원은 있어야 한단다. 돈과 인연을 끊고 등을 돌리던 성인군자도 노후를 위해서 뒤를 돌아봐야 하는 시대가 온 것이다. 이제는 경제적인 투자도 반려자를 찾는 과정처럼 선택이 아니라 필수가 되는 사회가 도래했다. 아니, 어쩌면 반려자를 찾는 일보다 더 시급하다고 말하면 지나친 것일까?

## 경제 개념을 키워라

무엇보다 강조하고 싶은 것은 '모든 것을 경제적으로 생각해야 한다.'는 점이다. '난 경제 개념이 없어.'라는 생각이 조금이라도 든다면 애당초 투자시장에 발을 들여놓지 말아야 한다. 이런 사람은 투자가 필수가 되는 시대에 심하게 말하면 '평범한 수준의 일상적'인 삶을 살아가는 것에 만족해야 할 것이다.

경제적으로 생각하는 것은 어려운 일이 아니다. 새 자동차를 산다고 생각해보자. 대부분의 소비자는 차의 주 용도와 가격을 신중하게 따져본다. 대단한 부자가 아닌 다음에야 몇날 며칠을 자동차 카탈로

그를 붙들고 고민한다. 영업사원과 할부조건에 대해 밀고 당기는 긴 상담을 할 수도 있다. 어쨌든 중요한 것은 자신의 소득 수준에 맞는 합리적인 선택을 해야 한다는 것이다. 값비싼 물건의 경우 오래도록 유용하게 쓸 수 있는 측면을 고려하여 구입했다면 합리적이라고 할 수 있을 것이다.

그러나 가격이 싼 물건을 살 때는 매우 충동적이 된다. 홈쇼핑 중독도 이런 차원이다. 10,000원과 9,900원, 단돈 100원을 빼주면서 단위를 하나만 내려도 소비자들은 판단력을 잃는다. 배송된 물품을 보고 나서야 후회하고, 심하면 포장도 뜯지 않은 채 처박아두니 가정 경제 측면에서 보면 이래저래 손해이다. 아무리 싸구려 물건이라도 어디에 어떻게 필요한 것인가를 깊이 생각해보아야 한다.

워렌 버핏이 좋아하는 체리코크를 조금이라도 싸게 사려고 주변지역을 샅샅이 뒤졌다는 이야기는 유명하다. 아내가 고가高價의 가구를 들여놓은 것을 보고 기절 직전까지 갔다는 재밌는 이야기도 있다. 워렌 버핏의 재력에 비해 그 가구의 가격은 하잘것없었지만 그는 가구의 가격을 20년 복리로 얻을 수 있었던 엄청난 돈을 기회 손실 비용으로 생각한 것이다.

워렌 버핏 같은 순도 100%의 경제적 인간은 못 되더라도 최소한의 개념을 알고 재테크를 시도해야 한다. 그런데 대부분의 투자자들은 운이라는 잣대에 의해 가능성을 타진하려고 한다. 그리고 그 운이 자신에게 다가오기만을 기다린다. 감나무에서 감이 저절로 떨어지기를 바라는 꼴이다.

부동산 경매에서 성공하고 싶다면 부동산 전문 지식을 키우고, 주식투자에서 성공하려면 주식시장을 꿰뚫고 있어야 한다. 창업을 하려면 직접 발로 뛰어다녀 확실한 아이템과 좋은 입지를 찾아야 한다. 나는 투자에 대한 조언을 구해 오는 사람에게 우선 '한 가지라도 제대로'를 말해준다. 은행상품이든 주식이든 또는 부동산 투자든 사업이든, 본인의 핵심역량을 냉철하게 분석한다. 그러면 주력해야 할 대상이 떠오를 것이고 그 다음에는 그 분야를 집중적으로 공부하면 된다.

다음으로 강조하고 싶은 것은 '기초부터 제대로' 해야 한다는 것. 무턱대고 주식투자를 하면 반드시 손해를 보게 된다. 처참한 실패 이후 처음부터 다시 주식을 공부하는 사람들을 주위에서 많이 보았다. 소위 '선수'라고 하는 사람들도 예외는 아니다. 기초적인 경제 지식에 투자하는 시간 없이 얻을 수 있는 것은 세상에 아무것도 없다.

마지막으로 "즐겨라."고 말하고 싶다. 투자의 목적은 이익이지만 이익률의 크기는 운칠기삼, 즉 팔자소관이다. 단기적인 이익에 연연하다 보면 스트레스로 인한 건강 악화, 심리적 공황 등 보이지 않는 기회비용이 막대하게 들 수 있다. 그러니 리스크 관리 기준을 정한 후 때와 시간을 투자하여 포커 게임하듯 즐기면 되는 것이다.

## 수익률의 함정

백만 원을 잃어버렸다고 가정해보자. 보통 사람들은 단순히 백만 원을 잃어버렸다고 생각하며 속상해 한다. 잡생각은 동심원처럼 퍼져나가 백만 원으로 할 수 있는 것들에까지 생각이 미쳐 안타까움으로 마음이 요동친다. 이에 비해 진정한 투자자는 그 돈으로 투자를 해서 벌어들일 수 있는 장기 수익을 계산해본다. 계란을 보면서 닭을 떠올리고 닭이 알을 낳고 부화하는 과정을 수차례 반복하는 일련의 경제적 사고思考과정이다. 즉 잃어버린 백만 원이 만들었을 최대치의 금액을 떠올리는 것이다.

투자도 마찬가지다. 만약 총 투자금액이 백만 원인데 단기적으로 오십만 원의 손실을 봤다고 하자. 기회비용의 크기 여부를 따지지 않더라도 단순히 오십만 원의 손실을 본 것이 아니라 투자의 잠재적 가치까지 상실한 것이다. 문제는 오십만 원의 손실로 끝나는 것이 아니다. 그 손실을 원점으로 복구해야 하는 문제가 남는다. 백만 원을 투자해 오십만 원을 잃는 것은 마이너스 50% 수익률이지만 오십만 원을 재투자해서 원금 백만 원을 만드는 것은 오십 만원을 벌어야, 즉 100% 수익률을 내는 것이므로 훨씬 힘들다.

돈을 잃으면 원금을 찾아야 한다는 심리로 이어져 판단력이 흐려진다. 그래서 하락시점의 리스크 관리가 매우 중요한 것이다. 금액으로는 동일한 오십만 원이지만 수익률은 50대 100으로 두 배 차이가 나는 함정이 도사리고 있다. 매도exit가 매수enter보다 더 중요한 이유가 여기에 있다.

미국에서 할리우드 스타와 저명한 부자들을 상대로 다음과 같은 실험을 했다.

"당신의 세금을 잘못 계산해서 6달러의 액수가 초과 인출되었습니다. 은행에 직접 와서 찾아가세요."

몇 명이 은행으로 와서 세금을 찾아갔다. 그 다음은 1달러 2센트의 금액을 제시했는데 또 몇 명이 왔다. 다음은 65센트로 금액을 낮춰 실험을 계속했다. 마침내 23센트가 되었을 때 은행에서 돈을 찾아간 사람은 단 한 명, 세계적인 부동산 부호 도널드 트럼프였다. 여기서 중요하게 생각해야 할 것은 부자가 적은 돈을 찾아갔다는 사실이 아니라, 단돈 23센트라도 자산이라고 생각하여 가볍게 다루지 않는 도널드 트럼프의 경제적 마인드이다. 누가 나의 자산을 잘못 가져갔다면 그 권리를 가져오는 것은 당연한 것이다.

진정한 투자자라면 한 푼의 자산이라도 끝까지 지켜내야 한다. 엉성한 투자로 10원이라도 손해 보는 일은 피해야 한다. 투자자본의 증대는 투자자의 합리적인 경제 마인드가 밑받침되어야 가능하며, 결정적인 선택의 순간 역시 기본 원칙을 지키면 성공할 가능성이 더 커진다. 경제적인 마인드를 갖추지 못했다면 전쟁터와 같은 투자시장에서 살아남기 힘들다.

지금이라도 늦지 않았다. 경제 트렌드를 파악하고 철저히 투자원칙을 지키겠다는 마인드 컨트롤을 하는 게 투자시장에서 살아남는 최선의 방법이다. 맨몸으로 투자시장에 뛰어드는 성급함을 가라앉히고 냉철한 경제적 마인드라는 방탄조끼부터 입을 것을 권한다. 투자는 선택이 아니라 필수가 되는 시대다. 투자시장은 냉혹하지만 기본을 지키고, 경제 감각을 갖춘 투자자에게는 기대심리, 즉 '부'를 충족할 수 있는 기회를 열어준다는 점에서는 따뜻하다.

## 펀드 자본주의와 경영권 방어

2002년, 외국계 투기자본의 한국 증시 교란을 막고자 연기금, 정부투자기관 등의 기관투자가를 대상으로 SK주식에 투자할 펀드 결성의 당위성을 거의 일 년여에 걸쳐 주장한 적이 있다. 줄곧 투기성 해외 헤지펀드에 대하여 우려하고 있던 와중에, 알고 지내던 외국의 한 투자 전문가와의 대화에서 누군가 SK에 대해 M&A를 시도할 것임을 간파했기 때문이다. 우려가 현실화될 가능성이 높았다.

그래서 두 가지 논리로 기관투자가를 설득하고자 했다. 첫 번째는 당시 10,000원 안팎을 횡보하고 있던 SK 주가가 매우 저평가되었다고 보고, 투자의 적기임을 주장했다. 특히 SK의 높은 자산 가치를 집중적으로 어필하고자 했다. 당시 SK텔레콤을 비롯한 우량 자회사들의 지분 가치와 보유하거나 개발 중에 있는 유전들의 가치를 정확히 평가해야 한다고 주장한 것이다. 보유 유전의 가치는 평가에 따라 수조 원에 달했다. 사실 이러한 저평가가 헤지펀드를 불러들인 것인지도 모른다.

두 번째는 SK의 경영권 방어전선에서 백기사 역할을 해주는 대신 대기업의 투명 경영, 지배구조 개선, 사회적 책임론 등 건전한 기업문화를 창조하도록 유도할 수 있겠다고 판단했다. 당시 외국계 헤지펀드의 M&A 시도를 확신했기에 그에 대한 대응논리로 설파한 것이다. 그 당시 이런 긍정적 면이 SK에서 실현되었더라면 그 파급 효과는 SK그룹뿐 아니라 다른 대기업으로 옮겨가 성숙된 기업문화 창조와 자본시장의 발전의 전기를 좀더 빨리 만들 수 있지 않았겠나 하는 아쉬움이 남는다.

결국 근 일 년여의 설득이 결실을 맺지 못한 채 2003년, 투기자본을 앞세운 소버린 펀드가 SK 경영 참여라는 명분으로 한국의 자본시장을 뒤흔드는 현실이 닥치고 말았다.

그 뒤 국내 주식시장은 무방비 상태로 열리고 말았다. 소버린, 론스타, 헤르메스, 칼 아이칸 펀드의 KT&G까지 공격이 연이어졌고, 자본이득과 배당이득으로 국부가 해외로 유출된 규모는 10조 원을 훌쩍 넘게 되었다.

손실은 그것으로 끝이 아니었다. 기업이 설비투자, R&D 등을 위해 조달한 자금, 즉 신주인수권부사채BW나 전환사채CB가 투기자본의 손에 넘어간 후 '창'이 되어 되돌아왔다. 여기에 '기업 지배구조 개선 펀드'까지 가세하여 기업이 경영권 방어를 위해 자금을 과다 지출하게 만들고 있다.

어느 군주가 자신의 성을 침범하는 적을 그냥 보고만 있겠는가. 수령권을 발동해야 한다. 수령권守令權은 수단과 방법을 가리지 않고 성을 지켜내야 하는 군주의 권리이자 의무로, 기업을 지켜내고 종업원과 소비자를 보호하는 경영권과 이치상 같은 것이다. 경영권 방어는 회사의 성장, 연구개발, 인재 육성보다 상위개념이다. 일단 생존하는 것보다 중요한 것은 없다. 다 같이 잘 사는 태평성대는 전쟁에서 이겨야만 맞이할 수 있는 것이다.

현대경제연구원은 펀드 자본주의의 발전으로 말미암아 적대적 M&A가 급증할 것이라고 경고한 바 있다. 삼성경제연구소도 적대적

M&A 등 경영권 위협에 대해 기업들이 대응할 수 있는 뾰족한 방안이 없다고 우려했다. 기껏해야 자사주 매입과 현금 자산을 확대하는 것 정도가 고작이라는 것이다. 실제로 자사주 취득 금액이 2005년에 약 5조 원에 이어 2006년에 삼성전자 1조 8,000억, KT&G 8,500억 매입을 포함해 6조 원에 육박하는 것은 펀드 자본주의의 위력을 보여주는 경제지표라 할 수 있다.

투자자 입장에서는 단기적인 수급 안정으로 주가상승에 긍정적인 영향을 미치기 때문에 펀드 자본주의를 환영하지만, 장기적으로는 지나친 자사주 매입 등으로 설비 투자, R&D 투자의 감소를 가져와 미래성장 동력이 훼손되어 주가에 악재가 되는 양면성을 가지고 있다. 이것이 경영자와 기업 입장에선 펀드 자본주의를 무작정 환영할 수 없는 이유이다.

특히 외국계 펀드들은 투자자금을 조기에 회수하기 위해 무리한 구조조정을 강요하거나 높은 배당을 요구해 적잖은 기업들이 성장 잠재력 하락의 위험에 노출돼 있는 것으로 알려져 있다.

기업들이 주주의 압력으로 배당액만 늘리고 투자에 소홀해 장기 성장성이 훼손되는 것은 우리 경제에 확실한 걸림돌이 될 수 있다. 기업들의 자금 조달 창구 역할을 할 자본시장이 경영권 방어 문제로 인해 역으로 자금을 빨아들이는 블랙홀이 되고 있는 셈이다. 보다 가치 있는 투자시장을 만들기 위해서 중용의 지혜를 발휘할 때다.

선진 자본시장인 미국(90% 이상)은 물론 스웨덴(50% 이상) 등 유럽에서도 포이즌필, 차등의결권 제도 등 경영권 방어 장치를 도입하고 있다. 펀드가 권력으로 등장한 만큼 펀드 자체의 투명성을 높일 수 있는 적절한 규율장치를 마련함과 동시에 기업인들이 안심하고 경영활동에 전념할 수 있도록 하는 방안을 강구해야 한다. 이것은 어느 한 기업의 문제가 아니다. 한국 경제 전체의 성장 잠재력이 크게 잠식 당할 만큼 심각한 문제인 것이다.

# 성공적인 투자의 요건

버글스The Buggles의 〈Video killed the radio star〉는 80년대 초 유행한 팝송이다. 현란한 댄스와 멋진 외모로 무장한 비디오 스타가 가창력과 실력을 겸비한 라디오 스타의 몰락을 가져온다는 가사를 담고 있다. 많은 사람들이 노래를 들으며 라디오의 향수를 떠올렸고, 순수한 음악성을 매장시키는 영상물에 등을 돌리고 라디오라는 매체를 부흥시켜야 한다는 사명감에 사로잡히기도 했다.

그런데 아이러니한 일이 벌어졌다. 영상음악 산업의 대표라 할 수 있는 음악전문 채널 MTV의 개국 첫 방송에 다름 아닌 버글스의 〈Video killed the radio star〉가 전파를 탄 것이었다. 스타가 된 버글스는 뮤직비디오라는 새로운 물결에 편승했고 음악 팬들은 그들을 비난할 생각도 못한 채 뮤직비디오라는 새로운 매체에 즉각적으로 빠져

들었다.

많은 사람들이 향수에 젖어 라디오 시대의 스타를 동경하는 대신 시대의 변화를 좇아 영상물 사업에 투자했다면 어떻게 됐을까? 아마도 그 이후에 등장한 마이클 잭슨, 마돈나의 대성공과 함께 급성장한 비디오산업의 성공 투자자가 되었을 것이다.

MTV는 그 후 세계 3대 언론 재벌 섬너 레드스톤이 소유한 다국적 미디어그룹 바이어컴에 인수되어 전 세계적인 채널로 거듭났다. 피터 린치, 워렌 버핏 같은 세계적인 투자의 고수들이 가장 짭짤한 수익을 올린 테마주 중에 하나가 영상산업과 관련된 주식이었다는 것을 보면 시대의 흐름을 파악하는 것이 얼마나 중요한가를 알 수 있다.

## 감感 보다는 흐름을 읽어라

한국에서도 '프랭클린 템플턴 자산운용'으로 잘 알려져 있는 존 템플턴. 그의 이름을 들을 때마다 떠오르는 일화를 하나 소개한다.

존 템플턴이 지질탐사 회사에 근무하고 있을 때 제2차 세계대전이 발발했다. 그는 전쟁 소식을 듣자마자 1929년 대공황 이후의 장기불황이 종지부를 찍을 때가 왔다고 판단했다. 그 즉시, 증권사에 전화를 걸어 1달러 이하로 거래되는 모든 종목을 100달러어치씩 사줄 것을 주문했다. 결국 1만 달러를 104개 종목에 나누어 투자를 했고 4년 후 그 주식의 총액 가치는 4만 달러가 됐다. 그 당시로서는 큰돈이었고 높은 수익률이었다.

개인 투자자들은 주식시장에서 성공하려면 일정 정도의 수업료를 내야 한다는 말을 자주 한다. 그 수업료란 손실을 의미한다. 아무리 철저히 준비하더라도 누구나 한 번쯤은 뼈아픈 손실을 입게 된다. 물론 그 수업료를 내지 않는다면 더없이 좋겠지만.

증권사에서 근무하던 시절, 나는 동료들로부터 "감이 좋다"는 말을 자주 들었다. 남들보다 월등히 높은 수익률을 올리는 것에 대한 짤막한 평가였지만 받아들이는 입장에서는 그게 전부는 아니었다. 사실 감각에 의존한 판단보다 주식시장의 트렌드를 파악하는 능력이 남달랐다는 점은 분명했지만 거기에 워렌 버핏의 투자방식을 연구 발전시킨 나만의 확고한 투자 철학이 주효한 것이다.

80년대 증권주, 90년 초반 자산주, 90년 후반 인터넷주, 정보통신주의 열풍 트렌드를 미리 간파하여 '10루타 종목'을 발굴했기에 높은 수익률을 올릴 수 있었다. 그야말로 피터 린치가 말한 10루타성 주식을 찾는 데는 일가견이 있었다. 하락장에서도 재빨리 대처했었기에 크게 손실을 입지 않았다. 투자자들의 자산을 '10배 성장' 시키고 개인적으로 '텐배거'를 달성한 배경은 이런 것에 있다.

감만 가지고는 절대로 투자시장에서 살아남을 수 없다. 투자자는 먼저 사회의 전반적인 흐름을 잘 파악하고 새로운 시대의 트렌드를 간파하는 학습과 훈련이 되어 있어야 한다. 그 다음은 장기투자에 대비한 시간과의 싸움에서 견딜 수 있는 자세만 있다면 투자시장에서 승리의 축배를 들게 될 것이다.

## 이해할 수 있는 종목에 투자하라

'사소한 것에 목숨 걸지 말라.'는 말이 있지만 투자자는 때때로 사소한 것에 목숨을 걸어야 성공한다.

피터 린치의 『월가의 영웅』에 나오는 한 소방관에 관한 일화는 너무나 유명하다. 1950년대에 한 소방관이 어느 지역에 들어선 공장이 무서운 속도로 확장해가는 것을 지켜봤다. 그는 그 공장의 사업이 번창하고 있지 않은 다음에야 그렇게 급속한 확장을 해나갈 수 없다고 생각하고 5년 동안 매년 2,000달러씩을 그 회사에 투자했다. 1972년이 되었을 때 그 소방관은 백만장자가 되어 있었다.

'부촌으로 유명한 아파트 단지 내에 같은 은행이 두 개나 있다면?' 또는 '대부분의 사람들이 같은 제과회사에서 나온 특정한 껌만 씹는다면?' 만약 이런 현상을 발견했다면 한 번쯤은 이상하다는 생각을 할 것이다. 그러나 단순히 이상하다는 생각에 그치지 않고 그것을 정보로 받아들이는 것이 투자자의 능력이다. 나중에 '어쩐지…'라고 자신의 발견을 되씹는 일은 없어야 한다. 소방관이 그 공장이 있는 지역에 살았던 것은 행운이었다. 물론 그런 행운을 발견하기란 매우 희박하다고 반박할 수도 있다. 그러나 자신을 돌아보라. 제약회사에 투자하면서 매일같이 먹고 있는 영양제의 제조회사조차 확인하지 않고, 화장품회사에 투자하면서 아내가 어떤 화장품을 쓰는지 관심조차 없진 않은가?

"투자자는 자신이 이해할 수 있는 종목에 투자해야 한다." 피터 린치의 말이다. 기회는 누구에게나 같은 조건으로 열려 있다. 기회 역시 공평하다. 문제는 어떤 곳에 투자할 것인가에 대한 궁금증을 속 시원하게 풀어줄 투자의 비법이 존재하지 않는다는 것이다.

주식을 살 때에는 그 종목이 약이라면 약사에게, 가전제품이라면 대리점 판매사원에게, 식료품이라면 슈퍼마켓 주인에게 직접 제품에 대해 물어보아야 한다. 그 제품의 장단점과 사람들의 반응을 알 수 있기 때문이다. 조금 더 현명한 질문을 던지면 앞으로도 잘 팔릴 것인가에 대해서도 답을 구할 수 있을 것이다. 회사에 전화를 걸어 궁금한 점에 대한 답을 얻어내는 것도 어렵지 않은 일이다. 개인 투자자 중에서 과연 이런 내용을 실천한 사람이 몇 명이나 될까? 세계적인 투자의 고수들은 하나같이 이렇게 말한다.

"가까운 곳에서 투자정보를 채집하라." '점'이 모여 '선'이 되고 '선'이 모여 '면'이 된다. '면'과 '면'이 만나 하나의 '입방체'가 되는 것처럼 사소한 정보도 놓치지 않는다면 제대로 된 투자의 맥을 짚게 될 것이다.

## 어떻게How 보다는 왜Why

현대인들의 최대 관심사는 '어디에 어떻게' 투자하느냐는 것이다. 그 열성이 지나친 나머지 투자부터 하고 생각하는 경우도 많이 보게 된다. 이런 경우 종국에는 손해를 보게 마련이다. 투자의 육하원칙 중에서 '어디에' '어떻게'만 강조하면 일이 어떻게 되겠는가? 완벽한 하나의 문장처럼 여섯 가지 요소에 대한 개념이 확실할 때만 투자하는 것이 기본이다.

투자를 하는 '주체'는 물론 나 자신이다. 투자자는 자신이 투자한다는 것을 망각하는 경우가 있다. 투자자는 주가가 떨어지면 화를 내곤 한다. 자신은 제대로 투자했는데 시장이 제대로 움직여주지 않았다고 생각한다. 잘 되면 내 공, 못 되면 시장 탓이라는 것이다. 투자의주체가 나 자신이듯 투자의 책임도 나 자신에게 있다는 것을 명심해야 한다. 책임감이 있다는 것은 그만큼 신중해져야 한다는 것을 의미한다. 투자에 대한 책임감이 버겁다면 전문 투자기관에 자금을 맡기는 것도 합리적인 방법이다. 이때 투자기관을 선택하는 주체도 나 자신이라는 것을 잊지 말아야 한다.

투자자들이 가장 많이 간과하는 요소가 "투자를 '왜' 하는 것일까?"라는 점이다. 왜 투자를 하는지 자신에게 물어보라. 대부분이 돈을 벌기 위해서 투자를 한다고 할 것이며, 궁극적인 목표는 미래의 안정적인 생활을 위해서라고 할 것이다. 그러면서 10년 후에 자녀의 유학이나 30년 후의 편안한 노후를 떠올린다. 내일의 외식비용을 벌기위해서, 다음달 자동차 할부금을 내기 위해서 투자한다고 말하지는않는다. 그런데도 개인 투자자의 대부분은 당장의 수익을 보고 불나방처럼 달려든다. 거의 모든 투자자가 저지르는 가장 큰 실수 중에 하나는 짧은 시간에 큰돈을 벌려는 충동을 억누르지 못하면서, 몇 개월안에 두세 배의 수익을 내려는 투자전략을 시도한다는 점이다. 10년, 30년 후를 생각한다면 투자에도 장기적인 계획이 뒤따라야 하는 것이당연한데도 말이다.

어떤 사람은 내 이름 앞에 '투자 전문가'라는 수식어를 붙인다. 사실 나의 '왜'는 지분투자를 하여 회사의 가치를 높이는 워렌 버핏과 같은 기업가로 전환하기 위함이었다. 이런 텐배거의 길을 걷기 위해 이젠 투자자가 아닌 기업 경영자로 전환했지만, 아직도 많은 이들이 어떻게 투자해서 성공할 수 있었냐고 물어온다. 그러면 나는 이렇게 대답한다.

"투자자는 산 정상에서 아래를 보는 것과 같이 시장을 볼 수 있어야 합니다. 한 쪽 방향에서 보는 시각이 아닌, 전체를 아우를 수 있는 시야를 확보해야 한다는 뜻이죠. 물론 산에 오를 때 갖는 기본 마음가짐, 즉 겸허함을 잃지 말아야 합니다. 지나친 자신감과 오만은 실수를 부르고 한 순간의 실수는 영원히 복구하지 못할 상처를 남기게 될 수 있습니다."

치열한 투자시장에서 리스크라는 괴물에 먹히지 않기 위해서는 지금 당장 뛰어들지 않으면 안 될 것처럼 급하게 서두르면 안 된다. 그럴 때일수록 한 발짝 물러설 수 있는 여유와 평정심을 잃지 않는 냉철함으로 투자시장을 들여다보라고 말하고 싶다. 예지豫知라는 단어는 머릿속에서 완전히 지우는 게 좋다. 한 치 앞을 알 수 없는 게 인생사이니 철저하게 준비하는 것만이 능사이다.

## 객관적인 투자원칙을 지켜라

성공한 모든 투자자는 자신만의 투자원칙을 가지고 있다.

너무 단순한가? 그러나 이것이 정답이다. 우리가 인생을 살아오면서 기본만 꾸준히 지켰다면 현재의 모습이 지금보다 훨씬 나아졌을 거라고 생각하지 않는가? 기본을 지키는 일이 힘든 것은 투자에 있어서도 마찬가지다. 대부분의 투자자들이 성공을 비껴가는 이유도 투자의 기본을 지키지 못해서이다.

증권맨 시절 고객들의 투자 오류를 보며 스스로에게 다짐한 것이 한 가지 있다. 그것은 객관적인 투자원칙을 갖자는 것이다. 익히 알고 있고 실행하고 있는 일이기도 했지만 백 번을 말해도 부족하지 않다. 투자원칙을 지키면서 투자에 성공하는 길은 끊임없이 공부하고 트렌드를 분석하는 것이다. 많은 개인 투자자들이 범하는 가장 큰 오류는 손실만 탓할 줄 알지 투자에 대해 공부하고 노력하지 않는다는 것이다. 피터 린치는 연구 없이 투자하는 것을 "패를 보지 않고 배팅하는 것"이라고 말했다.

영화 〈타짜〉를 보면 화투판에서 프로 타짜들에게 일반인이 얼마나 속수무책으로 당하는지를 리얼하게 보여주고 있다. 화투패를 바꾸는 것은 기본이고 정보에 역정보를 거듭 흘리며 판의 흐름을 자신 쪽으로 끌어온다. 한 장씩 뒤집는 패의 이면에는 치열한 두뇌싸움과 심리전이 숨어 있다. 투자 역시 한판의 심리 게임과 비슷하다. 뇌동매매를 하게 되면 요동치고 휘둘리다 큰 손실을 입게 된다. 상당수의 일반 투자자들이 나스닥이나 외국인을 따라서 투자하며 휘청거리는데, 이 휘청거림에 휩쓸리지 않도록 조심해야 한다.

투자원칙을 세웠는가? 세웠다면 그 원칙이 실현 가능한 것인지 묻고 싶다. 계획이기 때문에 자신의 능력보다 높게 세우는 투자자가 많다. 투자원칙은 보편적으로 세우는 원칙과 달리 현실성이 있어야 한다. 예를 들어 '무릎에 사서 어깨에 팔아라.'는 투자 격언을 원칙으로 삼아보자. 이는 바닥이 아닌 20% 시점에서 매수하고 고점이 아닌 80%선에서 매도하라는 정도로 이해하면 될 것이다. 역으로 각색하면 80% 근처에서 매수한 투자자도 조금은 수익을 내야 되지 않겠냐는 상호이익을 모색하는 용기와 배려 있는 태도, 이런 태도를 균형 있게 유지해야 하는 투자 자세를 갖는 것을 말한다.

과유불급過猶不及. 『논어』에서 공자는 '지나침은 부족함만 못하다.' 고 했다. 위대한 인류의 스승의 말씀은 만고의 진리로 다가온다. 투자시장에서의 지나친 욕심은 한 방의 큰 손실로 반드시 이어지게 되어 있다.

스티븐 코비의 『성공한 사람들의 일곱 가지 습관』에 나오는 윈윈 습관을 주식시장에도 적용하면 투자의 성공을 기대할 수 있을 것이다. 그런데 투자자는 자신의 투자능력을 과대평가하기 마련이다. 특히 주식시장에서 투자자들은 일당백으로 싸워서 이기는 람보가 되려고 한다. 그러나 모두가 람보가 되어 싸운다면 어떻게 될까? 영웅이 되려는 심리로는 투자시장에서 절대 살아남을 수 없다.

대부분의 투자자는 자신만의 투자원칙을 세우는 것이 어렵다고 생각한다. 많은 투자자들이 투자원칙이 독창적이어야 한다는 강박관념에 사로잡힌다는 사실이다. 마치 그림에 소질이 없는 사람이 도화지 앞에서 끙끙거리는 모습과 비슷하다. 그러나 투자는 예술작품을 구상하는 것이 아니다. 필요하다면 남의 지식을 빌려와도 된다. 아니 투자

고수의 투자방식을 습득하는 것이 가장 좋은 방법이 될 수 있다.

내가 투자원칙에 대해 가장 공감했던 때는 워렌 버핏의 투자방식을 접했을 때이다. 그때 그가 제시한 기준을 기본으로 세운 나만의 투자원칙은 지금까지 고수하고 있다. 재미있는 것은 워렌 버핏의 투자방식 또한 남에게 빌려왔다는 점이다. 워렌 버핏의 말을 빌려보자.

"나는 사실 독창적인 아이디어는 하나도 가지고 있지 않습니다."

워렌 버핏은 젊은 시절, 벤저민 그레이엄 교수와 필립 피셔의 저작을 읽으면서 많은 아이디어를 얻을 수 있었다고 고백했다. 사실 투자 고수들의 책을 열심히 읽으면 굳이 독창적인 생각을 할 필요가 없다. 자신이 읽은 투자 고수의 노하우 중에서 가장 뛰어난 것을 적용하기만 하면 된다. 쉬운 길이 있다면 그 길로 가자. 간단명료한 사고로 투자시장을 대할 필요가 있다. 이것은 욕심을 버리는 길이기도 하다.

# 주도적인 투자자가 되어라

1990년 보스턴 교외에 있는 메사추세스 아링턴 학교의 7학년(14세) 아이들이 팀을 짜서 모의 주식투자를 실시했다. 투자 결과 평균 수익률은 69.6%였다. 그해 미국 증권회사 펀드의 평균 수익률이 20%대를 기록한 것에 비하면 아이들의 주식투자 수익률은 대단히 놀랄 만한 수치였다. 초등학생들이 거둔 수익률의 비결은 과연 무엇일까? 해답은 주식투자에 대한 교사의 지도방식에서 찾을 수 있다. 그반 교사는 아이들이 설명할 수 있는 회사의 주식에만 투자하도록 지도했던 것이다.

어린 학생들이 투자한 주식에 대한 부연설명은 아래와 같다.

● 디즈니─미키마우스, 도널드 덕. 어린이들은 모두 이 회사를 설명할 수 있다.

- 켈로그-우리 가족, 이웃, 심지어 마피아까지 아침에는 누구나 켈로그를 먹는다.
- 맥도널드-미국인들은 '슈퍼 사이즈 미(햄버거의 별칭)'를 사랑한다.
- 월마트-주말마다 부모님과 함께 월마트에서 쇼핑을 한다.
- 타이코-장난감 가게. 설명이 필요 없다.

투자자는 자신이 선택한 주식에 대한 그림을 그릴 수 있어야 한다. 그 그림은 사업의 현재 가치와 미래의 전망에 대한 것이다. 자신이 선택한 회사의 제품이 사람들이 유용하게 쓰고 있고 앞으로도 잘 쓸 것이라는 것과, 앞으로 체인점을 확장하고 해외지사도 설립하는 완벽한 그림이 그려진다면 투자해도 좋은 것이다.

## 불량 투자와 우량 투자

가끔씩 자신이 투자한 주식이 상장 폐지됐다고 한탄하는 투자자들을 만난다. 그들에게 투자한 회사가 어떤 곳이었는지를 물으면, 대부분 한두 문장의 설명으로 끝나는 경우가 많다. 심지어 무엇을 하는 회사인지 모르는 경우도 있었다. 워렌 버핏이나 피터 린치는 자신이 이해하지 못하는 회사에는 절대 투자하지 않았다. 그런데 왜 정체도 모르는 회사에 투자하여 실패한 투자자는 끊이질 않는가?

실패한 투자자들은 단지 '싼 가격'이라는 투자 이유를 댄다. 싸기 때문에 그만큼 오를 가능성도 높지 않느냐고 반문한다. 거기다가 떨어질 만큼 떨어졌기 때문이 더 이상 떨어질 리 없다는 심리도 크게 작용했으리라. 이와 같은 투자자들은 블루칩blue chip이나 우량주는 너무 비싸서 지금보다 두 배로 상승할 가능성이 없다는 것을 자기 위안으로 삼는다. 마치 못 먹는 포도를 보면서 분명 신 포도가 맞을 거야, 라고 단정짓는 어리석은 여우와 같다.

가격이 떨어질 만큼 떨어진 주식인가에 대해서는 자신이 판단할 수 있는 문제가 아니다. 아무리 가격이 싸더라도 더 내릴 가능성은 얼마든지 있다. '겨우 천 원짜리 주식인데 손실을 봐야 얼마나 보겠어?' 라고 생각한다면 그 투자자는 이미 원금을 잃을 준비를 하는 것이다. 주식 투자는 수익을 보기 위해 하는 것이지 손실을 보기 위해 하는 것이 아니다. 불량한 고가주나 불량한 저가주나 위험하기는 마찬가지이다. 불량하다는 것을 알면서 투자하는 것은 스스로 불량 투자의 길을 선택하겠다는 것이다.

평소 주식에 통 관심을 보이지 않던 친구가 작년 말 전화를 걸어 재밌거리가 생겼다면서 즐거워한다. 주식 투자를 시작한 것이다. 특정 종목이 조만간 큰 폭으로 오를 것이라는 정보를 입수한 모양이다. 그런데 이 종목의 등락 폭이 연일 상한가 아니면 하한가란다. 수익이냐 손실이냐보다는 극단적으로 움직이는 모양새가 재미있단다. 그런 묻지마 투자를 하는 사람이 어디 있냐고 타박을 주었는데, 일주일쯤 후 그 종목이 불성실 공시법인 지정으로 거래가 정지됐다고 하소연을 해왔다.

상한가를 기록한 날보다 하한가까지 밀린 날이 더 많아 손해를 봤고, 급기야는 거래까지 정지됐다며 뭐 이런 잡주가 다 있냐고 투덜댄다. 그러면서 이제는 좀 괜찮은 주식을 사서 오래 갖고 있어야겠다는 기특한 소리도 한다. 실패를 경험한 후 나름대로 괜찮은 주식이 뭐가 있나 공부를 했나 보다. 다들 우량주라고 하는 삼성전자는 너무 비싸서 몇 주밖에 못 사겠다고 투덜거리더니 매달 적금 붓는 셈치고 한 주씩 사 모으는 것은 어떠냐고 내 의견을 물어온다.

사실 펀드 자본주의 시대가 도래하면서 자금이 몰리는 적립식 펀드, 변액보험 등으로 간접투자의 패러다임을 주목할 필요가 있다. 이런 변화는 증권시장의 제반 여건을 호전되게 하므로, 삼성전자 등과 같은 블루칩은 사다리형 채권 투자전략을 응용하여 매월 급여의 일정액을 적금 붓듯이 직접 매입하는 사다리형 매입전략을 구사해도 투자의 성과는 괜찮은 것으로 보인다.

이제 막 주식 투자의 세계에 발을 들여놓은 이 친구는 아주 짧은 시간에 묻지마 투자는 안 된다는 것과 우량주에 대한 장기투자의 장점을 알게 되었다. 그즈음 마침 삼성전자가 IR(투자환경 설명회)을 통해 장밋빛 비전을 내놓았다. 국내외 애널리스트와 투자자들을 한자리에 모아놓고 2010년까지 세계 전자업계 '톱3'에 진입하겠다고 공언했다. 매출액도 작년의 두 배 수준 이상으로 끌어올리겠다고 밝혔다. 만약 삼성전자의 이런 목표가 실현된다면 적금 대신 삼성주를 선택한 친구는 현명한 투자자의 길로 제대로 들어선 셈이다.

# 고급 정보는 없다

지식기반 경제에서 정보의 중요성은 두말할 필요도 없다. 정보시장의 꽃인 증권시장에서도 마찬가지인데, 주식에 관한 정보는 그 자체로 가치를 갖는다. 일시적인 정보는 단기적인 주가 흐름에 영향을 주지만 장기적으로는 기본적인 기업의 가치로 돌아가게 되어 있다. 누구보다 빨리 정보를 습득할 수 있는 능력이 없다면 정보력으로 높은 수익을 기대하기는 어렵다. 그렇기 때문에 기업의 핵심 내부자가 아닌이상 정확한 정보를 예상할 수 없으며 따라서 근거도 불확실한 정보에 의해 재산을 밀어넣을 수는 없다.

한때 액면분할이나 무상증자를 하는 주식의 주가가 상당히 오른 적이 있었다. 액면분할이나 무상증자는 주식의 수급이 악화되어 주가가 하락할 가능성도 크다. 많은 사람들이 나에게 좋은 정보가 없냐고 물어온다. 가치주나 우량주를 권해주면 그게 무슨 정보냐고 대부분 반문을 해온다. 여의도 증권가 출신이니 남들이 모르는 고급 정보를 한두 개는 알고 있지 않겠느냐는 뉘앙스를 숨긴 채 말이다.

사실 증권가에는 정보회의라는 게 있다. 각 회사에서 한 명씩 참가해 증권가의 투자 정보를 공유하는 자리로 이 회의에서 논의되는 정보의 순도는 매우 높다. 개인 투자자라면 "봐라, 그러면 그렇지. 그런 정보를 가지고 있으니까 수익을 낼 수 있지 않냐."고 말할지도 모른다. 그러나 프로 투자자라면 이런 정도의 정보로는 움직이지 않는다. 각 회사를 대표해서 나온 사람들의 말이지만 이 정보가 제대로 이용되지 않는 이유는 이미 시세에 반영되었거나 뜬소문이나 역소문을 극도로 조심하기 때문이다. 문제는 유출이 금지된 자료가 몇몇 일반 투자자들에게 흘러들어가는 경우다. 이런 정보는 무서운 속도로 확산되는데, 정보에 살이 붙기 시작하면 전혀 예측하지 못한 형태로 변모되어 결국 불순한 작전세력의 역정보로 이용되기에 이른다. 이쯤 되면 어떻게 당했는지도 모르는 개인 투자자가 속출하게 되고 시장은 혼란에 빠지게 된다.

투자자는 정보의 함정에 빠지는 것을 극도로 조심해야 한다. 발달된 인터넷의 도움으로 주식 투자자의 대부분은 정보수집의 대가들이 되었다. 모르는 것을 검색하면 관련된 정보들이 적게는 수십 개에서 많게는 수백 개씩 뜬다. 이중 대부분은 정체불명의 정보라고 해도 과언이 아니다. M&A에 관련된 정보의 경우, 단지 소문만으로 주가가 올랐다가 루머로 판명되면 급속하게 떨어지는 현상을 자주 접한다. 근거가 확실하지 않은 정보는 판단에 악영향을 끼친다. 가장 좋은 방법은 여러 가지 사실을 객관적인 투자지식으로 가공할 수 있는 분석능력을 키우는 것이다.

세계 경제를 좌지우지했던 연방준비제도이사회FRB의 앨런 그린스펀 전 의장은 연방기준 금리를 결정하는 회의 전에 늘 뉴욕시내의 쓰레기 양과 더불어 브래지어 같은 속옷의 매출 동향을 체크했다고 한다. 여성들은 경기가 나쁘면 비싼 겉옷 대신 속옷이라도 잘 입자는 심리가 있어 속옷 판매량이 늘어나기 때문이다. 또한 뉴욕의 쓰레기 양을 체크한 것은 경기과열이나 침체의 징후를 발견하기 위해서였다고 한다.

우리가 할 수 있는 최선의 방법은 가장 객관적인 정보를 다른 투자자보다 더 잘 이해하는 것이다. 기업에 대한 가장 기본이 되는 정보는 무엇보다도 수치화된 재무보고서라 할 수 있다. 워렌 버핏이 가장 좋아하는 일은 사무실에 앉아서 재무보고서를 보는 것이라고 한다. 기업의 자산과 수익성을 나타내는 각종 재무정보가 필요한 이유는 두 가지로 요약할 수 있다.

자신이 제대로 이해한다고 생각하는 기업이 사업을 제대로 실행하는가, 또 지속적으로 성장하고 있는가에 대한 해답을 얻을 수 있기 때문이다. 지표가 조작되지 않았다면 숫자는 거짓말을 하지 않으므로 자신의 생각이 검증될 수 있다. 그리고 또다른 이유는 그 과정에서 좋은 수치의 기업을 먼저 발견할 수 있기 때문이다. 좋은 수치가 나온 기업을 보고 이유를 분석하다 보면 뜻밖에도 가치가 높은 회사를 발견할 수 있다.

요즈음에는 인터넷을 통하면 얼마든지 재무정보 등의 기업 정보를 입수할 수 있다. 가치 있는 기업을 발견하는 정보의 문이 세계 어느 나라보다 활짝 열려 있는 것이다.


## 주식 부자가 부동산 부자가 될 수 있을까


흔히 "주식 부자가 부동산 부자고, 부동산 부자가 주식 부자다."라고 한다. 요즘 부자와 관련된 여러 서적에서도 이런 내용을 자주 접할 수 있다. '부자는 투자시장의 모든 분야를 손금 보듯 알고 있고, 투자하는 모든 분야에서 수익을 거두고 있다.'라는 내용이다. 그러나 실제로 이런 경우는 아주 드물다. 부자도 각자의 투자 전문 분야가 있고 한 곳에 주력한다.

몇 백억대의 자산가가 자신의 재산을 주식과 부동산에 분산 투자한 다고 생각해보자. 그 자산가는 주식 투자와 부동산 투자 두 가지 분야 를 모두 직접 운용할까? 그렇지 않다. 그 자산가가 부동산 투자를 직 접 운용하다면 주식 투자는 투자전문 회사에 맡긴다. 그동안 나에게 투자를 맡긴 고객들의 유형을 보면 특별한 고객을 빼놓고는 주식 부 자가 아니었다. 부동산 부자이거나 다른 사업으로 성공한 재산가였 다. 이것은 당연한 것이다. 주식 투자로 성공한 부자라면 나에게 주식 투자를 부탁할 이유가 없다. 부동산 투자를 하고 싶다면 부동산을 전 문으로 운영하는 투자회사를 찾으면 된다. 전문가를 존중하고 활용하 는 것도 투자의 원칙 중 하나이다.

'주식 부자가 부동산 부자도 될 수 있다.' 그러나 '모든 주식 부자 가 부동산 부자이다.' 라고는 말할 수 없다. 이 말을 착각하는 사람들 은 주식, 채권, 부동산 등 투자의 모든 분야에서 재테크를 해야 한다 고 생각한다. 한 가지라도 빠지면 재테크에 실패할 것 같다는 불안감 이 그 이유이다. 주식으로 돈 좀 벌었다는 투자자들은 주식 투자에서 성공했기 때문에 다른 투자시장에서도 성공할 수 있다고 믿는다. 그 러나 주식 투자자가 부동산이 활황이라는 이유만으로 부동산 시장에 뛰어드는 것은 무모하다. 투자 시장마다 투자 환경이 다르고 거기에 따른 투자 기준을 달리 세워야 하기 때문이다.

만약 다른 분야의 투자에 도전하고 싶다면, 예를 들어 부동산에 투자하고 싶다면 부동산에 관한 지식과 판단력을 갖추고 나서 시도해야 한다. 그러나 새로운 투자 분야에 대한 노하우를 쌓으려면 같은 기간 동안 기존 투자 분야에서 벌어들일 수 있는 수익과 금쪽 같은 시간을 포기한다는 것을 기억해야 한다. 경제적 측면에서 볼 때 효율성이 떨어지고 기회비용이 큰 셈이다.

투자자가 자신의 전문분야가 아닌 다른 분야에 도전한다는 것은 박세리가 패션쇼장에 서는 것만큼이나 어색하다. 색다른 도전이 사람들의 눈길을 끌 순 있지만 박세리는 전문 패션모델이 아니다. 박세리는 골프장에서 골프를 치고 있을 때가 가장 자연스럽고 편안해보인다. 지금도 말을 바꿔 타려는 투자자에게 자신 있게 이야기할 수 있다. 왜 잘할 수 있는 것을 하지 않고 불확실한 것을 하려 하는가?


## '묻지마' 투자보다 더 위험한 '열심히' 투자

언젠가 미국 일리노이 주의 시골마을 할머니 16분의 주식투자 성적표가 화제가 된 적이 있다. '1991년 투자 수익률 59.5%, 최근 10년간 투자 수익률 연 23.4%' 이것이 신문의 헤드라인이었다. 할머니들이 피터 린치나 워렌 버핏 같은 투자의 귀재들이 아니었는데도 어떻게 이렇게 높은 수익률을 얻을 수 있었는지 분석한 결과, 비법은 두 가지였다. 장기투자와 꾸준한 학습.

미국에서는 초등학교 고학년 때부터 실제 시장에서 활용할 수 있는 투자 수업을 진행한다. 그러나 우리의 현실은 어떤가? 초등학교는 물론 중고등학교에서도 투자시장에 대한 수업은 찾아볼 수가 없다. 게다가 너무 절약하거나 돈을 좋아하는 아이를 보면 어른들은 "어린 녀석이 돈을 밝힌다."는 식으로 비하하곤 한다. 세계적인 투자자들의 성장기를 살펴보면, 어린 시절 신문 배달을 하거나 땅콩을 팔아 스스로 용돈을 벌었고 그 돈은 어김없이 투자의 종잣돈으로 쓰여 후에 어마어마한 수익을 낳는 것을 알 수 있다.

우리의 중고등학교, 대학 교육은 어떤가. 나도 경영학을 전공했지만 주식 투자에 관한 커리큘럼은 없었다. 실제 투자에 관해 배우게 된 것은 증권사에 입사하면서부터였다. 현재 나와 일하고 있는 경영대학 출신의 직원들에게 물어도 대답은 마찬가지이다. 주식에 대한 수업은 전무했다는 것이다. 20년이 지났어도 한국의 대학은 경제 성장과 속도를 맞추지 못하고 있다. 그나마 다행인 것은 최근 개미로 대표되는 개인 투자자 그룹이 투자 공부를 하는 변화된 모습을 보여주고 있다는 것이다. 대학에서는 투자관련 동아리에 들어가기 위해서 시험도 보고 면접도 보아야 한다고 한다. 기관투자가를 넘어서는 수익률로 '슈퍼 개미'의 출현을 심심치 않게 볼 수 있다. '묻지마 투자'의 시대는 가고 새로운 시대가 열리고 있다.

"저는 정말 열심히 주식 투자를 합니다. 그런데 왜 당신만큼 잘 되지 않을까요?" 대학생들과 투자에 대해 이야기를 나눌 때마다 어김없이 나오는 이야기다. 그들의 눈빛에는 투자에 대한 열정이 가득하다. 지금까지 얼마나 수익을 올렸느냐고 물어보면, 수익은커녕 겨우 원금을 보전하는 중이라며 수줍게 웃는다.

그들의 이야기를 들어보면 안 되는 이유가 한 가지씩은 꼭 있다. '데이 트레이딩'을 하는 것이 열심히 하는 것의 제대로 된 모습인가? 한 가지 호재에 매달리는 것이 현명한 투자법인가? 요즘 젊은 세대들은 주식 투자를 열심히 한다. 그것이 트렌드인 듯하다. 그러나 말 뜻 그대로 열심히 할 뿐이다. 다람쥐 쳇바퀴 돌 듯 발전 없는 투자 행태를 보여주는 사람이 대부분이다. 자기는 열심히 돌고 있는데 투자 수익은 마냥 제자리이다. 시간과 돈은 물론 거기에 투자한 에너지까지 낭비됐을 뿐이다.

이런 투자자들은 기본적인 투자원칙을 세우지 않는 경우가 대부분이다. 그저 많이 벌수록 좋고 그 시간은 단축될수록 좋다고 막연하게 생각한다. 그래서 주위에서 혹은 인터넷에서 빠른 시간 안에 수익을 얻을 수 있는 비법이라도 전해 듣게 되면 그것이 올바른 투자방법인지 검증해보지도 않고 곧바로 실행에 들어간다. 물론 그 결과는 쓰라린 실패로 끝이 나게 된다. 지향점 없는 노력은 얼마나 무모하고 소비적이란 말인가.

나는 조언을 구하는 투자자들에게 이렇게 말한다. 투자에 '주도성'을 무장시키라고. 스티븐 코비는 주도성을 성공한 사람들의 첫 번째 습관으로 내세웠는데, 스스로의 삶을 주도하고 책임을 져야 한다는 뜻이다. 주도적 투자자는 스스로 생각하고 방향과 원칙을 설정해서 실천하는 사람을 일컫는다. 쳇바퀴를 도는 다람쥐보다 1km 전방의 먹잇감을 향해 출발하는 개미가 낫다. 그 개미는 뚜렷한 목표가 있고, 그에 대한 확실한 원칙을 세웠고, 계획을 실행하려는 의지가 있기 때문이다.

지금 이후 스스로에게 질문을 던져보자. 나는 이 세 가지를 갖추고 있는가. 이 세 가지가 갖춰졌다면 당신은 이미 '주도적 투자자'의 대열에 들어선 것이다.

# 04 역발상 투자법

우리는 가끔 주식시장을 한 사람의 인격체로 대한다. 일명 '미스터 마켓Mr. Market'이라 불리는 그를 조울증 환자로 취급하는데, 주식시장이 합리적으로 움직이지 않고 기분에 따라 행동하는 것을 비유하는 것이다.

주식시장에 긍정적인 요소가 들어오면 미스터 마켓은 한없이 긍정적인 면만 보고 주가는 하늘 높은 줄 모르고 치솟는다. 그러나 미스터 마켓이 부정적인 요소를 마주하게 되면 급격하게 우울해지고 당연히 주가는 곤두박질치게 된다.

1960년대 주식시장의 큰손 K씨는 당시 증시 작전을 조종한 장본인이었다. 그날의 시세는 그의 아침 컨디션에 따라 움직였다고 하는데, 그가 전날 과음으로 출근이라도 늦을라치면 장의 시세는 흡사 술이

덜 깬 듯 불안정하게 움직였다고 한다. 아무리 60년대라지만 한 사람의 기분이나 상황에 따라 시세가 움직였다니 코미디 같은 상황이라고밖에 할 수 없다.

1999년 닷컴주의 버블 현상을 보면 미스터 마켓의 조울증 정도를 더 쉽게 알 수 있다. 그 당시 미스터 마켓은 인터넷, 벤처, IT의 성장이라는 밝은 면만 보기 시작했다. 한국의 증권시장은 벤처 열풍에 휩싸였다. 사람들은 무조건 '-텔, -통, -컴, -테크'로 끝나는 IT와 관련된 주식만 사면 부자가 될 수 있다고 생각했고, 코스닥 시장으로 몰려들었다. 전혀 IT와 관련이 없는 회사도 인터넷 관련 부분에 투자한다는 소식이 들리면 그 회사의 주식은 급등했다. 실례로 건설관련 회사도 '-테크'로 상호를 변경하면 IT회사로 인식되어 주가가 폭등하기도 했다.

그러나 미스터 마켓의 기분은 채 일 년도 되지 않아 부정적으로 돌아섰다. IT 관련 회사의 주가는 나락을 향해 끝없이 하강했고 주식시장에는 마치 태풍이 휩쓸고 간 자리처럼 아무것도 남지 않았다. 지금 생각하면 이토록 어리석은 투자행태가 어떻게 가능했는지가 의문이지만 그 당시에는 당연하고 합리적인 투자였다. 당시 우리는 미스터 마켓과 함께 IT성장이라는 긍정적인 면만 보고 조울증을 앓고 있었던 것이 틀림없다.

참고로 큰 시세를 낸 한국 증권시장의 순환 사이클을 보면 건설주(70년대), 증권주(80년대), 자산주(93년), 인터넷주(98년), IT주(99년), 바이오주(2004년), 엔터테인먼트주(2005년)로 이어지면서 종목별 편차는 있으나 몇 배에서 몇백 배의 상승률을 보여줬다. 단, 한번 대시세를 낸 업종은 반복되지 않았다는 점을 투자자들은 명심해야 한다.

이렇듯 미스터 마켓은 만만한 상대가 아니다. 변덕스런 생리를 잘 파악해서 활용하는 투자자만이 투자시장에서 텐배거를 달성할 수 있는 것이다.

## 폭탄세일기간에 주식 쇼핑을 하라

경제와 주가는 어떤 관련이 있을까? 80년이 넘는 투자인생을 통해 유럽 제일의 투자자로 추앙받은 앙드레 코스톨라니는 주식시장과 경제를 강아지와 주인에 비유했다.

강아지와 사람이 산책하고 있다고 하자. 강아지와 사람이 목적지에 도달했는데 누가 더 많이 걸었을까? 답은 강아지이다. 강아지는 주인을 앞서기도 하고 뒤로 가기도 하면서 주인보다 네 배는 더 걷게 된다. 주인이 경제라면 주식은 강아지이다. 둘 다 앞으로 가는 것 같지만 주식은 위아래로 요동치면서 따라오게 된다. 시장의 성장과 주식의 상승운동이 일치하지는 않지만 장기적으로 보면 주식과 경제는 함께 성장하게 된다.

한국의 주식은 경제가 걸어온 길보다 10배 아니 100배는 운동량이 많았다. 20년 동안 1,000포인트 내외로 박스권을 넘어서지 못하다가 최근 1, 2년 사이에 박스권을 훌쩍 넘어서는 성장세를 보였다. 주식시장은 이렇듯 일률적으로 상승하는 것이 아니라 약세장과 강세장을 오르내리는 순환주기를 반복하는 것이다.

대부분의 투자자들은 주식시장이 오름세를 타기 시작하는 초기에는 두려워하다가 주가가 장기적으로 오르고 있을 때가 되어서야 비로소 관심을 갖고 투자한다. 강세장의 절정기에는 투자금액이나 투자자의 수 또한 최고를 달리게 된다. 그러나 역발상 투자자는 그 반대로 행동한다. 모두가 강세장의 절정기에서 매수를 할 때 역발상 투자자는 거품 붕괴 이후를 주목한다. 모두가 미스터 마켓의 비관론에 싸여 주식시장이 침체되었을 때가 역발상 투자자에게는 최적의 매수기회가 되는 셈이다.

마젤란 펀드를 운용했던 월가의 전설적인 주식투자의 영웅 피터 린치는 1971년에 2천만 달러로 시작한 펀드를, 13년 동안 무려 660배나 올려 132억 달러의 투자수익을 냈다. 투자한 종목 중에 '10루타'를 친 성공주는 진부하고 따분하며 사람들의 호감을 받지 못하는 주였다고 말했다. 오히려 경제학자들이 불합리한 투자라고 평가하고 월스트리트의 펀드매니저들은 거들떠보지도 않던 기업에서 텐배거의 동력을 찾아낸 것이다.

1997년 IMF 구제 금융시절을 떠올려보자. 종합 주가지수는 400포인트 이하에서 영원히 머물러 있을 것만 같은 분위기였다. 모든 사람들이 주식시장에서 등을 돌렸고 여전히 주식을 하는 사람은 한심하다고 몰아세웠다. 우리가 이렇게 절망적인 비관론에 휩싸였을 때 외부에서 우리 경제를 보는 시각은 달랐다. 외국인 투자자들은 우리 경제가 분명 회복할 수 있다고 생각했다. 그들은 우량기업에 투자했고 막대한 수익을 창출했다. 한때 외국인 투자자들의 저녁식사에서는 한국의 우량주로 거두어들인 수익에 대한 자랑이 단골 메뉴로 나왔다고 한다.

경제 전반의 호황과 불황을 떠나서 개별주를 보더라도 악재와 호재 현상은 반복된다. 악재에 주식을 파는 일명 '악재현상'은 매일 이루어진다. 매일 저녁 뉴스에 어떤 기업에 대한 악재가 방송되면 그 다음 날 아침에는 어김없이 주가가 하락하는 것을 확인할 수 있다. 이런 과정에서 미스터 마켓은 종종 실제 가치보다 훨씬 낮은 가격으로 바겐세일을 한다.

몇 가지 악재로 인해 주가가 하염없이 주저앉으면 이때는 모두 팔고 싶어 안달이 난다. 이런 상황이 발생하면 기업의 가치는 무시된다. 비관론으로 형성된 여론은 실제 가치보다 과소평가된 주식을 내놓는다. 역발상 투자자는 이렇게 과소평가된 주식이 나오길 기다리고 있다. 폭탄 세일 기간에 역발상 투자자는 유유히 주식 쇼핑을 하는 것이다.

그러나 역발상 투자자는 악재에 해당하는 모든 주식을 사는 것은 아니다. 특정 주식을 매수하기 위해서는 가격 하락은 물론이고, 그 악재를 극복할 수 있는지를 보고 그 조건이 성립될 때에만 투자한다. 악재로 인해 바닥으로 추락한 주가를 끌어올리는 것은 기업이 수익을 창출할 힘이 있는가에 따라 달라진다. 기업의 수익 창출 능력은 기업이 생산해내는 재화나 서비스가 경쟁우위에 서 있어야 한다는 것을 의미한다. 즉 핵심역량을 말하는데, 이는 모든 기업의 장기적인 성장과 직결된다.

결론적으로 역발상 투자는 그저 가격이 내린 기업의 주식에 투자하는 것이 아니라 지속적인 경쟁우위를 가진 기업에 투자하는 것이다. 어설프게 워렌 버핏을 따랐다간 큰 손실만 입을 수 있다. 또 하나, 역발상 투자는 단기적인 시각이 아니라 장기적인 시각을 견지해야 한다. 역발상 투자는 단기적으로 수익을 얻기가 쉽지 않다. 불황이 몇 년간 지속될 수도 있고 악재의 영향이 생각보다 심각해서 극복하는 시간이 오래 걸릴 수도 있기 때문이다. 그렇기 때문에 역발상 투자는 실행하기가 어렵다. 역발상 투자를 생각한다는 것이 쉽지 않은 일이기도 하지만 설사 생각한다 하더라도 장기적인 투자를 염두에 두어야 한다는 점이 그 이유이다.

늘 자신을 '순종 투자자'로 지칭한 앙드레 코스톨라니의 다음과 같은 투자철학을 따라하는 것은 어떤가. "자기 돈을 가지고 우량주에 투자하라. 그리고 수면제를 먹고 한 몇 년 간 푹 자라." 장기적인 투자를 강조한 말이지만, 사실 사람들은 '놀이하는 동물'의 본성을 타고났기 때문에 이런 충고에 귀를 기울이지 않을 거라며 자신도 투자라는 '지적 놀이'를 즐겨 했었다.

그러나 그는 투자자의 네 가지 덕목을 절대 잊어버리지 않았다. 그것은 바로 돈, 생각, 인내 그리고 행운이다. 그의 원칙을 요약하면 절대 빚내서 투자하지 말고, 생각할 시간을 가져야 하며, 자신의 결정을 믿고 지킬 수 있는 인내심을 지녀야 한다는 것이다. 그리고 마지막으로 운이 따라주어야 한다. 그의 겸손한 투자철학에서 배울 점이 많다.

# 청개구리 발상법

증권시장에 관한 최초의 책이 『혼돈 속의 혼돈』인 것은 주식시장은 전혀 예측할 수 없으며 어지럽기까지 하다는 것을 최초로 입증한 결과다. 주식은 눈으로 확인할 수 있는 형체를 갖고 있는 물건이 아니라 공급과 수요의 법칙에 의해 가격이 결정되기 때문에 심리적인 요인이 크게 작용할 수밖에 없다. 주식시장은 일종의 커다란 심리의 장이라고 할 수 있다. 어떤 사건에 대해 사람들의 심리가 한 방향으로 모아지면 곧 사실로 굳어진다.

9.11 테러 당시를 돌아보자. 월드트레이드센터가 무너지는 것을 생중계로 지켜본 전 세계 사람들은 미국 경제가 곧 무너질 것이라는 위기감을 느꼈다. 그리고 미국 경제가 무너지면 세계 경제도 침체될 것이라는 부정적인 방향으로 생각이 확대되자 사람들은 급기야 그것이 현실로 나타날 것이라고 확신하게 되었다. 그런 심리는 즉시 시장에 반영되어 주가는 곤두박질쳤다.

아이러니한 사실은 역발상 투자자에게는 이런 때야말로 매수의 최적기라는 것이다. 이런 거대한 정치, 경제적 요인에 의해 주가가 폭락했다는 것은 하락 폭만큼 디스카운트된 셈이다. 기업의 순가치가 하락한 것이 아니기 때문이다.

이런 역발상 투자자는 대중의 여론을 주의 깊게 관찰하다가 불합리한 여론이 극에 다다를 때 투자를 한다. 그렇기 때문에 역발상 투자자는 시장을 지배하는 사람들의 '극단적인 심리'에 관심이 있다. 역발상 투자자는 단순히 종목 선택의 기술에만 관심을 두는 것이 아니라 매수와 매도를 위한 적절한 시기를 찾아내야 하기 때문이다. 역발상 투자자는 모든 사람이 주식을 팔고 싶을 때, 부정적인 심리가 극단으로 치달을 때를 매수의 최대 호기로 활용한다.

사실 역발상 투자는 생각만큼 쉽지 않다. 역발상 투자는 시장의 모든 견해와 반대편에 서는 것을 의미하기 때문이다. 결혼식에 가서 울고 초상집에 가서 웃는 사람이 되어야 한다는 비유로도 설명된다. 남들과 반대로 생각한다는 것은 좀처럼 쉽지 않다. 우리는 태어나면서부터 사회에 적응하도록 길들여져 왔다. 빨간 신호등이 켜지면 길을 건너지 말아야 하는 것처럼 우리가 속해 있는 사회의 규칙에 따라 행동해야 하기 때문에 여론에 반대되는 생각을 하기가 더욱 어렵다.

그렇지만 역발상 투자로 수익을 거두기 위해서는 시장의 대부분을 차지하고 있는 대중의 공론화된 생각이나 와글거리는 여론으로부터 벗어나야 한다. 그렇기 때문에 역발상 투자로 성공하려면 보고, 듣고, 읽는 모든 것에 대하여 물음표를 던지는 것을 두려워하지 않아야 한다. 사람들의 말이나 행동을 믿지 못해서인가? 그렇지 않다. 단지 역발상의 기준으로 측정하고 반대의 경우를 생각해야 하기 때문이다. 모든 사람이 "예"할 때 "아니오"를 외칠 수 있는 사람이 되어야 한다는 말이다.

'호재에 팔고 악재에 사라.' 단순한 격언 같지만 대부분의 투자자들은 실행할 엄두를 내지 못한다. 언제나 악재는 심각하게 받아들여지기 때문이다. 평범한 투자자라면 9.11 테러나 IMF 사태를 투자의 적기라고 생각할 수 있겠는가? 역발상 투자를 강조하는 데는 역발상 투자를 실행하기 위한 이유도 있지만 바닥에서 처분하여 발생하는 반복되는 손실을 막기 위한 이유도 이면에 존재한다. 역발상 투자의 수혜자는 되지 못하더라도 최소한 피해자가 되지는 말아야 한다.

얼마나 자주, 주가가 꼭지까지 갔을 때 주식을 사서 바닥에 꽂혔을 때 처분했나 생각해보자. 큰 손실을 입은 후에 얼마나 자주 분노하고 실망하며 장세가 호전되고 더 높은 정점을 향해 가는 것을 바라만 보고 있었는지 떠올려보라. 발상의 전환은 자기 방어의 수단이 된다. 따라서 자신을 보호하기 위해서라도 역발상 투자는 반드시 이해하고 넘어가야 한다.

일반적으로 펀드매니저나 애널리스트들이 추천하는 기업 자체는 가치가 있는 좋은 회사다. 다만 추천한 시점에서 그 기업을 주식가격으로 평가해보면 시장에 영향력이 있는 분석가들의 정보의 공유, 시세에의 반영 등으로 값이 너무 올랐을 경우가 다반사이다. 그러므로 투자의 기대 수익률을 충족시킬 수 없는 확률이 높다는 약점이 있다.

따라서 투자자들은 전문가를 신뢰하는 것도 좋지만 '돌다리도 두드려보고 건넌다.'라는 속담을 생각하며 스스로 투자 판단의 근거를 세워야 한다.


## 역발상 사고의 테크닉

반대의 의견에 당당하게 설 수 있는 사람이 될 수 있는가? 반대 의견을 내세우는 사람이라는 뜻을 가진 'contrarian'. 이 단어가 험프리 닐의 책 『역발상 사고의 기술』을 통해 처음 소개된 것이 1954년이니 50년 정도의 역사를 가진 셈이다. 그가 역발상의 사고라고 할 수 있는 '시장 역행' 이론을 주장하게 된 것은 월스트리트의 경제동향을 관찰하고 분석한 결과였다. '역행하는, 반대의' 라는 뜻을 지닌 라틴어 'contra'를 어원으로 한 'contrarian'. 반대론자를 뜻하면서도 특히 경제나 투자와 관련해서는 반대 의견을 개진하는 사람을 의미하기도 한다.

이제 이 역발상이라는 단어가 사회 곳곳에서 소위 '뜨고' 있다. 발상의 전환 혹은 역발상이라는 사고의 한 방식이 투자시장과 사회현상에서 중요한 역할을 담당하게 된 것이다.

문화의 여러 요소 중 시대의 변화를 가장 빨리 잡아내는 것은 TV 광고와 개그다. 요즘 TV 광고와 개그 프로그램을 보면 사람들의 상식을 뒤엎는 유머로 가득하다. 사람들은 생각지도 못한 상황에 자극을 받고 즐거워한다. 우리는 순간적으로 허를 찔리는 극적 반전에 가장 많이 공감한다. 보통 사람들이 하지 못하는 생각, 상식을 과감하게 뒤엎을 수 있는 발상법은 미디어에서뿐만 아니라 인간의 위대한 꿈을 현실로 만들어주는 도구로도 사용된다.

전격적인 금융실명제 실시로 잔인했던 1993년 8월. S사, T사를 선두로 자산주가 큰 폭의 시세를 내며 장의 이슈가 되었고, 최근에는 지가 상승에 편승하여 부동산을 많이 보유한 기업들이 큰 폭으로 상승했다. 자산주란 통상 부동산을 많이 보유한 기업을 말하는데 요즘은 기술, 특허, 영업권 같은 무형자산의 가치가 높은 기업이나 우량 자회사를 많이 보유한 지주회사로 개념이 확산되는 추세다.

나는 항상 자산주 열풍의 중심에 서 있었는데, 자산주를 보는 인식의 전환에서 그 이유를 찾을 수 있다. 세간에 부동산 폭등으로 온 나라가 시끄럽다 못해 어수선한데 공급의 비탄력성은 차치하더라도 부동산 가격은 수요와 공급의 경제 논리에 따라 가격이 형성되는 것이지 개인의 힘으로 컨트롤할 수 있는 성질의 것이 아니다. 부동산을 보유하지 않고 구입할 목돈이 없다 하여 부동산 소유자들과 강남에 거주하는 주민들에게 야유와 질시를 보낼 필요까지는 없는 것이다.

증권시장에 거래되고 있는 기업 중에 토지를 많이 보유하고 있거나 우량 자회사를 많이 편입하고 있는 지주회사 중에서 주가 대비 저평가되어 있는 기업을 발굴하여 푼돈 모아 강남의 땅 한 평을 산다는 기분으로 그 회사 주식을 매입해보라. 이후 장롱 속에 보관해두고 시간에 투자하는, 즉 유가증권이 아닌 토지문서를 샀다는 발상의 대전환을 하면 언젠가는 10배의 수익률도 올리고 부동산 폭등의 리스크도 헤지hedge할 수 있는 것이다.

# 05

# 리스크를 다스려라

증권맨 시절에는 투자를 할 때 '리스크를 사전에 예방' 하는 데 주력했다. 주로 저PER주, 저PBR주, 성장 잠재력 있는 기업 등을 발굴하고 분석하여 투자했는데, 저평가된 가치주의 주가는 대부분 바닥 수준에 형성되어 있었기 때문에 더 이상 가격이 하락할 위험이 없었다. 다만 거래량이 적어 충분히 매수할 수 없고 실제로 자금이 필요해 매도하려고 해도 팔 수 없는 유동성 리스크가 존재했다.

따라서 장·단기 투자자금 성격에 따라 포트폴리오를 구성했고, 장기성 자금은 1년 이상 장기투자를 목표로 시간과의 신경전만 벌였다. 결론을 말하면 시세 상승 폭은 컸고 상승시기도 1년 안에 대부분 실현되어 큰 폭의 투자 수익률을 올릴 수 있었다.

한편으로는 투자시점에 주관적인 판단 및 감정 개입 소지를 없애기 위해 손절매loss cut기준을 설정하고, 몇 % 하락 시 자동으로 매도하는 시스템을 구축한 것도 좋은 결과를 낳았다.

예를 들어 일반 투자자가 20% 하락 시 손절매하는 기준을 정했다고 가정해보자. 불행히도 매입한 주식이 하락하여 마이너스 20% 시점에 매도를 하면 원금의 80%의 현금 잔고가 남게 될 것이다. 주가가 50%까지 하락했을 때 처음 매수했던 수량만큼 재차 매입한다. 그러면 원금의 50%만을 투입하여 처음 매입했던 시점과 동일한 수량을 보유한 결과를 가져오고 원금의 30%에 해당되는 현금이 계좌잔고에 남게 되는 원리다. 즉 30%의 현금으로 다른 투자수단을 강구할 수 있는 여유가 생기는 것이다. 반면 객관적인 기준 없이 주가가 하락해도 계속 보유holding하는 전략으로 가면 50% 하락한 주식만 있고 현금은 zero가 되니 리스크 관리가 전혀 되지 않는 것이다.

리스크 알레르기 회피형 투자자라면 데이트레이더day trader들이 하는 선물과 현물 잔고를 그날그날 zero로 가져가는 투자전략을 구사할 수도 있다. 이 전략은 한때 IMF 사태, 9.11 테러 등과 같은 예측할 수 없는 돌발 상황이 발생했을 때 빛을 내기도 했다.

드라마 〈모래시계〉가 한창 유행할 때, 터프가이로 대표되는 드라마의 주인공이 죽음을 눈앞에 둔 상황에서 던진 한 마디가 유행어가 된 적이 있다. "지금 나 떨고 있니?"

극한 위험에 노출되면 아무리 강한 심성의 소유자라도 두려움에 떨기 마련이다. 인간 본성이 드러난다고나 할까. 마찬가지로 아무리 냉철한 투자자도 리스크에 노출되면 정신적인 타격을 입게 된다. 더 큰 문제는 감정이 흔들리게 되면 투자자는 리스크에 더욱 취약해진다는 것이다. 리스크의 악순환이라 할 수 있다. 투자자가 감정에 좌우되면 이성에 따른 행동을 할 수 없게 되며 때로는 아무것도 하지 못하는 공황상태에 빠지게 된다. 이것은 마치 집에 도둑이 든 것을 알고 신고를 해야 하는데 말문이 막히고 온몸이 굳어버리는 현상과 같다. 그때는 빨리 자신의 감정에서 벗어나는 것이 최선이다. 따라서 투자자는 리스크와 맞닥뜨렸을 때, 어떻게 행동해야 할 것인가에 대한 구체적인 계획이 확실히 잡혀 있어야 한다.

학창시절, 같은 문제를 두 번 틀린 적이 있는가? 공부를 잘하는 사람은 한두 문제를 틀려도 그것을 철저히 분석하고 알아내서 다시는 그 문제를 틀리지 않는다. 공부를 못하는 학생은 같은 문제를 또 틀려도 다시 보지 않는다. 결국 공부를 잘하는 학생과 못하는 학생의 격차는 점점 더 벌어질 수밖에 없다.

투자의 실력을 높이려면 왜 실수를 했는지 철저히 분석해야 한다. 실수를 통해 무엇이 잘못되었는지를 알아야 그것을 바탕으로 투자기준을 더욱 견고하게 만들 수 있기 때문이다. 주식시장에서 참패를 맛보고 난 후의 고통을 되새기기 싫어서 그 당시의 생각은 아예 하고 싶지 않다는 투자자는 다시 실패할 가능성만 높아질 뿐이다.

지금까지 투자한 내용을 성공한 것과 실패한 것으로 나누고, 성공과 실패의 이유를 꼼꼼히 따져보자. 단순히 운이었는지, 왜 샀는지, 현금으로 구매했는지, 차입금으로 매수했는지, 망설였는지 확신이 있었는지를 되짚어보면 실수한 이유를 찾을 수 있을 것이다. 그리고 다시는 같은 실수를 반복하지 않을 성공 투자의 전략을 세울 수 있을 것이다.

# 투자와 투기의 차이

얼마 전부터 ELW(Equity Linked Warrant, 주식 워런트 증권)에 투자자금이 몰리고 있다. ELW는 특정 종목의 주가나 주가지수를 미리 정한 가격에 사고팔 수 있는 권리가 부여된 증권으로, 간단히 말해서 투자자가 주식이 오르거나 내리는 것을 예측하는 것이다. 예측이 맞으면 원금의 두세 배 수익을 거머쥘 수 있지만, 예측이 틀리면 원금을 몽땅 잃을 수 있다. 이런 수익구조가 나타나는 이유는 ELW라는 상품의 원리가 철저히 제로섬 게임을 따르고 있기 때문이다. 오뚝이를 돌려서 북쪽을 향하느냐 남쪽을 향하느냐를 맞추는 것과 같이 그 원리는 도박과 같다. 확률이 2분의 1이라면 해볼 만하다는 생각도 들 것이다.

전 재산이 만 원인 사람에게 ELW 상품을 권유한다면 대부분이 '모 아니면 도'라는 식으로 투자할 것이다. 전 재산이 백만 원인 사람도 비슷할 것이다. 그러나 액수를 키워서 일억은 어떤가, 아니 백억을 가정해볼까? 액수가 커질수록 대부분이 투자하기를 꺼리게 될 것이다. 만 원으로는 투자할 데가 없지만, 백억으로는 투자할 데가 매우 많기 때문이다. 2분의 1이란 확률은 백억대 부자가 보기에는 승률이 너무 희박한 게임이다. 백억대 부자에게 백억이 아닌 만 원만 투자하라고 해도 하지 않을지 모른다. 그가 투기꾼이 아니라 진정한 투자자라면.

투자의 고수들이 보통 사람들보다 훨씬 많은 수익을 내는 이유는 동물이 덫을 피해 가듯 리스크를 피해 가기 때문이다. 대부분의 사람들은 그것이 덫인 줄 알면서도 자꾸만 발을 들여놓는 만용을 저지른다.

투자자는 때때로 리스크라는 말을 핑계 삼아 투기행위를 합리화한다. 'No risk, No return.'이라는 말도 있지 않느냐며 위험이 없으면 수익도 없다고 우긴다. 그러나 외환위기 당시 가장 수익률이 높았던 투자 상품 중에 하나가 전혀 위험이 없으면서도 고수익을 올릴 수 있는 예금이었다.

'High risk, High return.' 이 말은 어떠한가. 그러나 지금까지 주식 투자의 연 수익률이 8%였던 반면, 주식 중에서 가장 위험성이 낮다고 할 수 있는 우량주의 연 수익률은 40%였다. 리스크가 높을수록 반드시 높은 수익률을 거둔다는 것은 뿌리 깊은 고정관념일 뿐이다. 진정한 투자자라면 이 고정관념부터 버려야 한다.

영화 〈레인맨〉에서 더스틴 호프만은 카드 여섯 벌을 모두 외우는 기억력으로 카지노의 돈을 싹쓸이한다. 도박을 하더라도 가능성이 100%에 가까우면 승리할 수 있다. 하지만 이것은 영화에서나 가능한 일이다. 진정한 투자자는 대박을 위해 운을 시험하지 말아야 한다. 투자자는 자기 자본으로 긍정적인 수익이 나올 확실한 승산이 있을 때 투자해야 한다.

어느 CEO가 워렌 버핏과 골프를 친 적이 있다. 그 CEO는 워렌 버핏에게 2달러를 걸고 만약 홀인원을 하면 1만 달러를 주겠다고 했다. 이때 워렌 버핏은 "이길 확률이 없는데 요행을 바라는 것은 투기꾼이나 할 짓이지 투자자가 할 일이 아니다."라고 말했다. 주식 투자와 기업 M&A로 세계적인 부호의 자리에 올라선 워렌 버핏. 그의 성공 비결은 이것이다. '투기를 하지 않는다.'

# 감정을 배제하라

주식을 하지 않는 사람들은 주식 투자로 빈털터리가 됐는데도 다시 주식을 하는 사람을 보고 "주식은 마약이다."라며 비아냥거린다. 주식을 전문으로 하는 펀드매니저도 똑같은 말을 한다. 물론 이때는 긍정적인 의미이다. 일단 발을 들여놓으면 빼기가 어려운 것이 주식시장이다.

장기적으로 많은 손실을 입더라도 때로 조그마한 이익이라도 생기면 투자를 계속할 수 있는 희망의 빛으로 여기고는 한다. 이 과정에서 투자자들이 반드시 조심해야 할 것이 있다. 돈에 대한 열정이 냉정을 넘어서는 것이다.

어떤 행동을 취할 때 그것이 잘못된 것인 줄 알고 있다면 심장박동수가 빨라지게 된다. 투자할 때 비정상적으로 심장박동수가 빨라진다면 분명 그 투자자는 실수를 하고 있는 것이다. 감정이 이성을 넘어섰기 때문이다.

무슨 수단을 써서라도 잃어버린 돈을 찾고자 하는 것은 무모한 짓이다. 만약 손실을 보았으면 즉시 현실을 받아들여야 하는 자세가 필요하다. 그리고 '제로베이스' 상태에서 다시 시작하겠다는 마음으로 재도전해야 한다. 손실을 만회하려고 높은 리스크의 유혹을 뿌리치지 못하면 더 큰 손실을 불러올 뿐이다.

이런 감정 개입을 없애기 위해 증권사의 주식운용팀이나 전문 투자가들은 수천만 원을 호가하는 프로그램을 활용한다. 매일 프로그램 매매로 거래되는 주식도 상당수다. 아침에 PC를 켜고 프로그램을 켜면 매수해야 할 주식과 매도해야 할 주식의 목록이 뜬다. 프로그램이 결단해야 할 시기를 알려주면 전문가는 즉각적으로 판단을 내린다. 주식 투자에서는 결정이 신속해야 한다. 결단의 순간 피터 린치는 2분 동안 생각한 후 실행에 옮긴다. 한편 조지 소로스는 결단하는 데 단 10초도 걸리지 않는다고 한다.

대부분의 투자자들은 결단을 내려야 하는 순간 망설인다. 특히 매수시점보다 매도시점에서 더 심하다. "앞으로 더 오르면 어떡하지?" "팔자마자 오르면 어떡하지?" "내일 다우 지수가 내리면?" "내일 북한이 전쟁을 일으킨다면?" 자신의 선택에 대해서 계속해서 의구심을 갖는다. 투자자들이 망설이는 이유는 투자원칙이 명확하지 않거나 선택에 확신이 없기 때문이다. 일단 머릿속에서 잡음이 일기 시작하면 매매 타이밍을 놓치게 된다. 잘 이해하고 있는 주식을 적합한 가격에 사고팔 기회가 생겼다면 바로 결단을 내릴 수 있어야 한다.

투자자가 주식을 매수하기 전에 결정해야 할 중요한 것이 있는데, 그것은 '언제 팔 것인가'이다. 우리가 주식을 매수하는 목적은 결국 매도하기 위해서다. 물론 장기투자일 경우라도 언제 팔 것인가에 대한 기준을 세워놓아야 한다. 평생 보유할 것이 아니라면 매도 타이밍은 투자 극대화에 있어 필수라고 할 수 있다.

투자자에게는 매도가 매수보다 판단하기도 어렵고 결정을 내리기도 매우 까다롭다. 매수가 투자자의 매수원칙에 의해 결정되는 것과 같이 매도도 매도원칙을 세워 결정해야 한다. 예를 들면 목표치가 달성되었을 경우, 10% 손실이 있을 경우, 회사 경영에 대한 기대가 무너졌을 경우, 실수했다고 판단될 경우 등과 같은 것이다.

타이거 우즈가 우리나라를 방문했을 때 한 방송사에서 코미디언과 함께 골프공을 날려 목표물을 맞히는 게임을 한 적이 있다. 타이거 우즈는 코미디언을 봐주는 여유를 부렸는데, 그럴 수 있었던 것은 실전이 아니었기 때문이다.

주식시장이라는 필드에서는 타이거 우즈와 같은 프로들과 게임을 해야 한다. 그들은 웃으면서 봐주지 않는다. 주식시장에서는 10%의 고수들이 90%의 투자자금을 독식한다. 따라서 투자자의 대부분이 위험에 노출될 가능성이 크다. 투자자는 냉철한 결단력으로 자신의 투자원칙을 지키는 것만이 원금을 보전하고 수익을 얻게 되는 유일한 방법임을 명심해야 한다.


## 미인대회의 심사위원처럼

〈TV쇼 진품명품〉에서는 전문가들이 골동품의 최종 가격을 책정하기 전에 패널로 나온 연예인들이 가격을 예상해본다. 그냥 '재미 삼아'라는 단서를 달기는 하지만 전문가들이 책정한 가격과 비교하면 터무니없는 차이가 나는 것을 심심치 않게 볼 수 있다. 이런 결과가 나오는 것은 전문적 지식기반이 있는가와 없는가의 차이이다.

투자자는 전문가의 투자지식과 노하우를 습득하여 주가를 감정하는 학구적 자세를 갖추어야 한다. 충분한 지식기반 없이 섣불리 판단하다가는 터무니없이 높거나 낮은 가격을 책정하게 되어 진품가격에 모조품을 구입하게 된다.

주식의 진품을 판단할 때 반드시 배제해야 하는 것이 있다. 투자자의 개인적인 취향이다. 자신이 자동차를 좋아한다는 이유만으로 자동차 산업에 대해 호의적인 관점을 갖게 된다면 정확한 가격을 책정할 수 없다. 투자는 사람이 하는 행위이기 때문에 심리적인 요소가 판단에 결정적인 영향을 미치기도 한다. 그러나 심리적인 요인이 가치를 매기는 데 영향을 미친다면 옳은 판단을 기대할 수 없다. 도자기를 감정하는 사람이 백자를 좋아하는 개인 취향만으로 가격을 높게 책정한다면 누가 그의 감정을 믿겠는가. 투자자는 자신의 주관적인 취향으로부터 독립적이어야 한다.

자신의 투자 스타일이 독특하거나 생각이 편향되어 있다는 판단이 든다면, 다른 사람들이 생각하는 가격은 얼마인지를 고려해서 주식 가격을 평가하는 전략을 써야 한다. 이때 주의할 점은 지나친 '타인 의존적' 판단은 곤란하다는 것이다. 주식 가격은 타인 의존적 판단이 모여 형성될 때가 많은데, 타인 의존적 투자자 그룹이 시장을 주도하면 거품과 붕괴 현상이 발생하게 된다.

케인스는 이런 일련의 주가 평가과정을 미인대회에 비유했다. "주식 투자는 인기투표로 승자가 결정되는 미인대회와 같다. 자기가 보기에 가장 예쁜 얼굴보다 남들 시선을 가장 많이 끌 만한 얼굴을 골라야 한다."

그는 주식시장이 특히 이해하기 어려운 것은 바로 이 때문이라는 것을 간파했다. 전체 투자자들의 판단이 무엇인지 신경 쓰는 것으로 끝나지 않고, 그 '전체 투자자'는 전체 투자자가 어떻게 생각할지까지 신경 써야 한다는 것이다. 물론 가장 좋은 것은 자기가 보기에 가장 예쁜 여성이 남들이 보기에도 가장 예쁜 여성(최우량 기업 주식)일 것이라는 확고한 믿음을 가지고 투자하는 것이다.

그러면 투자대상을 찾았을 때는 즉시 투자해야 하는가?

가치투자는 투자 상품을 찾아낸 후에는 관찰을 한다. 적절한 시기를 기다리는 것이다. 아무리 좋은 주식이라도 언제 어떤 가격에 사느냐에 따라 수익이 달라질 수 있다. 증시 호황기에는 어떤 주식이든지 고평가된다. 따라서 호황기에는 가치투자자들이 주식을 사지 않으려고 하는 경향이 있다. 오히려 증시가 침체기일 때 가치보다 많이 하락한 주식을 사들인다.

투자자가 자신의 선택이 적중했는지 실험을 해보는 것도 좋은 방법이다. 맘에 드는 주식을 발견하고 그 가치가 오를 것이라는 판단이 서면 그 주식을 조금 사보는 것이다. 그런 후 자신의 판단이 적중했다고 판단되면 그 주식의 양을 조금씩 늘려간다.

주식을 살 때는 언제 팔 것인가도 함께 결정해야 한다. 자신이 매긴 적정 가치에 다다랐을 때 팔아야 한다. 흔히 '바버bobber가 되면 처분하라'라고 하는데, '바버'는 투자자가 평가한 회사 가치의 90% 혹은 그 회사에 대하여 지불하고자 하는 금액의 90%까지 주식이 오르는 것을 말한다.

무엇보다도 투자자는 기업 가치에 비해 싼 가격으로 주식을 사기 위해 늘 준비해야 한다. 투자를 위한 준비는 두 가지다. 마음에 드는 기업을 고르고 계속 지켜보는 것과 마음에 드는 주식을 살 수 있는 현금을 확보하는 것이다. 사고 싶은 주식을 발견했는데 자금이 다른 투자처에 묶여 있다면 적정한 매입 시기를 놓칠 수 있기 때문이다.

# 06

# 투자의 절대 바이블, 가치투자

1986년 1월 28일, 우주왕복선인 챌린저 호가 폭발했다. 폭발의 원인이 밝혀지기도 전에 관련 주식들이 요동을 치기 시작했다. 제조한 업체부터 연료탱크 부품업체 등 네 개 업체의 주식이 3~6% 가량 떨어졌다. 그중에서 고체연료 부스터 로켓을 만든 모튼 시어콜Morton Thiokol 사의 주식이 가장 많이 떨어졌다. 결국 시어콜 주식은 그날 마감시간까지 12%가 떨어졌다. 반면 다른 관련 기업들은 회복세를 보여 평균 3%가 떨어진 선에서 장을 마감했다. 6개월 후 대통령 직속의 챌린저 호 폭발 조사위원회는 시어콜 사에서 납품한 부스터 로켓이 폭발의 직접적인 원인이라고 발표했다. 로켓 전문가도 아닌 투자자들이 폭발 원인을 알아맞힌 것이다.

제임스 서로위키가 쓴 『대중의 지혜The Wisdom of Crowds』에는 이런 이야기가 실려 있다. 축제를 참관하는 구경꾼들에게 광장에 서 있는 소의 무게를 예상해보라고 했다. 사람들이 예측한 무게의 평균은 놀랍게도 실제 소의 무게와 거의 비슷했다.

"주식시장에는 잘못된 주식을 찾는 것보다 잘못된 투자자를 찾는 것이 훨씬 쉽다."는 말이 나돌 정도로 주식시장에는 우매한 대중들이 많이 모여 있다. 그러나 대중이 모은 지혜는 결국 옳은 방향으로 가게 되어 있다는 것이 일반적인 논리이다. 순간적으로는 잘못된 방향을 선택하더라도 시간이 흐를수록 옳은 방향을 찾게 되는 것이다.

물론 탁월한 한 개인의 지혜는 대중의 지혜보다 뛰어날 수 있다. 하지만 평균적으로 볼 때, 독립성, 다양성, 분산화라는 조건이 충족되어 있다면 그때는 오히려 대중의 지혜가 옳은 판단을 이끌어낼 가능성이 높다. 왜냐하면 각각의 개인은 자신의 지식과 정보를 동원해서 가장 합리적이라고 생각하는 방법을 찾아내고, 그것은 다른 집단 구성원들의 독립된 판단력과 취합되어 결국 가장 합리적인 방향으로 대중이 움직이게 된다는 것이다.


## 시간에 투자하라

"회사 주가는 언젠가는 기업의 본래 가치를 찾아서 움직이게 돼 있다."

이 말은 잘못 매겨진 주식이라고 할지라도 언젠가는 적정 가치로 향하게 된다는, 투자자 집단의 심리와 관련 있는 투자 시장의 격언이다.

주식의 가격이 결국 적정 가치를 찾아가는 것은 가치투자의 전제가 된다. 가치투자는 시간과의 지루한 싸움이다. 가치보다 낮게 매겨진 주식을 찾고 그것을 매입한 후에 그 주식이 적정 가치가 될 때까지 기다렸다 되파는 과정은 오랜 시간을 요구한다.

가치형 투자자는 성급하게 주식을 선택하는 일반 투자자와는 스타일이 확실히 다르다. 특히 증시 호황기에 일반 투자자들은 마치 십대들이 옷을 사는 것과 같이 즉흥적인 결단을 내린다. 그 이유는 주가지수가 계속 상승세를 타고 있기 때문에 하루라도 매수가 늦어지면 그만큼 손실을 보는 것 같기 때문이다. 결국 투자자는 사고 나서야 마음의 안정을 찾고 그때부터 자신이 투자한 주식에 대해 생각한다. '생각이 먼저고 행동이 나중'이 되는 투자의 기본도 지키지 못하는 것이 일반 투자자의 잘못된 투자 스타일이다.

이런 식의 투자방식으로는 피터 린치가 말한 '10루타 주식'을 발견하기 어렵다. 아니, 거의 불가능하다. 투자의 고수는 적절한 투자대상이 나타날 때까지 기다린다. 투자대상을 선택하는 과정은 광부가 금맥을 찾는 과정과 비슷하다. 투자대상이 나타나지 않거나 적절한 때가 아니라면 차라리 현금을 쥐고 있는 것이 낫다.

보통 사람들은 투자기간이라고 하면 주식을 사서부터 팔 때까지라고 생각한다. 그러나 가치투자자는 마음에 드는 기업을 발굴하고 가치보다 주가가 떨어질 때까지 참고 기다린다. 가치 있는 투자 대상이 없으면 차라리 현금을 보유하고, 주식을 팔 때까지 걸리는 시간을 모두 투자기간으로 보는 것이다. 적절한 투자대상을 찾고 투자할 시기를 기다려야 하는 시간과의 싸움은 가치투자자에게 그 무엇보다 인내심을 요구한다.

## CEO를 알고 있는가

'기업은 결국 사람이다.' 라는 말이 있다. 기업의 가치는 다양한 수치를 통해 분석이 가능하다. 하지만 미래에 대비한 기업의 비전이나 핵심역량 등은 수치로 나타내기 어렵다. 결국 인적자원을 대상으로 그기업의 미래를 판단하게 된다. 사정이 이런데도 불구하고 자신이 투자한 주식의 각종 수치를 꿰뚫고 있어도 정작 회사의 경영진에 대해서 관심을 가지지 않는 경우가 많다.

필립 피셔는 투자하기 전에 그 기업의 내부인부터 만났다. 다른 것이 다 좋아도 기업 경영진이 문제라면 투자하지 않았다. 기업의 중역들과의 자리에서 그들이 어떤 생각을 하는지, 회사의 전망은 어떤지, 회사의 경영 상태를 조목조목 따졌다. 때로는 경영진 개개인의 성품부터 그들의 운영 능력까지 평가한 데이터를 만든 후 투자에 반영했다. 예를 들어, 인원 감축을 하면서 고위 경영진의 연봉을 올리는 회사가 있다면 필립 피셔는 투자를 포기했을 것이다.

기업의 성장에 있어서 CEO의 영향력은 절대적이라고 할 수 있다. 기업의 CEO가 바뀌면 주가가 영향을 받기도 하는데, 이것은 당연한일이다. 그러나 회사의 CEO가 바뀐다고 해서 무턱대고 보유하고 있는 주식을 팔아버리는 것은 잘못된 행동이다. 투자자는 기업을 평가하듯 CEO의 능력을 평가하는 과정을 게을리하면 안 된다. 요즘은 인터넷으로 쉽게 CEO의 이력을 확인할 수 있다. 그가 이전에 어떤 기업을 운영했는지, 그 기업의 실적은 어떠했는지, 기업가의 윤리가 확실히 잡혀 있는지를 반드시 확인해야 한다.

사람들은 내게 이런 질문을 던진다. "증권맨 입장에서 바라보는 투자와 CEO 입장에서 바라보는 투자가 다른가요?" 이런 질문은 보통 '또 다른 비법'을 알기 위해 던진다는 것을 알기에 그냥 웃고 넘길 때가 많다. 질문에 대해 굳이 대답하자면 같고도 다르다고 말할 수 있다. 같은 점은 끊임없이 공부하는 것이고, 다른 점은 시야의 폭이 다르다는 것이다.

CEO가 된 입장에서 시야가 달라진 점은 가치를 사는 투자자의 입장에서 투자자에게 가치를 파는 입장으로 바뀌었기에 종전처럼 수익을 내고 끝나는 것이 아니라 기업 가치를 높이는, 즉 가치 창출에 그의미를 더 부여하게 되었다는 것이다. 그러다 보니 자연히 수익 창출로 끝나는 것이 아니라 가치 창출이라는 투자의 더 큰 범위를 깨닫게 되었다고 말하는 것이 옳을 것이다.

증권맨에서 CEO가 되면서 달라진 것은 바로 이런 점이다. 눈에 보이는 한 치 앞의 투자가 아닌, 최소 10년 후를 바라보는 투자를 하게되었다는 것이다. 앞서 투자를 하는 이유는 돈을 벌기 위해서, 부자가되기 위해서라고 말했다. 이제 진정한 투자가 무엇인지에 대해 생각해 보았으면 한다. 한 치 앞의 정보를 따를 것이 아니라 10년 후를 예측하며 자신을 관리하는 투자, 자기 인생의 CEO가 되어 투자를 시작해보는 것은 어떨까?

# 투자의 고전, 장기투자

가치투자에서도 아이디어를 찾는 것이 중요하다. 남들이 생각할 수 있는 아이디어는 가치가 없다. 투자에 있어서도 남들이 생각하지 못한 아이디어일수록 더욱 가치 있다. 그런데 산발적인 정보를 아이디어라고 착각하는 사람들이 있다. 술집에서 우연히 들은 이야기 혹은 케이블TV에서 본 인터뷰 등 정보로서의 가치가 없는 루머에 근거하여 투자한다. 그러면서 마치 아무도 모르는 정보를 얻은 것처럼 쾌재를 부르기도 한다. 더 큰 문제는 그 사실이 혹시 누설될까봐 아무에게도 알리지 않고 조언을 요청하지 않는 경우다. 그러나 술집에서 들은 이야기는 사실 여부를 확인할 수 있는 정보가 아니며, 케이블TV의 인터뷰는 인터뷰어의 주관적 견해로 흐르는 데다가 많은 사람이 동시에 공유하는 정보라는 걸 깨달아야 한다.

투자자는 산발적인 정보에 대해 독립적인 태도를 유지해야 한다. 중심이 잡혀 있어야 한다는 것이다. 가치투자자로 높은 수익을 올리기 위해서는 다른 사람들의 의견에 흔들려서는 안 된다. 투자시장에서 유행에 민감한 것은 좋지 않다. 건설주, 인터넷주, 엔터테인먼트주, 바이오주의 폭등은 그 산업의 실적이 뒷받침되지 않았거나 펀드멘탈의 개선이 없으면 거의 모두 거품으로 끝나는 경우가 대부분이다.

직접투자뿐만 아니라 간접투자에서도 이런 경우는 종종 발생한다. IT버블 호황기 때 미국에서는 '장모님 신드롬'이란 얘기가 나돌았다. 한 남자가 장모님에게 전화를 했는데 자신이 투자한 펀드보다 IT주를 중심으로 한 펀드에 가입한 장모님의 수익이 훨씬 높다는 얘기를 듣게 된다. 그 남자는 자신의 가치투자형 펀드에 불만을 품는다. 전화를 끊자마자 펀드를 해지하고 장모님이 가입한 펀드에 가입한다. 결국 IT버블이 꺼진 후 성질 급한 그 남자는 손해를 보게 되었다. 자기 꾀에 자기가 속아 넘어가게 된 것이다. 투자에 있어서 유행은 패션과 같이 1, 2년이면 시들해진다. 결국 폭락 장세와 침체기에서 살아남는 투자자는 가치형 투자자들이다.

산발적인 정보와 일시적인 유행보다는 지속적으로 얻을 수 있는 자료에 의존하는 것이 바람직하다. 자료를 분석하다 보면 남들이 생각하지 못한 사실을 깨닫게 되며 좋은 기업을 발견하게 된다. 에디슨은 자신의 발명 중에 우연히 얻어진 것은 없다고 했다. 아이디어는 꾸준한 관심과 노력을 토대로 생겨나는 것이라는 것을 명심해야 한다.

대부분의 사람들은 가장 최근의 결과를 보고 미래에도 그 결과가 유지될 것이라고 믿는 경향이 있다. 그래서 주식시장의 활황기를 떠올리며 빠른 시간 안에 수익을 올리지 못하면 불안해 한다. 그러나 주식시장은 매우 높은 수익을 올릴 때도 있었지만 거의 아무 수익도 올리지 못한 때도 있었고 마이너스 수익률을 기록한 때도 있었다.

주식의 30년간 연평균 수익률은 8%이다. 만약 10년 전에 사두었던 주식을 팔지 않고 주식시장에 묶어두었다면 꽤 많은 수익을 거뒀을 것이다. 가치형 투자는 장기전을 전제로 해야 한다. 단적인 예로, 워렌 버핏의 포트폴리오 중에 가장 큰 수익을 낸 것은 30년 간 한 번도 팔지 않고 보유한 주식들이었다.

그렇다면 기관투자가, 개인투자자 할 것 없이 모든 시장 참여자가 가치투자의 중요성을 알고 실전투자에 적용할 텐데 과연 어떻게 초과수익을 낼 수 있을까?에 대한 의문이 생길 것이다. 이 의문은 한국의 펀드 운용 현황을 보면 궁금증이 풀릴 것이다.

펀드 운용성과의 평가는 분기, 반기, 년 등 단기적이므로 펀드매니저가 가치주를 편입하여 장기투자하며 버틸 만한 여건이 형성되어 있지 않다. 또한 증시는 원천적으로 시장 외적인 돌발요인에 의해 시장의 변동성이 발생할 위험이 항상 도사리고 있어, 손절매loss-cut 규정에 따라 자동으로 반대 매매할 수밖에 없는 상황이 종종 발생한다. 이때 가치주는 주로 소형주에 편입되어 있고 거래량이 적은 특징을 가지고 있는 바 유동성 확보라는 문제가 발생하기 때문에 편입이 제한적인 한계를 가지고 있다. 따라서 가치주 투자자들은 투자시장의 이런 관행과 룰을 이해하고 활용하면 승자가 될 기회가 많을 것이다. 단, 시간과 싸워 이길 인내심만 있다면 말이다.

## 동방의 별, 한국 주식시장의 미래

"I love Korea!"

작년 초 미국의 MBA과정을 이수하는 학생들이 모인 자리에서 워렌 버핏은 위와 같은 구호를 외쳤다. 한국이 돈을 벌게 해줬고 앞으로도 돈을 벌게 해줄 것이라는 의미였다.

보수적인 투자자로 유명한 워렌 버핏이 중국보다 한국에 대한 투자에 호의적인 이유가 있다. 한국 주식시장은 많이 올랐지만 아직도 저

평가 종목이 많고, 특히 기업 정보가 잘 공개되어 있다는 점이 투자자에게 매력적이라는 것이다. 그는 자신이 투자한 제분회사를 예로 들면서, 이렇게 수치가 좋고 저평가되어 있는 회사는 아직 많다는 말을 남겼다. 워렌 버핏의 영향력 때문인지는 몰라도 실제 그 제분회사의 주가는 수개월이 지나 천정부지로 오르며 최고가를 기록했다.

여기서 워렌 버핏이 한국의 주식시장 가치를 높게 평가한 것에 우쭐해질 수도 있겠다. 그러나 역으로 생각한다면, 우리가 그보다 가치주를 발견해내는 데 게을리하지 않았나 하는 반성이 뒤따라야 한다.

한국 투자자는 가치주를 발견할 여건이 충분히 마련되어 있다. 얼마 전 워렌 버핏이 "투자자가 기업 정보를 얻기엔 미국보다 한국이 오히려 낫다."고 한 말은 무척이나 고무적으로 다가온다. 한국이 인터넷 강국이라는 점은 투자자에게 유리하다. 한국처럼 기업에 대한 궁금증을 인터넷을 통해 실시간으로 확인할 수 있는 나라는 세계 어디에도 없다는 것이다. 한국증시가 블루칩 위주로 시장이 재편되고 폭등장세와 폭락장세의 변동성이 줄어들면서 상승 트렌드로 진입한 것은 불과 최근 1~2년 사이다. 외국인 주도의 시장에서 연기금 규모 증가, 적립식 펀드, 변액보험 등 간접투자시대가 도래하면서 한국 증권시장도 선진 증시로 체질이 개선되고 있는 셈이다.

여기서 국내 자본시장의 펀드멘탈을 들여다보자. 1980년대 일본과 1990년대 미국의 주식시장은 저금리 기조, 간접투자문화 정착, 베이비붐 세대들의 자산 증식활동 강화 등의 요인에 의해 전례 없는 호황을 누렸다.

미국에서는 제2차 세계대전 이후 1945~1964년에 출생한 베이비붐 세대가 1990년대 이후 40대로 진입하면서 소비주체로 부각되는 동시에 노후를 준비하는 주체가 되면서 금융자산, 특히 주식에 대한 수요가 크게 증가했다.

우리나라도 베이비붐 세대들이 조만간 은퇴에 직면할 시점에 있어 자본시장 환경이 미·일 주가의 '대세상승기'와 비슷한 환경을 보여주고 있고 저금리 기조, 기업의 글로벌화, 기업의 자본이익률 급등, 간접투자 환경 조성 등 유사한 특징을 보이고 있다.

1980년대 일본과 1990년대 미국의 주식시장에서 인구 구조상 나타난 주가의 '대세상승' 여건이 조성되고 있는 셈이다. 미국과 일본의 경제활동 인구가 정점에 달했던 시기의 주식시장 시가총액은 자국 GDP의 1.2~1.3배에 해당되었다는 점을 적용하면 'KOSPI는 2010년 3,000포인트에 달할 수 있다.'는 분석 자료가 설득력 있게 다가온다. 게다가 소버린의 SK사태, 칼 아이칸의 KT&G 경영 참여 요구 등과 같은 경영권 분쟁을 가장한 외국계 투기자본의 공격과 국내의 기업 지배구조 개선 펀드 등에 대응하여 경영권을 유지하기 위해 지분 파킹, 자사주 매입, 증자 제한 등으로 주식의 공급물량이 계속 줄고 있다.

반면 2006년 기준으로 주식에 투자하는 3대 기금(국민, 공무원, 사학연금)은 금융자산 198조 중 5.9%만 주식에 투자하고 있다. 주요 선진국 연기금의 주식투자 비율이 40%를 상회하는 것과 비교할 때 지나칠 정도로 낮은 수준이다. 또한 기획예산처에 따르면 2007년 3대 기금 주식투자 한도액은 기존 투자액에 재투자분을 포함해 최대 17조 이상으로 늘리기로 했다고 한다. 이는 2006년 6조 5천억 원에 비해

2.6배 늘어난 수치이다. 이 투자액이 전부 집행될 경우 약 12조 원 이상의 자금이 신규로 투입될 걸로 추산되므로 수요 측면에서 증시에 청신호가 켜지고 있다고 볼 수 있다.

게다가 펀드 자본주의 트렌드와 간접투자시대의 도래로 수요는 계속 증가할 수밖에 없는 구조이다. '수급은 모든 재료에 우선한다.'는 투자 격언도 있듯이 자본시장의 수급과 펀드멘탈 모두 개선되는 추세이므로 향후 한국의 증시 전망은 밝을 것이다.

최근 10년 동안 투자펀드, 지배구조 개선 펀드, 증권사의 랩 어카운트wrap account, 외국운용사의 가치주 펀드 등이 잇달아 결성되는 점에 비춰보면 한국형 가치투자의 트렌드 확산이 심상치 않아 보인다. 더욱이 자본시장 통합시대가 오면 소위 '프로'라 불리는 투자 전문가들이 자신의 타이틀을 걸고 펀드를 결성하고 판매하는 것은 당연한 흐름이 될 것이다. 이런 정황들로 볼때 가치주는 품귀현상을 보일 게 뻔하다. 지금까지 '왜 가치투자를 해야 되는가?' 그토록 강조한 이유가 여기에 있다. 하루에 7시간씩 기업의 재무제표와 관련된 자료를 읽는다는 70대의 워렌 버핏은 지금도 인터넷으로 한국 기업 평가를 탐독하며 한국 기업을 고르고 있을지도 모른다.

1999년 '바이코리아'를 기억하는가? 나도 그 열풍의 한가운데 있었으나 바이코리아의 좌절을 겪으면서 투자의 방식과 투자자의 사고가 성숙해져야 한다는 점을 절감했다. 이젠 한국 증시 안팎의 상황이 그때와는 다르다. 성숙되고 선진화된 자본시장의 토대가 구축되었고 투자자도 단기적인 시각을 탈피해 장기적인 가치투자의 눈을 높이고 있다.

투자시장의 텐배거는 개인 투자자나 기업에게만 유용한 것이 아니다. 국가도 자본시장의 생리와 트랜드를 잘 이해하고 응용하여 국가 성장전략으로 활용하는 지혜를 터득해야 할 시점이다.

우리라고 못할 것 없다. I love Korea! 한국의 가치투자 시대와 자본시장을 밝게 점쳐보면서, 대한민국의 텐배거를 꿈꿔본다.

# 대한민국만 믿지 않는
# 대한민국의 텐배거

# 01

# 골드만삭스의 2050 한국경제 보고서

얼마 전 이건희 삼성그룹 회장이 '샌드위치론'을 들고 나와 세간의 화제가 되었다. 오늘날 한국 경제의 모습을 "중국은 쫓아오고 일본은 앞서가면서 한국은 샌드위치 신세로 전락하고 있다."고 진단한 것이다.

사실 '샌드위치론'은 일등이나 꼴등이 아니라면 누구나 겪는 구조적 문제이다. 우리나라는 강대국의 이해가 엇갈리면서 식민지가 되고 분열된 경험을 가지고 있어서 국민들 정서에는 혹시 강대국의 틈바구니에서 희생양이 되지 않을까 하는 우려가 항상 깔려 있다.

현실적으로도 어느 정도 근거가 있다. 중국은 몇 년째 세계 최고의 경제 성장률을 보이고 가격 경쟁력을 기반으로 점차 첨단기술 분야까지 보폭을 넓히고 있다. 한편 일본은 세계 최고 수준의 기술력을 자랑

한다. 품질 경쟁력만으로 보면 여전히 일본은 우리에게 높은 벽이다. 우리나라에 대한 견제 또한 만만치 않다. 이렇게 볼 때 한국은 중국의 맹추격과 일본의 견제 사이에 끼어 활로를 찾기가 만만치 않아 보인다. 이런 점에서 이건희 회장의 우려는 일견 설득력을 가진다. 사실 이전부터 샌드위치 현상을 지적한 조사결과도 있었다. 이들의 견해를 듣다보면 우리나라의 미래가 매우 어둡게 느껴져 대한민국의 텐배거를 말하기가 겁이 나기도 한다.

정말 대한민국의 텐배거는 실현 불가능한 것일까? 세계적인 금융회사 골드만삭스가 예측하는 대한민국의 미래를 살펴보자.

2006년 초 대외경제정책연구원에서는 국내 경제계에 잔잔한 논쟁을 불러일으킨 한 보고서를 발표했다. 〈골드만삭스 보고서를 통해 본 2050년의 한국경제〉라는 것이었다.

이 보고서에서 골드만삭스는 BRICs 국가들과 같은 경제 규모로 성장할 수 있는 잠재력을 가진 11개 국가N-11 : The Next Eleven를 선정했는데, 그중에서 한국과 멕시코만이 2050년까지 BRICs와 같은 영향력을 가진 경제 규모로 성장할 것으로 전망했다. 또한 우리나라의 1인당 GNP가 2025년 51,923달러로 미국, 일본에 이어 세계 3위로, 2050년에는 81,462달러로 세계 2위로 올라 미국을 제외한 G7 국가의 수준을 능가할 것으로 예측했다. 즉, 평소 주장하던 우리나라의 텐배거가 불가능한 일은 아니라는 결론이다. 국제 금융 시장을 주도하는 골드만삭스의 전망이기에 그 무게가 더한다.

따라서 앞서 언급한 이건희 회장의 발언은 기업인으로서 치열한 글로벌 경쟁에서 살아남기 위한 고민과 위기의식에서 나온 것이라고 보는 것이 옳을 것이다. 어려운 경제 환경에서 새로운 시장을 창출하고 선도해야 한다는 의지의 표현으로 이해하고 싶다. 실제로 1990년대 중반에도 이른바 '중국 위협론'이 널리 퍼졌었는데, 당시의 우려들은 대부분 빗나갔다.

모건스탠리 아태본부 수석 이코노미스트 앤디 시에Andi Xie도 한국 투자 관련 보고서에서 이렇게 말한 적이 있었다.

"5년 전만 해도 나는 한국의 미래를 걱정했다. 중국은 WTO에 가입하고, 일본은 하이테크에 집중하는 등 한국은 두 나라 사이에서 샌드위치 신세였다. 값싼 제조상품을 수출하는 한국이 더 싼 가격으로 물건을 만드는 거대한 중국으로부터 어떻게 이득을 볼 수 있을지 의문이었다."

그 후 그는 한국경제의 위기관리 능력과 번영을 보면서 〈2005년 : 한국의 해〉라는 뜻밖의 보고서를 내놓았다. 사실 어느 고위관료의 표현대로 듣기만 해도 기분이 좋을 정도로 모건스탠리와 골드만삭스의 자료는 우리도 당황스러울 정도로 좋은 보고서다.

하지만 한 가지 분명한 것은 우리나라의 텐배거가 저절로 이루어지는 것이 아니라는 것이다. 개인과 기업의 텐배거와 마찬가지로 각고의 노력이 뒷받침되어야 가능한데, 국가의 텐배거는 개인과 기업 그리고 정부 모두의 힘이 결집되어야 하기에 더욱 어려울 것이다.

샌드위치 신세를 벗어나는 유일한 길은 대한민국 텐배거의 길을 걷는 것임을 명심하면서, 지금부터라도 어떤 노력이 대한민국의 텐배거를 가능하게 할 수 있을 것인지 심각히 고민해야 한다.

# 02

# 일류 국가들의 텐배거 전략

**우리나라는** 세계 11위의 경제 규모를 가지고 있다. 반도체, 조선, 자동차, 디지털 가전, 철강 등 주력 산업이 글로벌 경쟁력을 가진 결과이다. 그러나 1인당 GNP가 95년 1만 달러에 진입한 이후 10년 넘게 제자리걸음을 하고 있다. 선진국들은 국민소득 1만 달러 달성 이후 10년 내에 2만 달러 시대를 열었다. 우리의 잠재성장률 또한 지속적으로 하락하고 있다. 선진국의 문턱을 넘지 못하고 중진국에 머물고 말 것인가? 하는 의문이 생긴다.

21세기의 새로운 도전 앞에 우리는 발가벗겨져 있다. 정체를 원하는 국가는 없다. 일류국가들도 자신의 위치에 안주해 있지 않는다. 선진국들은 경제 규모와 국제적 영향력을 수십, 수백 배 키운 나라들이지만 그들에게도 수시로 위기가 찾아왔다. 오히려 성공한 국가에게

위기는 기회였다. 그들은 자신들의 핵심역량과 강점을 활용하여 미래를 지속적으로 준비했다.

디지털 경제 추진기인 1990년대 미국 정부는 국민들에게 예측 가능한 환경과 정부에 대한 신뢰를 제공하여 국민들의 역량을 결집시킬 수 있었다. 고성장 저물가로 표현되는 신경제가 구축되어 1991년 −0.5%였던 경제성장률이 1992년 3.1%로 뛰어오른 후 3.6%대의 고성장이 10여 년간 지속되었다. 또한 정부는 국제경쟁력 강화 차원에서 정보통신망 기반 확충에 국가적 역량을 집중하여 국제사회에서 IT산업의 주도권을 확보하는 데 성공하였다.

미국은 2006년 R&D 예산투자에서, 성장 동력 육성전략으로 국토안보, 네트워킹 및 정보기술, 나노기술, 물리과학, 복합시스템 생물학, 기후·수질·수소 연구개발 등 6개의 우선투자분야 가이드라인을 제시했다.

2000년 유럽연합은 '리스본 전략'을 채택했다. 1990년대 후반 유럽연합은 첨단제품의 시장 점유율, 첨단산업 비율 등에서 미국에 뒤처지게 되고 일본을 비롯한 중국, 인도 등 아시아 국가에게도 제조업·서비스업 분야의 시장을 잠식당하자 위기감을 느끼고 미래 성장전략으로 리스본 전략을 발표한다. 리스본 전략은 '2010년까지 세계 최고의 경쟁력을 가진 지속 가능한 지식기반 경제 구축'을 목표로 생명공학, 정보사회기술, 나노기술, 항공우주, 식품안전, 지속 가능한 개발, 시민과 정부의 관계 등 7개 분야를 중심으로 175억 유로를 기술개발에 투자하고 있다.

1990년대 일본은 버블 경제의 붕괴로 인한 불황과 국제 신뢰도 하락을 경험한다. 1980년대 평균 3.9%이던 경제성장률이 1990년대 1.4%로 급락했다. 이에 일본은 구조 개혁론과 경기 부양론의 대립 속에서 기업규제 완화정책을 근간으로 한 일본 국가 시스템을 개혁하여 '잃어버린 10년'의 불황에서 벗어나고 있다.

스웨덴은 평등한 소득분배 구조를 강조하면서 복지모델로 일류 국가에 다다른 것으로 알려져 있지만, 최근 많은 변화를 겪었다. 90년대 들어 금융위기와 함께 마이너스(-) 성장, 높은 실업률, 대규모 재정적자를 겪으면서, 정부는 복지 프로그램을 대폭 축소하고 연금과 재정 운영에 일대 수정을 가했다. 일부 노동 유연성을 확보하는 등 강력하고 시의 적절한 개혁으로 생산성이 올라가고 재정적자가 개선되면서 국가 경쟁력이 향상된 것이다.

일류 국가로 성장한 국가 중에서 특히, 아일랜드와 독일을 주목하고 싶다. 불리한 입지에서 최대한의 역량을 끌어내고 있는 아일랜드와 글로벌 중소기업에 집중한 독일은 우리에게 많은 시사점을 안겨준다. 지혜를 빌리고 싶은 나라들이다.

1980년대 후반 20%에 가까운 실업률과 마이너스(-) 성장률을 기록하던 서유럽의 대표적인 최빈국 아일랜드는 2000년대 초반 4%대의 낮은 실업률과 1인당 GNP 3만 달러 이상의 고성장 국가로 변모한다. 사회협약으로 노사관계가 안정되고, 이를 기반으로 공격적인 외자 유치 정책을 펼쳐 성장 잠재력을 확충한 것이다. 시행착오를 거치면서도 '기업하기 좋은 개방된 경제 건설'을 궁극적인 목표로, 이에 부합하는 재정, 기업, 기술, 교육, 노동, 대외경제 정책을 일관성 있게 추진한 것이 경쟁력의 핵심이었다.

독일의 경우 중소기업이 고용 창출, 국가경제 발전 및 산업 고도화를 실질적으로 주도하고 있다. 전문분야에 특화함으로서 기술력, 글로벌 제품군, 글로벌 기업수 등 양과 질 모든 면에서 다른 국가들과 비교가 안 될 정도의 경쟁력을 보유하고 있다. 정부는 중소기업들이 니치마켓에서 글로벌 리더로서의 위상을 확고히 하도록 집중 지원하고 있다. 중소기업들은 독일 경제의 지속적인 발전과 경쟁력의 원동력이다.

독일 정부는 최근 경기침체와 높은 실업률을 타파하기 위해 〈아젠다 2010〉을 발표하여 노동시장 유연성 제고, 세제 개혁과 조세 감면, 사회복지제도 개혁, 교육, 훈련, 기술 혁신 등의 슬로건을 내걸고 제2의 경제부흥을 시도하고 있다.

우리나라는 2003년 기준으로 1인당 GNI가 12,030달러로 조사대상국 중 49위(2005년 세계은행 보고서)이고, 국가군country group 설정 기준으로는 인구가 5,000만 명이 넘지 않는 중중국中中國에 해당되어 국토나 인구 등 전통적 국력 개념에서도 'middle power' 정도의 나라로 분류되고 있다. 우리나라와 규모가 비슷한 일류중국一流中國 및 강중국强中國들은 핵심역량을 장점으로 활용한 것을 특징으로 하고 있다. 즉 자원 동원 및 배분방식, 국가 목표 및 이익, 정부-기업 역할 등에서 '선택과 집중'을 통한 효율적 국가 역할과 국가 역량 강화 전략을 추진하였다. 대체로 후발국의 입장인 일류중국들은 국가와 기업의 협력관계를 유지하면서 단시일 내에 국가 경쟁력을 제고하기 위한 차별화 전략을 지속적으로 추진하고 있다.

현재 우리나라는 일류 국가로 도약하기 위한 국가 전략이 절실히 필요한 때이다. 일류중국, 일류국가의 길이 꿈만은 아니라는 것을 일류 국가들은 분명히 보여주고 있다.

# 03

# 한국호의 텐배거 전략

20세기가 '조직의 세기'라면, 21세기는 '개인의 세기'가 될 것이다. 21세기를 움직이는 원동력은 개인과 그 개인의 진취성이다. 창의적인 생각이 흘러넘치며, 리스크를 두려워하지 않고 미지의 세계에 도전하며, 사명감과 정열을 갖고 최첨단의 일을 이루어내려는 개인의 진취성이 모든 것을 말할 것이다. 대한민국의 텐배거가 한국호가 나아갈 방향이다. 진취적이고 창조적인 인재들이 한국호의 미래가 될 것이다.

우리는 되새기기 싫은 IMF 사태를 겪었다. 참으로 안타까운 일이었지만 소중한 경험과 지식을 축적한 것을 위안으로 삼을 수 있다. 론스타 등 헤지펀드의 국부 유출 및 모럴 해저드 시비에도 불구하고 은행과 대기업들의 부실채권 정리, 구조조정 등에서 법 지식, 선진 금융기법, 턴어라운드tum-around 경영방법 등 많은 노하우를 습득했다.

이렇듯 과거의 뼈아픈 경험에서 축적된 지식을 국가적 자산으로 활용해야 한다. 우리 금융인, 경영인, 법조인은 중국, 베트남 등 이머징 마켓에서 활동할 충분한 공간과 능력이 있다. IMF가 우리에게 남겨준 선물이다. 현지의 법과 제도를 응용하고, 축적된 금융과 경영의 노하우를 활용할 수 있는 지혜를 모아야 한다.

우리나라는 중국, 러시아, 일본과 접하는 동북아 교류의 통로이자 환태평양 진출의 중요한 거점에 위치하고 있다. 한편으로 꾸준하게 육성된 우수한 인재가 유일한 자원인 나라이다. 따라서 우리나라와 지정학적으로 비슷하고, 인적 자원 외에는 별다른 자원이 없는 독일, 네덜란드, 아일랜드, 스위스 등이 일류 국가로 발돋움한 사례를 눈여겨봐야 한다. 이들의 성장전략을 우리의 현실에 맞게 적절히 수용하는 것 또한 우리의 과제이다. 정부의 창조적인 리더십이 필요한 이유가 여기에 있다.

## 한국호 텐배거전략 ❶ 인재 육성이 최선책이다

우리나라는 분단국, 자원빈국, 협소한 국토 등 그야말로 사면초가의 형국이다. 다만 널리 구축된 디지털 인프라 외의 유일한 자원이자 핵심역량은 인적 자원이다. 한국인의 평균 IQ는 세계 최고의 수준이며 기능 올림픽에서도 1위의 자리를 놓치지 않는 저력을 가지고 있으니 말이다.

다행인 것은 지식이 직접 부를 창출하는 지식기반의 경제사회가 도래함에 따라 인재 육성에 국가의 모든 역량을 집중한다면, 골드만삭스의 예상을 뛰어넘어 2050년에는 미국을 제치고 1인당 국민소득이 10만 달러를 상회하는 명실상부 세계 초일류 국가가 될 수 있을 것이다.

우리의 현대사를 경제사적인 측면에서 살펴보면, 농업경제에서 산업경제로 이행되고 다시 산업경제에서 지식기반 경제로 전환하는 데 약 30년밖에 걸리지 않았다. 이에 대해 앨빈 토플러는 "불과 한 세대만에 제1, 제2, 제3의 물결을 모두 이뤄낸 나라"라고 말하며 한국에 대한 애정을 드러내기도 했다. 그가 예견한 '제3의 물결'이 가장 교과서적으로 맞아떨어지는 한국을 보면서 세계적 석학도 감탄할 수밖에 없었을 것이다.

## 인재육성책 ① | 인재가 최고의 경쟁력인 나라

세계가 인정하는 우리 경제의 성장 발판에서 빼놓을 수 없는 것이 바로 교육을 통한 인적 자원의 육성이다. 우리는 인적 자원의 개발을 국가 차원에서 전략적으로 접근한 몇 안 되는 나라 중의 하나이다. 높은 교육열을 바탕으로 교과내용 및 교과서의 제도화, 입시제도의 평준화를 통하여 양질의 평균적인 인재를 대량으로 공급하고자 노력했고, 국민 또한 교육을 국민의 의무로 이해하는 데 주저하지 않았다. 이러한 교육의 성공으로 산업화에 필요한 인재가 대량으로 공급되었고, 이는 고도성장의 결실로 이어졌다.

21세기의 새로운 도전 속에서 새로운 생각을 하는 인재가 요구되는 것은 당연하다. 새로운 변화의 시기에 많은 사람들이 지적하듯이 우리 교육은 몇 가지 문제점을 안고 있다. 가장 두드러지는 문제점은 '지식정보 사회' 혹은 '포스트 산업사회'로 이행하는 가운데 그것을 지탱하고 이끌고 갈 수 있는 인재가 성장하기 어렵다는 것이다.

새로운 인재는 단순히 경쟁에 이겨 사회적 성공을 거둔 사람을 말하지 않는다. 그는 변화와 미지의 세계를 두려워하지 않는 모험심과 호기심을 가지고 있고, 눈앞의 이익에서 벗어나 언제 일어날지 모르는 위험에 대해 책임을 질 줄 알아야 한다. 또 글로벌 마인드와 창조적인 사고를 갖추어야 한다. 이러한 인재는 지금의 획일화되고 제도화된 교육환경에서는 자라기 어렵다. 교육기술과 방법론의 다양화뿐만 아니라 교육을 받는 인간의 개성, 학생과 교사가 만나는 사회적인 환경 여러 가지 조건이 다양화되지 않으면 인재를 양성하기 힘들다.

이런 점에서 보면 우리의 교육 환경은 너무 획일화되어 가르치는 사람과 배우는 사람 모두가 긴장감을 잃게 됐는지 모른다. 학생은 교육환경, 교사, 학교를 스스로 선택할 수 없고 교사도 스스로 선택한 학생을 만나는 설레임이 없다. 평준화로 대표되는 우리 교육이 우리의 미래를 책임질 만한 활력과 자극을 지속시키지 못하는 것은 아닐까? 오히려 남다른 자질을 가진 미래 세대의 장애가 되지 않을까? 심각한 고민이 필요한 때이다.

토머스 코간 미국 MIT 교수는 "정부가 중심인 한국 교육은 권위주의적이고 명령하는 방식으로 이뤄지는 한계가 있다.", "혁신적이고 창의적인 인재를 양성하려면 민간의 참여를 확대하는 교육 시스템으로 바꿔야 한다."며 결국 국가와 기업이 살 길은 인재 육성에 있다고 강조했다.

자원이나 물적 자본이 경쟁국에 비해 현저히 부족한 우리 입장에서 인적 자원 분야에서의 실수는 돌이킬 수 없는 것이다. 지금은 과거 교육정책의 잘잘못을 가릴 때가 아니다. 자원이 풍부하고 국토가 넓은 국가들과 우리가 처한 인재 육성의 절실함은 차원이 다르다. 유일한 자원인 인적 자원을 글로벌 인재로 육성하여 부가가치를 높이는 것 외에는 국가 경쟁력을 높일 수 있는 실질적인 대안이 없다는 데 문제가 있는 것이다.

지자체, 기업 등과 연계된 특목고 설립, 자립형 사립고 육성 및 세계적인 외국 교육기관의 국내 유치 등 교육의 경쟁 시스템을 구축하는 제도의 혁신과 함께 학제 개편, 입시제도 등을 포함한 평준화 정책 전반에 대한 재검토가 필요하다. 이는 국가의 장기 비전 차원에서 고민해야 할 사안이다.

전문성과 창의성을 갖춘 인재를 양성해 360명 모두가 승자가 되는 다양화 시대의 교육 시스템을 구축한다면 얼마나 가슴 벅찬 일이 되겠는가. 우리의 미래가 인적 자원에 대한 투자와 그 성과에 달려 있다는 것은 아무리 강조해도 지나치지 않다.

## 인재육성책 ② | 교육의 경쟁 시스템으로 글로벌 인재 양성

양극화 해소, 국가 균형 발전, 성장과 분배, 동반 성장 등은 이 시대의 아름답고도 중요한 키워드이다. 이것들은 쉽게 해결될 성질의 것이 아니므로 얽힌 실타래를 풀 가장 근본적인 원인을 파악하는 것이 중요하다. 해결의 일차적인 실마리는 교육이다.

## 국내판 기러기 아빠

H라는 친구의 고민을 들어보면 좀더 이해가 쉬울 것이다. H는 시골에서 농사를 짓는 부모님의 희생과 땀으로 명문 대학에 진학했고, 성공적인 사회인으로 지식인으로 집안의 기둥이 되었다. 하지만 H의 최대 고민은 아이들 교육문제라고 한다.

그가 현재 살고 있는 지방 도시는 평준화 이후 경쟁력 있는 학교를 발견하기가 쉽지 않아서 결국 좀더 나은 교육환경과 좋은 대학에 입학시킬 기회를 아이들에게 주고자 강남의 8학군으로 주거지를 옮겼다. 엄청난 사교육비와 주거비에도 놀랐지만, 자신처럼 주거지를 강남이나 수도권으로 옮기고 주말에만 상경하는 가장들을 주변에서 쉽게 볼 수 있다는 것이 더욱 충격이었다고 한다.

그래도 H는 생활 형편이 나은 편이라 그러한 충격과 비용을 감당할 수 있지만 그렇지 못하는 다수의 가정을 보면서 평준화가 새로운 양극화를 양산할 수도 있겠구나 하는 씁쓸함을 느꼈다고 한다. 큰 아이가 명문 대학에 합격했다는 소식을 듣고 기뻐할 H의 모습이 눈에 선하다.

H는 비록 시골에서 학창시절을 보냈어도 지역별 고교입시제도의 경쟁체제 덕택에 비교적 적은 학비와 하숙비를 부담하고도 각고의 노력으로 원하는 대학에 갈 수 있었다. 결국 H의 성공으로 H 집안의 양극화 문제를 어느 정도 해소할 수 있었던 원천은 경쟁에 의한 교육 시스템이었던 것이다.

허나 지금의 현실은 강남 8학군으로 주소지를 옮길 수 있느냐에 따라, 부모의 재력에 따라 교육환경이 극심하게 차이가 날 수 있다. 이는 평등한 교육기회 제공이라는 '평준화'의 취지와는 분명 어긋나는 것으로 새로운 양극화를 초래하거나 기존의 양극화를 더욱 강화할 것이 분명하다.

개인이든 기업이든 경쟁의 원리가 도입되지 않으면 절대 성장할 수 없다. 교육의 경우, 지금의 평준화 정책에서 어떤 경쟁심리가 형성되겠는가?

학교, 학생, 지역, 더 나아가 국가 간 경쟁 시스템이 필요하다. 학생들의 수준을 상향하여 평준화시킬 수 있는 정책을 고민해야 한다. 경쟁으로 수준이 상향된 학생들은 세계 각국의 학생들과 경쟁하여 미국 아이비리그Ivy League 대학 등 외국의 명문 대학에 입학하게 될 것이고, 그 수는 점차 늘어나게 될 것이다. 이는 지식기반 사회인 21세기가 필요로 하는 글로벌 인재의 양성으로 이어져 국가 경쟁력을 배가시킬 것이다. 한편, 우수한 학생이 해외로 진출함에 따라 국내에 남아 있는 중하위권 학생들은 상대적으로 국내의 유수한 대학에 입학하여 양질의 교육을 받을 기회가 넓어질 것이다. 결국 중하위권 학생들의 입장에서는 일률적인 평준화 정책보다 더 큰 혜택을 보는 교육의 선순환 틀이 마련되는 것이다.

사회와 국민의 수요를 제대로 반영하지 못하는 제도는 뜻하지 않은 부작용을 초래하는 경우가 많은데, 대표적인 것이 평준화 제도이다. 강남 8학군을 보자. 지역 간 경쟁 시스템 부재로 대치동 등으로 교육수요가 몰리는 통에 서울 내에서도 강남과 강북의 부동산 가격이 엄청난 불균형을 이루고 있다. 수요와 공급 원리로 볼 때 불균형이 생기는 것은 당연한 현상이다. '악화가 양화를 구축한다.'는 말이 있듯이 교육과 전혀 관련이 없어 보이는 부동산 문제를 더욱 악화시키는 주범이 교육에 있다는 것을 인정해야 한다.

따라서 교육정책의 변화가 부동산 문제를 해결하는 키key가 되고, 우수한 인재들이 지역별로 골고루 분산되어 지역 균형 발전을 유도하게 된다는 주장은 결코 과장이 아니다. 한편 과열경쟁으로 인한 사교육비 문제는 국가 성장이라는 큰 틀에서 보면 부차적인 문제이다.

한국, 일본, 중국, 인도 등 아시아 국가들의 미국 내 유학생 수와 각국의 경제성장률을 비교해보면 유학생 수 증가율에 거의 비례하여 각국이 성장했음을 알 수 있다. 1990년대 초중반부터 일본이 겪은 10년 장기불황의 원인으로 유학생 수 감소, 즉 인적 자원에 대한 투자 부재를 꼽는 것은 우연이 아니다. 주변에서 조기유학을 성토하는 분위기가 심심치 않는데, 우리의 유일무이한 자원인 인적 자원 육성의 관점에서 볼 때 조기유학 자체는 문제가 될 수 없다. 오히려 단순한 유학, 어학연수의 수요를 국내에서 흡수할 수 없는, 적은 비용으로 양질의 어학 교육을 받을 수 없는, 우리의 교육 시스템을 질책해야 한다. 정부와 대학 위주의 공급자 주도 시스템에서 개인 및 사회의 needs가 주도하는 시스템으로의 전환이 필요하다. 교육 시스템과 정책이 문제이다.

독일은 제2차 세계대전 후 패전의 책임으로 연합군에게 국가를 통째로 넘길 때도 교육제도와 교육정책만은 끝내 양보하지 않았다. 그러한 열정과 교육에 대한 확신이 전후 독일을 다시 성장시킨 힘이 되었다. 중세시대부터 내려온 도제제도에서 볼 수 있듯이 교육과 훈련을 통해 우수한 인재를 양성해야 된다는 공감대가 정부뿐 아니라 일반 기업에도 폭넓게 문화로 정착되어 있었고, 이러한 폭넓은 공감대가 독일을 경제대국으로 이끌었던 것이다.

이른바 '지식기반 사회'에서 교육의 역할은 그 어느 때보다 중요하다. 다양성과 개성이 존중되며 새로운 가치 창조가 중시되는 시대, 변화의 속도를 예측할 수 없는 시대에 부단한 교육개혁은 필수적이다. 시대가 원하고 세계가 요구하는 개혁 없는 21세기의 우리 경제를 상상하는 것은 끔찍한 일이다. 한 마디로 교육 시스템이 지식기반 경제의 국가 경쟁력을 좌우한다.

최근 중국, 독일, 캐나다, 인도 등 주요국들은 각종 교육 개혁안에 관심을 기울이고 있다. 중국 교육부는 세계 100위권 이내에 드는 유명 대학과 연구기관의 지식인들을 자국으로 유입하겠다는 인재 유치 프로젝트를 발표했고, 독일은 IT분야 독일식tutor 아이비리그를 만들겠다는 계획이다. 캐나다는 미국에서 자국으로 들어오는 시민의 면세제도tax holiday를 도입하고 있고, 인도는 기업 환경에 맞춘 커리큘럼을 통한 교육으로 소프트웨어 최강국을 노리고 있다. 이들 개혁안의 공통점은 지식사회가 필요로 하는 우수한 인재를 발굴하고 길러낼 수 있도록 '평준화'가 아닌 '경쟁'의 원칙에 기초하고 있다는 점이다.

## 인재육성책 ③ | 한류의 원천, 우수한 인적 자원

지식기반 사회에서 '인적 자원이 기회요인의 전부'라고 주장하는 것은 절대 과장이 아니다. 인재 육성의 중요성은 '한류'를 비롯한 우리 문화산업의 성공궤적을 따라가보면 쉽게 이해할 수 있다. 인적 자원의 역량이 곧 기업과 산업의 미래와 직결된다는 점에서, 영화나 드라마 등 문화산업은 지식기반 사회의 특징을 가장 잘 드러내는 대표적인 산업이라 할 수 있다.

우리나라의 문화산업이 글로벌 경쟁력을 가지고 있다는 것은 이제 자랑이 아니다. 문화산업의 경쟁력 원천이 인적 자원에 있다는 것 또한 인정해야 한다. 문화산업은 인적 자원에 대한 투자가 거의 전부다. 즉 우리 문화산업의 글로벌 경쟁력은 각본과 연출 등 제반 분야에 수십 년에 걸쳐 우수한 인적 자원이 축적되고, 학벌이나 연공 서열보다는 능력에 의한 경쟁의 기회가 주어지는 시스템이 정착되면서 형성된 것이다.

경제학자인 피터 드러커는 "21세기는 문화산업에서 각국의 승패가 결정될 것이다."라고 주장했다. 경제전쟁을 지나서 '문화전쟁'을 이야기한 것이다. 지금껏 흔히 일회성 오락이나 즐거움을 제공하고 그 수명을 다하는 일종의 소비재로 인식되어 왔던 드라마와 영화가 이제는 인간의 창작활동을 통해 창출된 중요한 재화로서, 국부를 축적시키는 미래 산업의 축으로 자리매김하고 있는 것이다.

'해리포터', '반지의 제왕', '텔레토비'는 우리에게 익숙한 영국의 문화상품이다. 한때 '해가 지지 않는 나라'로 불렸던 영국은 문화산업을 통해 '제2의 대영제국'을 꿈꾸고 있다. '해리포터'라는 상품 하나가 천문학적인 돈을 벌어들여 영국의 무역수지 개선에 크게 기여했다니, 욕심 낼 만도 하다.

일본은 세계 애니메이션 시장의 65%를 점유하고 있다. '포켓몬'으로만 연간 수십 억 달러를 벌어들이고 있다. 가전제품의 세계적 브랜드인 소니Sony는 주력산업을 엔터테인먼트로 전환했다. "디지털 시대에 문화 콘텐츠를 잡지 못하면 소니의 미래는 없다."고 소니의 노부유키 회장은 말했다.

할리우드를 중심으로 하는 문화산업은 군수산업과 함께 미국의 2대 산업이자 수출 1위의 산업이기도 하다. 미국은 경제력만으로 초강대국이 된 것이 아니다. 세계인은 미국의 군사력보다 할리우드의 마법에서 벗어나는 게 더욱 힘들어보인다.

우리도 예외는 아니다. 시장을 개방하면 경쟁력 있는 미국 영화에 시장이 잠식될 것이라는 우려가 있는 것도 사실이다. 허나 우리 영화는 일정 부분 할리우드의 요구를 수용해 왔다. 스크린쿼터도 축소되었지만 승자는 국내 영화산업의 자생력이었다. 시장 개방이 글로벌 경제 환경의 대세일지 모르지만, 나는 우리 영화계의 뛰어난 인재들을 더 믿는다.

경쟁력 있는 개인들이 모여 만든 문화상품의 가치는 엄청난 시너지를 몰고 온다. 한류 열풍의 경제적 효과가 연간 30조 원에 이른다는 조사 결과도 있다. 드라마 〈겨울연가〉를 통한 관광유치 효과가 5,000

억 원에 이른다고 한다. 향후 한류 열풍의 경제적 이익은 예측 불가능하다. 수천 년의 역사에서 우리 문화상품이 이처럼 세계인의 뜨거운 주목을 받았던 적이 있었을까 싶다.

그동안 우리는 2천 년 가까운 세월 동안 중국문화를 수입했고, 20세기 이후로는 영어 문화권을 중심으로 한 서구 문화에 주눅들어 지내왔다. 연예 산업이 '한류'라는 문화 콘텐츠를 만들고 국익에 도움을 줄지 그 누가 상상했겠는가. 우리 문화의 역동성이 피부로 느껴진다. 이제 '한류'는 21세기형 성장전략이자 우리의 자긍심이다. 이 자긍심의 출발이 우수한 인재라는 걸 다시 한번 강조하고 싶다.

## 한국호 텐배거전략 ❷ 글로벌 니치리더를 만들자

틈새시장을 찾아내고 그 분야의 독보적인 기술력을 가지는 것은 기업인과 기업의 노력만으로 할 수 있는 문제가 아니다. 우선 특정 분야에서 세계적인 기업을 많이 보유하고 있는 국가들의 경제 시스템을 살펴봐야 한다. UN 세계무역 통계(2005)를 보면 세계 시장점유율 1위를 차지하는 우리 상품은 77개로 세계 13위에 해당한다. 독일 808개, 중국 787개에 비하면 초라한 수준이며 신흥 강국인 인도가 127개로 이미 우리를 추월했다.

## 글로벌 니치리더 전략 ① | 중소기업을 니치리더로 만들자

독일의 경우 세계 시장을 리드하는 500대 중소기업에 400개 이상의 중소기업mittel stand을 포지셔닝하고 있고, 글로벌 니치리더 기업은 5,000개가 넘는다. 이들 나라와 기업을 방문하면서 무엇보다 절실하게 느낀 것은 정부의 역할과 정책이었다. 지금까지 우리는 자원빈국으로서 상상을 넘어서는 성과를 이루어냈다. 누구도 의심할 수 없는 잠재력도 있다. 그러나 이것만으로는 부족하다. 수많은 중견기업을 글로벌 니치리더로 만든 독일 정부의 리더십은 벤치마킹의 대상이 되기에 부족함이 없다.

그렇다고 만능 정부, 큰 정부를 원하는 것은 아니다. 미래를 여는 창조적 리더십과 공정한 가치분배를 통하여 대기업과 중소기업 간의 이해관계를 조정하는 리더십을 보고 싶은 것이다. 한편 대기업이 국가 경쟁력 강화에 일익을 담당하고 있다는 것은 부인할 수 없는 사실이다. 중소기업과 상생관계를 잘 이행하고 있는 대기업에게는 규제보다는 다양한 인센티브를 부여하는 등 실질적인 지원과 함께 독려하고 지도하는 포지티브 정책을 펼쳐, 중소기업에 대한 지원을 유도하는 지혜가 필요하다.

사실 중소기업만의 노력과 기술력으로는 해당 분야의 글로벌 리더가 되기 어렵다. 기술변화의 속도가 점점 우리의 상상을 뛰어넘고 있고, 기술의 융합화, 기술수명의 단기화, 기술개발투자의 거액화는 최근의 일반적인 현상이다. 기술, 자금, 인재 그리고 변화의 틀을 만들고 변화를 유도하는 조정능력과 대기업의 협조를 끌어내는 정부의 새로운 리더십을 기대하는 이유가 여기에 있다. 기술변화의 속도에 대응하거나 새로운 니치 기술을 개발하여 글로벌 리더로 만들기 위해서는 중소기업에 대해 R&D, 설비구매 지원, 기술 공여 및 산학연 공동 개발 등의 정책적인 지원이 선행되어야 할 것이다. 대기업 구매조건부 신제품 개발사업 확대, 장기계약, 납품 단가 적정화, 발주 안정화, 대금 결제조건 개선, 대기업의 우월적 지배를 이용한 부가가치 독점 제한 등의 현실적인 환경개선책도 뒤따라야 한다.

아울러 변동비만 커버하면 덤핑 입찰할 수밖에 없는 중소기업의 현실에서, 현재와 같은 무한 경쟁 시스템은 공정하고 투명한 자율경쟁이라는 본래 취지와는 달리 대기업의 단가 인하 전략으로 악용될 소지가 크다. 따라서 무차별 최저입찰제가 아닌 대기업과의 상생시스템을 구축하여 재무상태, 신용도 등을 감안한 제한된 입찰제도로 전환시키는 등 실질적이고도 효율적인 지원책을 유도해야 한다.

독일의 중소기업 지원책을 보면, 경쟁의 모토가 근간을 이루는 가운데 자생력을 갖출 때까지는 정부가 가이드라인을 정해 보호해주고 있다. 이런 실질적인 정책과 함께 우리도 중소기업 '청' 을 중소기업 '부' 로 승격시키는 것과 같은 정부의 신념과 적극적인 실행의지를 중소기업인들에게 보여줄 때가 아닌가 생각한다.

현재 중소기업이 국민 경제에서 차지하는 비중은 양적인 측면에서는 절대적이다. 중소기업은 사업체 수의 99.8%, 고용의 87%를 차지하고 있는데, 중소기업의 취약한 경쟁력은 결국 한국 경제의 본질적인 문제가 될 것이다. 세계 경제 질서의 변화와 함께 중소기업의 국제 경쟁력 확보는 이젠 남의 얘기가 아니다. 글로벌 니치리더가 되지 못하는 기업, 핵심역량을 찾지 못해 '온리원' 기업이 되지 못하는 기업은 지속적으로 퇴출될 것이다.

글로벌화가 진전되고, 중소기업이 질적으로 발전하여 관련 종사자들의 경제적 수준과 삶의 질이 향상된다면, 이는 바로 우리 사회의 중산층을 두텁고 단단하게 하는 무엇보다 중요한 순기능을 하는 것이다. 또한 중소기업의 성장은 대기업을 초일류 기업으로 밀어 올리는 초석을 제공하여 산업구조의 효율화에도 기여하게 될 것이다.

중소기업은 21세기 무한 경쟁 시대의 희망이 되는 것은 물론 양극화 시대에 경제 성장과 사회 통합의 안정축이 될 수 있을 것이다.

## 글로벌 니치리더 전략 ② | 벤처기업을 키우자

벤처기업은 첨단기술 산업을 중심으로 기술개발과 혁신을 통해 고수익을 추구하는 특성을 갖고 있어, 앞으로 우리나라의 경제 성장에 공헌하는 주요 원천이 될 것이다. 벤처기업은 부가가치가 높은 미래형 산업에 집중적으로 투자함으로써 산업 전체의 기술 기반을 강화하고 기술 수준 향상에 기여한다. 기존 분야 외의 새로운 분야를 주요 진출 대상으로 하여 신규 고용창출 효과도 매우 크다. 수입 대체 효과로 국제수지 개선에도 긍정적인 효과를 미치며, 기술개발로 인한 산업 생산성 증가 및 비용절감 효과도 기대할 수 있다.

1997년 「벤처기업 육성에 관한 특별조치법」이 제정되어 벤처기업 육성을 위한 토대가 마련되었다. 벤처기업은 정부가 지원을 본격화한 1998년 이후 급격히 증가하다가 2001년도를 정점으로 감소 추세를 보였다. 2005년도 4월 말 현재 벤처기업 수는 8,525개로 다시 증가 추세를 나타내고 있다.

1997년 IMF 경제위기 극복과정에서 2000년도 중반까지 우리는 한 차례의 벤처 붐을 경험했다. 하지만 수익모델이 불확실하고 국내외의 경쟁시장에 착근하지 못한 상태에서 경기 침체가 장기화되자 벤처기업의 근간은 뿌리부터 뒤흔들렸다. 코스닥 주가는 폭락했고, 코스닥 등록 기업에 대한 기업들이 비리 사건에 연루되면서 시장의 불신은 심화되었다. 벤처 투자 분위기가 냉각되고 이에 따라 벤처 시장이 더욱 위축되는 악순환이 계속되었다.

그러나 벤처기업과 시장의 접목, 발전과정에 나타난 부작용들은 관련 제도 정비 및 시스템의 개선으로 해결할 수 있는 하위 개념으로 봐야 한다. 이런 부수적인 문제로 벤처기업 지원 시스템 자체의 뿌리가 흔들린다면 우리의 미래는 한 치 앞도 내다보지 못할 것이다. 벤처기업에 대한 지원과 관심은 국가 텐배거 달성을 위해서 '정책적으로' 계속해서 추진되어야 할 상위 개념인 것이다.

우리의 잠재력은 무한하다. 게임, 인터넷 포털, 소프트웨어, 모바일폰 등 IT산업은 세계적 수준이다. 우수한 인적 자원과 공정한 경쟁으로 한류라는 가치를 창조하며 글로벌 산업화에 성공하고 여전히 진화하고 있는 CT산업을 거울로 삼을 필요가 있다. 특히 우수한 인재들과 선진국에 뒤지지 않을 만큼 지식이 축적되어 있는 의료계, 법조계, 자산 운용업계 등 지식기반 서비스 산업 분야는 세계적인 역량을 갖추어 제2의 한류를 창조할 가능성이 높다.

예를 들어, 한때 일부 교수들의 부적절한 사례에도 불구하고 BT산업은 세계적 경쟁력을 확보할 수 있는 산업 중의 하나이다. 우리 의학계에는 세계 어느 나라보다도 유능한 인적 자원이 많이 몰려 있다. 공부 좀 한다는 유능한 인재들이 의과대학에 몰리는 것은 안타까운 현실이지만, 역으로 이런 양질의 인재들과 의학계의 축적된 지적 산물을 활용하여 세계적인 BT산업 강국으로 연결시키는 선순환 구조를 만드는 지혜가 필요하다.

이미 의학계의 인재들과 지식인들이 BT분야 벤처기업을 창업하거나 다국적 기업 CEO로 진출하는 등 바람직한 현상을 보여주고 있다. 이들이 조기에 뿌리를 내릴 수 있도록 지원하고, 여기서 얻은 성과를 기업과 국가의 부 창출로 이어지게 하는 시스템을 구축해야 한다.

이런 지식기반 서비스 산업을 차세대 국가 성장동력으로 집중 육성하려는 정부의 의지만 있다면 현 경제 원로, 정부 리더들이 우려하는 향후 한국 경제의 위기감을 불식시킬 수 있을 것이다.

오늘날 한국의 현실을 볼 때 기술력 있는 중소기업은 물론 벤처기업 육성의 중요성은 더욱 커지고 있다. 벤처기업 정책에서 놓치지 말아야 할 것은 고위험high risk과 투자손실 문제인데, 실패한 유망 중소 벤처기업 지원 비용을 매몰비용sunk cost으로 취급해서는 안 된다. 또 다른 기업의 기술 및 창업을 위해 활용되는 투자자산이라는 인식이 매우 중요하다고 본다. 회계상으로 표현하자면 국가 차원의 연구개발비R&D라는 대승적인 인식의 전환이 필요하겠다.

앞서 말했듯이 21세기는 '개인의 세기'이다. 무엇보다 먼저 개인이 벤처정신을 갖고 자신의 비즈니스모델을 세우는 게 필요하다. 그 다음 그런 기회는 누구에게나 평등하게 보장되어야 하는 것과 동시에 '다시 도전할 수 있는' 환경을 만들어 주는 것도 중요하다. 한 번의 실패로 그 후의 인생을 헛되게 한다면 도전하려고 하는 의욕을 꺾을지도 모른다. 그렇다고 도전하나 안 하나 같은 결과라면 무리해서 도전하지 않을지도 모른다. 어려운 일이지만 이러한 균형을 잡아야 한다.

이러한 틀을 만드는 것은 일차적으로 정부의 몫이다. 기업인의 도전정신 측면에서 보자면, 우리의 현실은 암울하다. 우리 국민이 가지는 평등의식의 일반화라는 제약보다 규제 일변도의 정책이 우리의 마음을 더 어둡게 한다. 안정적인 시스템 위주의 국가 설계 단계는 이미 지나갔다. 미래의 불안을 국가가 일목요연하게 조정할 수 있는 단순한 시대도 아니다. 기업인의 창의적인 도전에 집중해야 할 시기이다.


### 글로벌 니치리더 전략 ③ | 새로운 성장동력, 특화niche 금융 허브

세계 증시 사상 최대 규모로 떠들썩했던 중국 공상은행의 기업 공개 IPO로 골드만삭스는 39억 달러를 벌었다. 우리나라의 금융회사는 참여조차 하지 못했다. 우리나라 증시에 상장된 외국 기업은 단 한 곳도 없다. 채권시장에서 외국인 비중은 전체 채권 발행액의 0.6% 수준이다. 높은 교육수준에도 불구하고 우리나라의 금융 전문인력은 글로벌 시장에서 인정받지 못하는 현실이다.

제조업 위주의 산업에서 벗어나 인프라가 구축된 서비스 산업과

IT, BT, NT 등 첨단기술 산업의 육성이 시급하다는 것은 이미 오래전부터 이야기되어 왔다. 특히 금융산업은 그 자체가 고부가 가치 서비스 산업이자 법률, 회계 등 관련 서비스 산업에 미치는 영향이 크다. 펀드 평가 등 후선 지원 업무back office와 같은 부수산업이 많아 고급 인력의 고용창출 효과가 매우 높을 뿐 아니라 경제를 소프트하게 만드는 역할을 한다. 이런 이유로 각국은 금융산업과 금융 허브를 차세대 성장동력으로 꼽는 데 주저하지 않는다.

가장 큰 금융 허브는 월스트리트와 런던시티로 상징되는 뉴욕과 런던인데, 최근 그 위상의 재평가로 희비가 엇갈리고 있다. 세계대전 이후 세계 1위의 금융 허브의 지위를 잃었던 영국은 1986년 이른바 '금융 빅뱅'이라 불리는 경쟁 촉진책을 통해 금융 허브 재구축에 성공한 반면, 미국은 높은 상장 및 소송비용에 부담감을 느낀 상장사들의 탈출 러시에 위기감을 느끼고 있다. '영원한 승자는 없다.'는 역사의 진리가 느껴진다.

특정 분야의 거래 중심지가 되는 특화 금융 허브도 있다. 프라이빗 뱅킹PB에 강한 스위스 취리히, 자산운용이 발달한 보스턴, 선물시장이 발달한 시카고가 대표적이다.

금융 허브 경쟁의 아시아판도 뜨겁다. 잃어버린 10년을 뒤로 하고 일본은 최근 '금융 서비스 국가'를 주창하며 금융개혁에 올인하고 있다. 자본시장의 '엘도라도'인 중국은 전통의 금융 허브 홍콩과 떠오르는 별 상하이 간의 내부 경쟁이 심하다. 싱가포르는 '아시아의 금융 허브'로서의 우월적 지위를 지키기 위해 열심이다. 최근 급성장하고 있는 인도를 배후기지 삼아 프라이빗 뱅킹을 통한 '아시아의 스위스'

를 꿈꾼다. 말레이시아는 오일머니 증가에 따라 늘고 있는 이슬람채권 발행을 중개하면서 금융 허브에 지대한 관심을 높이고 있다.

뉴욕이나 런던처럼 오랜 세월에 걸쳐 다듬어진 법적 · 제도적 인프라를 바탕으로 한 글로벌 허브와 달리, 특화 금융 허브niche hub는 정부가 인위적으로 정책을 추진하면 비교적 단기 육성이 가능하다. 호주가 좋은 사례이다. 호주 정부는 퇴직연금제를 바탕으로 자산 운용업, 벤처 캐피탈 분야에 집중하는 '아태지역 금융 허브화 전략'을 추진했다. 그 결과 자산 운용업의 발전이 두드러졌는데, 호주가 보유하고 있는 운용자산은 6,360억 달러로 현재 아시아 1위, 세계 4위다. 무디스Moody's에 의하면 호주는 금융분야에서 영국과 미국, 캐나다, 프랑스에 이어 세계에서 다섯 번째의 경쟁력을 보유하고 있는 것으로 평가받고 있다.

동북아지역을 중심으로 한 특화 금융 허브가 우리의 미래 모습이다. 전 세계 외환 보유액의 60% 이상이 동북아에 집중되고 있다. 큰 기회이지만 우리의 금융 위상은 매우 낮다. 세계적 금융회사의 아시아 지역본부는 대부분 홍콩과 싱가포르에 있다. 우리의 금융 위상이 낮은 이유로는 높은 규제의 벽, 경직된 노동시장, 영어 구사능력의 미비 등이 지적되고 있다. 하지만 세계 10위 수준의 GDP 등 실물경제와 자본시장의 규모를 볼 때, 금융 허브의 양적 잠재력은 충분하다.

특히 자산 운용업을 주목하자. 호주의 경우 퇴직연금제를 도입하면서 역량이 효과적으로 강화됐는데, 우리의 발전 가능성과 잠재적 자산 운용 능력이 호주에 뒤질 이유가 없다.

IMF, 론스타, 소버린 사태 등을 겪으면서 금융 시스템이 세계 수준에 접근하고 있으며, 유능한 인재들도 지속적으로 유입되고 있다. 특히 자산 운용 부문은 인적 자원의 우수성에 비춰 외국 기관투자가와 비교해볼 때도 양적, 질적인 면에서 결코 뒤지지 않을 역량을 갖추어가고 있다.

우리 국민들의 부동산에 대한 선호는 유난하다. 가계의 금융자산 비중이 낮다는 것은 산업자본으로 재투자되는 비율이 낮다는 것으로 국민경제 차원에서 보면 바람직하지 않다. 금융자산도 안전자산인 예금, 보험 등으로 편중되는데, 투자자산은 안전자산에 비해 리스크는 있지만 혁신적인 성장산업에 투자되는 것이 일반적이므로 투자자산의 비중이 낮다는 것 역시 바람직하지 않은 현상이다. 우리의 자본시장이 실물경제 규모에 걸맞게 성장하지 못하고 있으며, 기업 금융financing에 이바지하는 부분도 크지 않은 것이 현실이다.

최근 정부는 자본시장 통합법을 제정하면서 글로벌 경쟁력을 갖춘 투자은행을 육성하여 자본시장을 선진국 수준으로 육성하고자 하는 의지를 보이고 있다. 매우 바람직한 현상이다. 우리 경제가 저성장의 함정에 빠져들어가고 있는 것은 실물경제와 금융시장의 연결고리가 붕괴되어 풍부한 유동성이 생산적인 부문으로 유입되지 못하기 때문이라는 것이 평소의 생각이었다. 자본시장의 성장을 통해 시중의 부동자금이 실물부문에 투자되도록 하는 금융 선순환 구조를 확립해야 할 것이다.

자산 운용업의 경우 신성장산업, 기술집약적 혁신산업 등에 대한 원활한 자금 공급 기능을 통해 산업의 고도화에 기여할 것이다. 한편 저금리 지속과 저출산, 고령화 현상의 심화로 노후생활을 대비하고자 하는 국민들이 늘어나면서 가계자산의 축적은 필수가 되었다. 이는 효율적인 투자수단의 수요가 증대하게 된 것을 의미하는데, 자산 운용 능력이 국민들에게 광범위한 영향을 주게 되는 것이다. 자본시장 성장에 따른 이익을 투자자 개개인이 향유할 수 있도록 다양한 투자 수단을 제공함으로써 중산층의 육성과 확대에도 직접적으로 기여하게 될 것이다.

자산 운용업의 경쟁력에 관심을 집중할 때이다. 투자자 보호를 위한 규제 이외의 영업 및 펀드 운용 관련 규제를 철폐하거나 대폭 완화하는 것이 그 출발점이다. 외국인의 시선은 높은 규제의 벽에 가 있다. 펀드의 형태, 운용대상 등도 제한적 열거주의에서 포괄주의로 전환하여 다양한 투자자의 수요를 충족시켜야 한다. 사모투자펀드PEF가 보다 활성화되도록 투자자 확대를 유도하고 자산 운용상의 규제를 완화해야 한다. 이와 같은 제도 개선이 금융기관 및 연기금의 국제 경쟁력을 한 단계 업그레이드시키고, 선진 투자기관에 버금가는 운용성과로 이어지도록 해야 한다. 아울러 외국 기업의 국내 진출을 용이하게 하기 위한 친화적인 환경 조성 등의 실질적인 노력도 뒤따라야 한다. 이런 전략적 대응으로 선진 금융기법, 신금융상품 도입 등을 통해 금융 허브를 구축하는 기회로 삼아야 한다.

국민연금 등 각종 연기금의 자산 운용 역량 강화 및 선진 운용 시스템 구축 등 국제 경쟁력의 틀을 기반으로 한 특화 금융 허브가 우리의 미래이다.

경쟁의 범위를 국내시장에서 세계시장으로 넓힐 시점이다. 국내의 기업 환경은 불확실성이 심화되고 있다. 외국인의 직접 투자는 제자리 걸음을 하고 있고, 펀드 자본주의의 영향으로 경영권 유지를 위한 자사주 매입으로 기업의 설비 투자는 감소하고 있다. 성장 잠재력이 저하되고 있는 현재의 환경을 안타까워만 하고 있을 때가 아니다. 자금 조달financing과 경영에서 글로벌 역량을 갖춘 대기업과 중소기업들은 새로운 성장기반과 리스크 관리를 위해 적극적으로 해외로 눈을 돌려야 한다. 해외에서 부를 창출하는 시스템을 구축해야 한다.

글로벌 기업인 인텔, 월마트 등은 국내외의 경쟁을 넘어서 협력을 통한 기업생태계business ecosystem를 만들고 전체 생태계가 함께 발전하면서 장기적으로 성장했다. 최근의 산업계는 공급자, 생산자, 구매자, 판매자의 모든 유통과정과 재고를 함께 효율적으로 관리하는 공급망 관리SCM와 원자재공급사, 하청업체, 아웃소싱업체, 제조업체 등을 동시에 관리하는 린Lean 생산방식에서 볼 수 있듯이 전체의 틀에서 관리하는 시스템, 즉 윈윈하는 기업생태계를 구축하는 것이 하나의 트렌드이다. 단순한 하청이 아닌, 장기적이고 효율적인 상생의 틀에서 바라보는 전략적 아웃소싱도 같은 흐름이다.

이러한 21세기의 생태 중심적인 시스템적 사고는 국가 간, 산업 간에도 필요하다. 이런 점에서 정부가 추진 중인 패키지형 해외 자원 개발은 매우 바람직하다고 할 수 있다. 해외 자원 개발은 총성 없는 전쟁이다. 광구를 소유한 나라는 보통 자원대국이면서도 상대적으로 산업 인프라가 발전하지 못한 경우가 많다. 이 경우 광구 개발업체가 홀로 광구 지분 인수에 나서는 것이 아니라 건설업체, 플랜트 업체가 동반 진출하여 해당 국가의 기간산업 발전에 기여해주면서 대형 광구를 확보한다는 것이다. 이는 양질의 유전, 가스전, 철광석 등의 대형 광구를 선진국의 초일류 기업이 선점하고 있는 현실에서 니치nitch 광구를 타깃으로 할 수밖에 없는 상황에 비춰볼 때 윈윈하는 국가 생태계를 만드는 뉴 패러다임의 모델이라 할 수 있다.

중국과 베트남 등 동남아 국가들의 기업 환경도 최저임금제, 환경규제 강화 등을 도입하거나 추진하면서 빠른 속도로 변화하고 있다. 저렴한 인건비, 환경규제 회피 등을 이유로 해외로 공장을 이전하는 것은 근시안적인 사고이다. 우리의 어려움을 남에게 떠넘기는 산업정책은 장기적으로는 부메랑이 되어 돌아올 것이다. 이에 대한 보완책으로 국가 생태계의 관점이 필요하다. 산업구조가 취약한 동남아 시장의 경우 기술력 있는 산업과 기업이 현지에 진출하여 현지 국가의 산업과 기술발전에 기여하면서 현지 자본시장에 상장listing하는 등 현지화 전략을 통해 장기적으로 현지 국가와 과실을 공유하는 것이 중요하다. 단순히 제조하고 판매한 이익금을 과실 송금 받는 수준으로는 현지 국가들로부터 외면당하는 시간만 당길 뿐이다. 금융, 제조업의 산업 간 융합convergency을 통해 부를 창출하고 서로 윈윈win-win하는 복합적이고 창조적인 사고와 전략이 요구된다.

글로벌화를 위해서는 현지 지점, 법인 형태의 진출도 필요하지만 M&A나 전략적 제휴를 활용하여 현지화하는 한 단계 업그레이드된 전략에 집중할 필요가 있다. 전반적으로 중국의 은행들은 한국보다 열악하지만 중국 정부는 자국의 풍부한 유동성을 활용하여 외국의 은행들을 인수하도록 중국 은행들을 독려하고 있다. 금융시장 개방에 따른 글로벌 은행들과의 치열한 경쟁에 대비하여 선진 금융기법을 확보하면서 덩치를 불리는 것이다. 매우 발 빠르게 움직이고 있는 것이다.

국내 은행들도 변해야 한다. 해외에서 단순한 금융 서비스를 제공하는 것에 만족해서는 안 된다. 금융산업을 기업에 대한 정책지원 수단에서 부가가치가 높은 지식기반 서비스 산업으로 인식을 전환해야 한다. 1990년대 내수시장의 성장에 한계를 느끼고, 국내의 금융 규제를 회피하고 리스크를 분담하기 위해 해외로 진출한 후 M&A를 통해 글로벌 은행으로 도약한 씨티 은행, HSBC 은행 등의 사례를 벤치마킹해야 한다. 중규모 은행 인수 등 M&A 전략을 활용해 지리적, 문화적 접근이 용이한 중국, 베트남 등 동남아시아 지역으로의 진출을 고려해볼 만하다. 한계에 봉착한 국내 시장을 벗어나 국내 기업, 산업에 기여하고 은행 이익의 상당 부분을 해외에서 창출하는 우리의 글로벌 은행을 만나고 싶다.


독일 정부는 자국의 중소기업이 해외 시장에서 최고의 경쟁력을 유지하는 데 최우선의 정책적 관심을 갖고 지원을 하는 한편, 해외 진출을 지속적으로 강화하여 글로벌 니치리더의 위상을 확고히 하는 데 온 힘을 쏟고 있다. 그 결과는 국가 경제의 지속적인 발전과 국가 경쟁력으로 이어지고 있다. 프론티어정신이 개인에게만 요구되는 것이 아니다. 우리 정부도 해외에 진출하거나 외국 기업을 M&A하려는 기업들을 위하여 규제완화, 자금 지원 등 제도적 뒷받침을 하는 동시에 세계를 무대로 발로 뛰는 역동적인 모습을 보여줬으면 하는 바램이다.

### 한국호 텐배거전략 ④  정부의 텐배거 리더십

최근 세계은행은 2025년에는 아시아권이 세계 GDP의 50%를 넘을 것으로, 미국 외교협회에서는 세계 인구의 절반 이상, 세계 경제의 40%, 정보기술 산업의 절반 이상의 역량이 아시아에 존재하게 될 것이라고 전망했다. 아시아 입장에서는 고대문명을 주도했던 찬란한 과거의 영광을 되찾는다고 생각할 수 있을 정도의 전망이다.

중국은 종이, 화약, 나침반, 인쇄술의 4대 발명품으로 세계 문명을 선도했다. 콜럼버스보다 앞선 1405년부터 정화 장군을 선발대로 대규모 원정항해를 일곱 차례나 할 만큼 세계를 경영하겠다는 야욕은 컸다. 그러나 중국은 그 뒤로 계속 폐쇄정책을 펼쳐 농업경제사회로 회귀하며 수확체감의 경제기반으로 전환됨에 따라 세계대권에서 역사의 뒤안길로 물러난 아픈 역사를 가지고 있다.

반면 문명후진국이었던 영국은 근세국가에서 근대국가로 이행되던 시기, 프랑스가 종교박해라는 이념 논쟁에 휘말려 있을 때 기술자 우대 이민정책으로 대표되는 정부의 혁신적인 리더십이 발휘되었다. 그 후 약 100만여 명의 기술자가 유입되어 19세기 산업혁명을 태동시킨 원동력이 되었다. 널리 알려진 것처럼 제임스 와트가 증기기관을 개발해서 산업혁명이 일어난 게 아니라 기술자 우대 등 인재를 중시하는 정부의 정책이 배경이 되어 산업혁명으로 이어졌다고 보는 것이

보다 타당하다. 한편 이런 영국의 산업혁명에 자극받은 독일도 기술자들에게 파격대우를 해 당시 베를린 시내 거주자 중 20%가 외국기술이민자였다고 한다.

이때 영국은 독일로 빠져나가는 기술자들을 막는 정책을 썼으나 역부족이었고, 독일은 산업사회 초기의 기술력을 기반으로 오늘날 기술대국의 근간을 이루었다. 아이러니하게도 타이거 탱크, 전투기, V로켓 등을 개발하여 세계대전을 주도했던 기술기반이 전후에는 포르쉐, BMW, 벤츠 등 글로벌 기업을 만든 원동력이 된 것이다.

일본 또한 전후 유럽 기술자들의 초청 비용으로 예산의 1/5을 책정하는 등 기술개발에 대한 범국가적인 지원정책을 갖추었다. 이를 토대로 1950년대 '근으로 달아서 팔아야 한다'라는 저품질의 수모를 당했던 제품이 가격, 품질 면에서 세계 1등의 인지도를 얻었고 마침내 세계 2위의 경제대국이 되었다.

경제학자들은 전후 50년간 미국 경제 성장의 배경으로 해외의 우수한 과학자와 기술자 등 인재를 흡수할 수 있는 사회적 문화를 조화롭게 이끌어낸 정부의 리더십에 집중했다. 미국의 경우 패전국 독일의 과학자, 기술자를 적극 영입해 NASA를 구성하는 등 포용적이고 핵심역량에 집중하는 정책을 펼쳤다.

자원이 부족한 스위스, 일본은 천연자원이 풍부한 러시아보다 풍족한 경제력을 가지고 있다. 석유 한 방울 안 나는 이스라엘이 중동의 산유국보다 더 높은 1인당 국민소득을 가지고 있다. 20년 동안 이루어진 세계 97개국의 경제성장을 조사한 결과, 천연자원이 빈약한 나라가 더 성장했는데, 가장 빠르게 성장한 18개국 중에서도 자원부국은 단 두 나라에 불과했다.

이렇듯 경제 성장을 이루어낸 배경에는 국가의 혁신적인 리더십이 있었다. 역사적 사실에서도 알 수 있듯 국가의 리더십은 한 국가의 미래를 결정할 만큼 중요하다 하겠다.

## 정부의 텐배거 리더십 ① | 연기금 개혁 없이 장밋빛 미래는 없다

앨빈 토플러는 『부의 미래』에서 미국, 일본 등 선진국들이 겪을 대표적인 위기의 하나로 연금 고갈 문제를 지적하고 있다. 연금개혁과 기금 운용의 성공 여부는 고령화 문제의 해결, 국내 금융산업의 발달, 정부 재정의 안정성, 장기적인 경제의 활력 유지까지 폭넓은 연결고리를 갖고 있다. 위기와 기회의 두 얼굴을 극단적으로 보여주는 것이다.

국제통화기금IMF은 최근 〈한국 경제의 주요 이슈〉라는 보고서에서 현행 시스템이 지속될 경우 지금 노동시장에 진입하는 근로자가 은퇴할 무렵인 2043년경에 국민연금 재원이 다 소진될 것이라고 전망했다. 연금개혁 없이는 잠재 성장률 유지와 장기 재정 안정을 담보할 수 없다는 지적이다. 연금개혁에 대한 공감대가 형성되고 실제 개혁이 뒤따른다면 '재정 안정화'와 함께 국민연금의 기금 규모는 매우 빠른 속도로 확대될 것이라는 데 반론의 여지는 없다.

2006년 말 190조 원의 기금을 적립한 국민연금 규모는 선진국의 대형 연금들에 필적한다. 미국 최대의 연기금으로 불리는 캘리포니아 공무원 퇴직연금(캘퍼스, CalPERS)의 운용 규모는 190조 원이다. 대표적인 연기금인 네덜란드ABP(네덜란드 공무원 연금)가 240조 원, 캐나다

CDP(퀘백주 연금)가 185조 원을 운용하고 있다.

우리나라의 국민연금은 세계적인 규모와는 달리 자산배분 능력이나 수준은 극히 초보적이다. 자산의 상당부분이 채권에 몰려 있고 해외 투자와 대체투자의 규모는 매우 미미하다. 반면에 선진국 연기금의 자산배분은 채권 이외의 자산에 투자의 중심을 두고, 특히 부동산이나 상품 등 대체투자에 매우 적극적이다. 2006년 말 현재 국민연금의 87%가 채권에 쏠려 있는데, 캘퍼스 등 선진 연금들의 채권 비중은 30% 안팎에 불과하다. 해외투자도 많은 차이를 보이는데, 우리나라와 같이 자국의 금융시장이 협소한 스웨덴 국가연금AP은 해외투자 비중이 67%에 이를 정도이다.

채권과 국내 투자를 위주로 한 국민연금의 2005년 기준 최근 3년 평균 수익률은 연 6.47%이다. 캘리포니아 공무원 퇴직연금은 1990년 초반 쌍둥이 적자, 2000년 초 IT버블 붕괴와 9.11 테러 당시를 제외하면 연 15~20%의 높은 수익률을 실현했다. 캐나다CDP의 2005년 수익률은 14.7%, 네덜란드ABP가 12.8%, 스웨덴AP가 17.4%에 달한다. 이러한 해외 연기금의 초과 수익은 대부분 주식과 대체투자에서 나온 것으로 분석되고 있다. 대표적으로 네덜란드ABP의 경우를 보면 채권 수익률은 4.3%에 그쳤으나 주식과 대체투자에서 20.8%의 높은 수익을 올렸다.

기금 운용의 변화와 방향은 명백하다. 연금의 투자 다변화가 그 기본축이 될 것이다. 해외투자 확대를 포함하여 대체투자의 활성화가 필요한데, 이는 투자의 폭과 질이 지속적으로 확대되는 것을 의미한다. 아울러 다변화에 대한 리스크를 관리할 수 있는 능력과 시스템에도 관심을 가져야 한다. 한편으로 외부 위탁 운용에 대한 원칙을 정립해야 한다. 운용 수탁자에 대한 전문성을 검증하고 수탁의 투명성을 확보하는 시스템을 갖춰나가야 한다. 수탁 규모는 대형화해야 하며 기간도 장기화하는 방향을 찾아야 한다. 성과의 평가기간이 짧을수록 자산 운용이 지나치게 보수화되거나 목표 수익률 달성을 위해 단기 위험 자산에 투자할 가능성이 높다는 것을 인식해야 한다.

결론적으로 국가의 미래를 위한 연기금 운용 시스템은 최소한 세 가지 정책 변화 내지 시스템 개선이 필요하다.

첫째, 국내외 투자에 대한 규제 완화가 시급하다. 연기금의 최종 감시자인 정부와 국회는 목표, 운용의 큰 틀만 제시하고, 실제 운용은 글로벌 연기금 운용 스탠더드에 맞춰지도록 조속히 제도를 개선해야 한다.

둘째, 고유 업무와 운용조직의 분리이다. 연금 지급 등 고유 업무는 현행대로 유지하되, 운용부문은 분리하여 운용조직의 독립성, 운용방식의 객관성 확보 및 철저한 리스크 관리 시스템을 구축해야 한다. 즉 민간 운용위원회는 전직 관료가 아닌 실질적인 민간 운용 출신 전문가를 활용하여 선진 투자은행 자산 운용기법과 리스크 관리체계를 응용하며 수익을 극대화하는 전략적 자산 운용 시스템을 정착시켜야 할 것이다.

셋째, 파격적인 인센티브 제도를 두려워해서는 안 된다. 자산 운용은 운용자와 운용팀의 역량에 따라 수익률에 엄청난 차이가 나는, 지식이 부를 창출하는 지식기반 경제의 백미라 할 수 있다. 운용 성과에 따라 몇 백만 불에서 몇 천만 불까지 보상해야 한다는 글로벌 사고와 제도 정비가 필요하다. 이는 선진 대형 연기금의 운용 시스템에 정착되어 있는 제도, 규정을 벤치마킹하는 지혜를 빌리면 된다. 미국의 캘퍼스, 일본의 스팍스 등 선진 대형 연금들도 최근 인센티브 축소를 실시하여 유능한 인재들이 조직을 이탈하고 함량 미달의 펀드매니저들에 의해 엄청나게 수익률이 하락한 경험을 했다.

## 안타까운 현실

이런 면에서 L선배의 이야기는 매우 안타까울 수밖에 없다. 불과 1년 전까지만 해도 모 조합의 운용을 담당했던 L선배는 선진국 대형 연금에 필적할 만한 높은 성과를 지속적으로 냈었다. 조합의 역대 평균 수익률보다 연 10% 이상 차이를 보이는 탁월한 성과였다. 수익률의 차이는 기금 규모가 1조면 1,000억, 100조면 10조라는 굉장히 큰 돈을 의미한다. 그런 L선배가 사직했다 하여 만난 적이 있다. L선배의 사직 이유는 단순했다. 자신의 건강과 시간을 희생해가면서 이룬 성과에 대한 보상이 전혀 없다는 것이다. 단지, 조합과 수많은 조합원을 위한다는 열정으로 일을 지속하기에는 너무 지쳤던 것이다. 내 머릿속에는 L선배의 사직으로 인한 사회나 국가의 기회비용이 떠올랐다. 좁게 보면 향후 수익률의 차이만큼 정부의 재정 지원 손실로 이어지고, 넓게 보면 인센티브 부재 등 시스템 미비로 인해 엄청난 돈이 연기금 전체의 기회 손실로 이어질 것이다. 이는 고스란히 정부의 재정 부담으로 전가될 것이다.

기금의 대형화와 성공적인 운용이 미치는 영향은 상상을 초월한다. 안정적인 노후자금에 대한 신뢰는 미래에 대한 불안을 현저히 감소시킬 것이고, 미래 세대가 짊어질 부담 역시 완화될 것이다. 이는 경제 주체들의 활발한 경제활동과 함께 국가경제의 활력으로 이어질 것이 분명하다. 특히, 급속한 고령화 진전, 높은 청년 실업률, 양극화 확대 등으로 복지투자 필요성이 증대되고 있는 현실임에도 불구하고 투자 재원은 OECD 대비 미미한 수준으로 재원 확보가 시급하다.

정부와 정치권, 학계 등은 '저부담, 고급여'의 연금체계를 수술하기 위해 노력하고 고민하고 있는데, 이해관계자의 정치적 저항 또한 강하다. 현재 세대와 미래 세대의 이해가 갈리는 난제이지만 반드시 풀어야 할 문제임에도 분명하다. 하지만 연금 고갈 우려로 인한 '많이 내고 적게 받자.'는 이해관계자 간의 합의가 도출되기 이전에 기금의 운용 시스템과 성과에 더 집중하고 싶다.

국민연금공단에 의하면 향후 연금이 최대 규모일 때가 4천조 원에 달할 것이라고 하는데, 이때의 연평균 5%와 15% 운용능력의 차이는 4백조 원이 될 것이다. 단순히 2006년 한 해만 보더라도 국민연금 190조를 포함하여 국내 61개 연기금의 총 금융자산 규모는 372조 원으로 추정되는데, 해외 대형 연기금들과 차이를 보이는 이 10%의 운용성과의 갭은 약 40조 원이 되는 셈이다. 우리나라의 2007년 예산이 163조라는 것을 생각하면 더욱 실감난다. 제로섬 게임으로 보면, 연기금의 투자에 대한 규제나 초보적인 운용시스템으로 인하여 막대한 금액이 매년 연기금에 적립되지 못하고, 외국인 투자가나 개인 등 누군가의 주머니에 들어간다는 것인데 이 얼마나 끔찍한 일인가? 적립 가능한 이 엄청난 돈은 실제로 연기금의 재무 건전성을 높이고 복지, 균형발전, 세대 간 갈등 및 양극화 해소를 위해 직간접적으로 쓰여야 할 재원일지 모른다. 또한 개인, 기업의 감세 재원으로 쓰일지도 모르고, 민간에 흘러 들어가 확대 재생산되어 국가의 활력과 성장에 기여하게 될 돈일지도 모른다.

거창하고 새로운 법이 반드시 필요한 것은 아니다. 현재의 제도 하에서도 시스템을 정비하거나, 운영의 묘를 살림으로써 정부의 재정 안정성을 증가시킬 수 있는 여지가 충분히 있을 것이다. 캘퍼스는 캘리포니아의 복지에 관련된 투자를 확대하고, '주'의 서비스 창출과 고용 확대 및 지역 경제 활성화에 기여하는 등 왕성한 경제활동을 하고 있는데, 이는 20% 안팎의 양호한 수익률에 기인한 재무구조의 자신감에서 비롯된 것이다. 부러움이자 우리에게 많은 것을 시사하고 있다.

국내 자본시장은 불과 몇 해 전과 비교하면 판이하게 달라졌다. 글로벌 기업이 등장하고 간접투자가 활성화되면서 시장의 변동성이 줄어들고 있는데, '대세상승기'를 보였던 미·일과 비슷한 환경을 보여주고 있다. 거대 투자자본이 국경을 자유롭게 넘나들며 금융제국을 건설하는 시대, 해외 자본시장은 우리에게도 기회의 땅이 되고 있다. 국민연금 등 연기금의 운용성과가 우리나라의 미래를 그리게 될 것이 분명하지만 안타깝게도 우리는 이 부분에 집중하지 못하고 있다.

## 정부의 텐배거 리더십 ② | 나비나라 '두바이'의 교훈

미국 서부 여행 중 들른 네바다 주의 불야성의 도시, 라스베이거스의 밤을 아직도 잊을 수가 없다. 파리의 에펠탑, 이집트의 피라미드, 로마의 시저스 궁 등 세계 각국의 장소를 그대로 옮겨놓은 듯한 호텔 카지노의 웅장한 규모와 창조적인 아이디어를 보는 순간 숨이 멎는 듯했다. 불모의 사막지대는 도박을 테마로 일확천금의 꿈을 현실로 만들어준다는 비전 아래 사랑과 낭만, 꿈이 있는 최대의 관광도시로 탈바꿈했다. 이렇게 새로운 가치를 창출한 도시에서 나는 쉽게 잠을 이룰 수가 없었다.

라스베이거스에서 카지노와 갬블러 간의 배팅 승률 차이는 1%에 불과하다. 이 1%의 차이를 일확천금, 성공, 부의 가치로 창조하여 갬블러, 관광객들에게 문화로 판매하고 있는 것이다. 가치를 사는 자는 다수이지만 가치를 파는 자는 라스베이거스 한 곳이고, 이곳에서는 1%의 배팅 승률로 영원히 질 수 없는 게임이 계속되는 것이다.

새로운 가치는 독특한 창조력과 발상의 전환으로 얼마든지 만들어낼 수 있다. 공간이 확대된다면 어떻게 될까? 규모가 커지면 커질수록 창조력 또한 무한대로 확장된다. 이는 기업, 도시, 국가 어느 곳이든 차이가 없다. 나는 사막에 불과하던 라스베이거스의 성공에서 '창조'라는 메시지를 받았다. 라스베이거스는 창조를 통한 새로운 가치를 들려주고 있다.

열사의 땅, 중동은 오늘날 위기에 놓여 있는지 모른다. 중동이 석유가 고갈된 이후를 준비하지 않는다면, 이 지역의 빈곤과 절망은 깊어질 것이다. 더욱 격렬한 테러리즘이 촉발될 수도 있을 것이다. 현재 중동 최대의 적은 미국이 아니라 그들의 근시안적 시각이다. 그것이 중동의 많은 지도자들이 석유로 번 돈을 더 나은 미래를 위해 사용하지 못하는 이유이다. 그 와중에 중동의 변두리였던 '두바이'가 창조와 새로운 가치에 대한 열망을 내뿜고 있다.

두바이는 불과 15년 동안 '세계 최고', '세계 최대', '세계 최신'이라는 수식어를 전 세계에 전파했다. 현재 두바이는 무서운 추진력으로 달려가고 있다. 어느 누가 두바이가 '세계 최고'를 연상시키게 될 것이라고 상상이나 했겠는가.

두바이의 신화를 진두지휘하는 인물은 셰이크 모하메드 왕이다. 이건희 삼성그룹 회장도 "두바이에서 창조 경영의 실마리를 찾아야 한다."며 모하메드 왕을 칭찬했다. 그는 시대를 대표하는 리더십의 모델로 꼽힌다. 현실을 냉철하게 진단하는 통찰력, 미래를 내다보고 비전과 발전상을 제시하는 상상력, 도전과 모험정신으로 불가능은 없다라고 밀어붙이는 실천력 등 리더십의 3대 조건을 고루 갖추었다. 이는 과거의 영광과 고통에 집착하여, 자신들의 가치를 제대로 활용하지 못하고 있는 대부분의 중동 국가들의 리더십과는 확실히 차별화되고 있다.

두바이의 신화는 국가의 유일한 핵심역량인 석유자원이 머잖아 고갈될 것이라는 위기감에서 출발했다. 위기를 극복하는 방법은 새로운 핵심역량을 찾아내는 것으로 결론지어졌다. 복지예산을 줄이고 인류 역사상 가장 위대한 인프라 구축을 위해 자금을 쏟아 부었다.

세계 최대의 인공 무역항을 건설하고, 인공섬 위에 최고급 호텔을 짓고 여의도 10배 크기의 자유무역지대를 만들었다. 영화에서나 볼 수 있을 법한 수중 호텔이 현실화되고, 사막 한복판에 디즈니랜드보다 세 배나 큰 두바이랜드가 들어서고, 사막에 운하를 파서 첨단 빌딩을 세우는 비즈니스 베이에는 세계 최고층 빌딩 버즈두바이가 우뚝 서게 된다. 또한 교육자유지역을 선정하여 세계적인 석학을 유치해 학교의 질을 세계적인 수준으로 끌어올리고 있다.

시인의 상상력을 현실로 만들어낸 두바이의 캐치프레이즈는 '상상력을 세일즈한다.' 이다. 상상력은 무형자원인 가치를 향상시켜 수익을 올리는 동력이다. 지금 두바이에서는 어떤 건물이 들어서느냐 하는 것이 포인트가 아니라 지식과 공간을 활용한 시간의 속도가 어떻게 펼쳐지는가 하는 것을 문화사적인 측면에서 살펴봐야 한다. 두바이는 이미 '세계에서 가장 살고 싶은 곳, 쇼핑하고 싶은 곳, 볼거리와 즐길거리가 가득한 곳'이라는 가치를 창조했다. 전 세계 사람들에게 상상을 초월한 높은 가치를 판매하려는 두바이를 지켜보며 우리도 앞으로 어떤 핵심역량으로 국가의 가치를 높일 것인지를 깊이 생각해야 한다.

타워 크레인의 불빛이 나비가 춤추는 것과 흡사하다 하여 '나비나라' 라는 애칭으로 불리는 두바이. 오늘도 전 세계의 20%가 넘는 나비가 두바이 하늘에서 축복의 날개짓을 하고 있다.

## 정부의 텐배거 리더십 ③ | 대한민국의 텐배거를 꿈꾸며

언젠가 기업을 운영하는 CEO들을 대상으로 실시한 설문조사에서 우리 역사에서 가장 뛰어난 리더는 누구인가, 라는 질문에 가장 많은 점수를 얻은 인물은 세종대왕이었다. 세종은 시대정신을 제대로 읽고 '창조적 국가경영'에 전력을 기울인 리더였다. 선왕들의 노력으로도 왕권이 안정화되지 못한 시절, 군주에게 어떠한 형극의 길이 펼쳐질지 아무도 예상할 수 없는 불안한 정국이었다. 그러나 그는 시대의 요구를 회피하지 않고 대의를 추구하는 강한 리더십을 보여줬다. 한글을 만드느니 차라리 자신들을 죽이라던 중신들의 협박도 꿋꿋이 버텨냈다. 그때 만약 세종이 뜻을 굽혔다면 오늘날의 우리나라는 상상하기 힘들 것이다.

세종의 '창조적 국가경영'의 성과물 중 가장 우수한 한글은 후손들에게 세상에서 가장 뛰어난 언어를 선물했다. 이는 오늘날 디지털 광속시대에 대한민국이 IT강국으로 일류 국가를 건설할 수 있는 밑받침이 된다. 중국어, 일본어로 700페이지 분량의 논문을 한글로 옮기면 100페이지면 완성된다. 생산성 면에서 보면 일곱 배의 경쟁력을 가진 것이요, 지식기반 경제논리로 보면 단순한 일곱 배 이상의 양과 질적인 정보 저장 능력, 스피드 있는 정보 전달 기능, 지식 습득의 우월성을 지닌 것이다. 한국이 세계 최고의 IT국가가 된 것은 결코 우연이 아닌 것이다.

세종의 창조경영은 지금 이 시대에도 간절하게 요구된다. 경제의 세계화는 거스를 수 없는 도도한 시대적 물결이다. 세계는 지역경제공동체, 자유무역협정 등 국경 없는 세계 경제질서로 재편되어 치열한 생존경쟁에 돌입한 지 오래다. 지금 대한민국은 기로에 서 있다. 세계 11위의 경제대국으로 평가받고 있지만, 여기에 안주한다면 골드만삭스가 예측한 2050년에 세계 2위의 소득을 달성하지 못할 뿐만 아니라 국제 경쟁에서 도태될지도 모른다. 경제는 달리는 자전거와 같아 끊임없이 페달을 밟아 앞으로 나아가지 않으면 넘어지기 십상이다.

일류국가라는 열망을 이루기 위해서는 우리와 환경이 비슷한 네덜란드, 스위스, 아일랜드가 국가경쟁력 확보를 통해 선진국으로 발돋움한 전략을 벤치마킹할 필요가 있다.

이들 국가는 '집중과 선택'을 기초로 세계 500대 기업 중 Novartis, UBS, ABN Amro 등 32개 기업을 보유하고 있다. 특히 M&A를 통해 집중화 전략을 구사하였다. 노바티스는 1996년 산도스Sandos와 시바가이기Ciba_Geigy 간 합병을 통해 세계적인 제약회사로 부상했는데, 매년 세계에서 가장 존경받는 제약회사로 뽑히고 있다. 이들 국가의 또 하나의 전략은 금융산업 우위의 전략을 추진하여 세계 500대 기업(금융회사 포함) 중 ING, UBS 등 무려 12개의 금융회사를 보유하고 있으며, 자국 은행의 국제 경쟁력 강화를 위한 상위 은행 간의 전략적 통합을 추진하여 선도 금융회사를 육성하고 있다. 이들 국가의 경쟁력 제고 전략은 앞서 강조한 교육, 금융, 글로벌 니치리더 등을 통해 텐배거를 달성하자고 주장한 것과 일맥상통한다.

국가 경쟁력은 기업이 국내 및 국제 경쟁력을 지속할 수 있도록 경제, 사회구조, 제도, 정책 등에서 효율적으로 지원하는 국가적 환경에서 좌우될 것이다. 2006년 세계경제포럼WEF은 우리나라의 국가 경쟁력을 24위로 발표했는데, 경제력에 비해 낮은 평가를 받은 이유는 역시 '정부부문의 비효율성'이었다. 경쟁력 없는 공공부문이 한국 경제 추락의 주범이라는 분석이다. 국가 경쟁력보다 중요한 의제가 어디 있겠는가. 이제 정부도 민간부문의 우수한 인력을 적극적으로 활용하는 방법을 고민해야 한다. 경쟁 체제를 도입하는 데 주저함을 보여서는 안 될 것이다. 국민연금을 비롯한 공공부문의 많은 문제가 우수한 민간부문의 인력과 시스템으로 해결할 수 있다는 것을 지적하고 싶다.

민간 전문가의 활용은 지방정부도 예외일 수 없다. 일본능률협회는 매년 9개의 우수기업을 선정하는데, 1991년에는 놀랍게도 일본의 작은 지방자치단체인 이즈모出雲 시가 선정되었다. 일본에는 '경제는 일류, 행정은 이류, 정치는 삼류'라는 말이 있다. 이런 인식을 깨고 이즈모 시가 소니, 혼다 등 일본을 대표하는 기업들과 어깨를 나란히 한 것이다. 그 해답은 금융 전문가인 이와쿠니 데즌도岩國哲人 시장이 가지고 있었다. 이와쿠니는 20년 이상을 해외에서 생활했고, 30년간 닛코日興증권, 모건 투자은행, 메릴리치 사 등 금융업을 바탕으로 경영인의 길을 걸어왔다. 시장이 되기 직전까지 그는 미국 메릴리치 사의 수석부회장 겸 일본 담당 책임자였다. 그런 이와쿠니가 탁월한 경영 능력으로 이즈모 시를 경쟁력 있는 도시로 변모시킨 것이다. 그 후 일본은 기업인 등 민간 전문가에게 지방정부를 맡기는 것이 지역 발전에 이바지한다는 인식이 높아졌다.

우리나라도 지방자치제도를 실시한 지 10년이 넘었다. 사실 지방

정부의 폐쇄성과 비효율성은 오래전부터 지적되어 왔다. 이제부터라도 지방의 혁신과 변화를 이끌 새로운 리더로 민간부문이 적극적으로 나서기를, 민간부문의 우수한 인력들도 공공부문에 도전할 것을 기대해본다.

지금 '세계의 시장'이라 불리는 중국이 이른바 '동해벨트'를 중심으로 세계의 부富를 빨아들이는 블랙홀이 되고 있다. 나 또한 상해에 갈 때마다 이를 체감하고 있다. 푸동 공항에서 상해의 중심부인 롱양역까지 8분 만에 주파하는 '쯔시엔푸'라는 자기부상 열차를 탈 때마다 기마대의 '스피드'로 인류 역사상 최대 제국을 건설했던 칭기즈칸이 떠오른다. 지금은 푸동 공항에서 290km 떨어진 항주杭州까지 29분 만에 주파하는 철로공사를 시작했다고 한다. 우연일까. 만만디慢漫的의 땅이 아니었던가.

이제 상상해본다. 동북아 허브의 인천국제공항, 새만금이라는 세계적인 문화 허브, 개성이라는 경제특구가 연결되어 물류가 이동하고 세계인이 모이는 지구촌의 중심축으로 자리를 잡는 서해벨트를. 이 서해벨트를 10분 내외로 넘나드는 자기부상 열차가 눈앞에 펼쳐진다. 이제는 창조적 '상상력'과 시대를 앞서는 '스피드' 없이는 결코 대한민국의 텐배거를 말할 수 없다.

어떤 나라도 이룩하지 못한 가치를 창조해 진정한 일류 국가가 되는 대한민국을 꿈꿔본다. 바로 이런 것이 창조이고 진정한 텐배거가 아닐까? 내가 바라는 10루타, 즉 텐배거가 이루어져 골드만삭스에서 예측한 세계 2위가 아닌 세계 1위가 되는 대한민국을 가슴에 품어본다.

# 대한민국의 텐배거는
# '나'의 텐배거에서 시작된다

이 책에서 각 개인의 텐배거를 위하여 '온리원'이라는 새로운 방room을 만들고자 했다. 이 안에서 우리는 다른 이들이 시도하지 않았던 것을 찾아 발상의 전환을 고민했다. 한편으로는 '핵심역량', '가치창조', 'M&A' 전략으로 기업의 텐배거라는 견고한 성을 쌓고자 했다. 그 결과 개인은 물론 기업, 국가도 투자시장을 이해하고 활용해야 텐배거를 이룰 수 있음을 확인한 의미 있는 시간이었다.

대한민국의 텐배거를 생각하면서 교육과 인재 육성, 금융분야의 잠재력 활용, 글로벌 니치리더 기업 및 해외시장의 창조적 개척 등의 대안을 고민했다. 이것은 투자시장에서 일하거나 실제 기업을 경영하면서 느끼고 확신한 점을 정리한 것이다. 그 일환으로 민간부문의 전문가들이 공공부문, 즉 국가에 좀더 적극적으로 진입하길 바란다.

생각해보면 국가가 이룰 수 있는 텐배거는 매우 다양하다. 국민 개개인과 기업의 성장을 가로막는 걸림돌을 없애고 보호막이 되는 나라, 점차 심화되는 계층과 지역 간의 불균형을 해소하는 나라, 국민 각자가 원하는 삶을 누리는 나라, 기업하기 좋은 나라……, 이런 나라가 되기 위해 노력하는 모습에서 우리는 머지않아 텐배거를 만나게 될 것이다. 이런 의미에서 국가의 텐배거는 개인의 무한한 노력과 기업의 지속적인 성장에 달려 있기도 하다.

특히 경영인의 한 사람으로서 국가의 미래 지향적인 창조적 리더십이 얼마나 중요한지 해외에 나갈 때마다 뼈저리게 느끼고 있다. 그리하여 오늘날 창조경영의 모범을 보여준 세종대왕에 대한 그리움이 제법 구체적으로 다가온다. 한편, 우리 국민들 각자의 주도적인 사고 역시 절실해지고 있다. 시대의 한구석에 매몰되지 않고 세계 경제의 흐름을 읽어내며, 미지의 세계에 대한 무한한 호기심을 가지고 무모하리만큼 도전하는 우리 국민 각자, '내'가 대한민국의 텐배거를 이루는 데 결정적인 역할을 할 것이다.

가끔 생각해본다. 대한민국은 영원히 존속할 것인가? 그 답은 이미 역사가 말해주고 있다. 기업은 글로벌 경쟁에서 살아남기 위해 지속적으로 긴장하며 혁신을 거듭하고 있다. 이런 생존의 방정식은 국가라고 예외일 수 없다.

얼마 전 개성공단을 다녀왔다. 척박한 환경을 안타까워하는 일행도 있었지만, 나는 개성이 기회의 땅立地이자 대한민국 텐배거의 뜻을 세울 수 있는 입지立志의 땅이라는 느낌을 강하게 받았다. 남북 또는 북미관계의 리스크를 해소시킬 수 있는 장치가 마련된다면, 굳이 기업들이 공장을 해외로 이전할 이유가 없어질 것이다. 특히 중소기업들은 저렴하고 뛰어난 노동력을 활용하여 글로벌 경쟁에서 우위를 점할 수 있는 중대한 계기를 마련하게 될 것이다. 우리 경제의 허리인 중소기업들이 글로벌 니치리더가 되는 첫걸음을 느낄 수 있었다.

독일의 예처럼, 우리 중소기업들이 글로벌 경쟁력을 갖추게 된다면 중산층도 두터워지고 단단해질 것이다. 한편으로 개성공단이나 금강산 관광특구의 기업에 종사하는 북한 주민들 역시 중산층의 삶을 누리고 있다고 한다. 개인 간, 지역 간, 또는 남북 간의 진정한 통합은 중산층 양성 시스템에서 시작해야 하지 않을까 싶다.

부디 개성공단이 우리 중소기업과 북한 경제에 큰 활력이 되기를 바란다. 더 나아가 제2, 제3의 개성공단이 발전하여 북한 경제의 맹아萌芽가 될 중산층이 확대되기를 진정으로 바란다. 물론 그 과정에서 제조 이외의 분야로 넓혀가는 지혜도 필요할 것이다. 최근 일부 다국적 기업이 동포들이 많이 거주하는 중국 지역에 콜센터 설립을 추진하고 있다고 한다. 저렴한 인건비와 의사소통이 관건인데, 역시 북한과 윈윈할 수 있는 분야는 끝이 없다는 생각이 들게 한다. 이런 것 또한 대한민국의 텐배거가 아닐까.

중국 상해에 갈 때면 푸동공항에서 롱양역까지 '쯔시엔푸' 라 불리는 자기부상 열차를 탄다. 8분 만에 시내 중심부에 도착하는 편리함과 스피드가 매번 강하게 인상으로 남는다. 지금은 시범구간의 성공을 바탕으로 푸동공항에서 290km 떨어져 있는 항주杭州까지 29분만에 주파하는 철로공사를 시작하고 있다. 성장(텐배거)에는 시간과 공간을 초월한 창조적 상상력이 중요한 것은 기본 아닌가. '만만디漫漫的'의 땅에서 나는 '쯔시엔푸' 처럼 빠르게 상상의 나래를 펼쳐본다.

## 서해벨트의 가치창조–쯔시엔푸 안에서

지금 '세계의 시장' 이라 불리는 중국은 점차 세계의 '부富' 를 빨아들이는 블랙홀이 되고 있다. 이른바 '갑부甲富' 의 수나 기준도 상상 이상이다. 그리고 이것들은 이른바 중국의 '동해벨트' 에 집중되고 있다. 우리의 서해벨트는 이런 부富와 갑부甲富를 끌어 들일 수 있도록 하는 새로운 가치에 주목해야 할 것이다. 이른바 중국의 '동해벨트' 에서 이루어질 수 없는 가치, 중국인들이 창조할 수 없는 가치를 찾아 내야 할 것이다. 나는 새로운 문화적 가치에서 그 해답을 찾고 싶다. 우리는 라스베이거스의 환상적인 풍경, 솔레이유가 공연하고 있는 올랜도의 창조력, 그리고 두바이의 상상력에서 아이디어를 얻어야 할 것이다. 우리는 이미 한류韓流라는 막강한 문화적 영향력을 가지고 있지 않은가.

서해벨트의 무한한 가능성을 외치며 상상한다. 문화와 물류 그리고 산업에서 글로벌 경쟁력을 가진 도시들 이른바 '서해벨트', 우리 민족의 모순과 희망을 담고 있는 개성, 세계 최대의 물류허브를 꿈꾸는 인천 그리고 거대한 세계문화의 땅 새만금, 이 서해벨트를 10분 내외로 넘나드는 자기부상열차가 눈앞에 펼쳐졌다. 더 나아가 중국의 이른바 '동해벨트' 와 연결되는 그림을 떠올려 본다. 베이징을 출발한 열차가 지구촌의 문화를 머금고 한류로 만개한 땅, 새만금에 1시간여 만에 도착한다. 중국의 '갑부甲富' 들이 새하얀 돛을 단 요트나 크루즈를 몰고 황해를 건너 새만금으로 향한다. 인천이 물류허브를 뛰어넘어 세계적인 문화, 새만금을 체험할 수 있는 전 세계인의 관문이 된다. 이렇게 빠르고 다양하게 세계의 '부富' 를 빨아들이는 행복한 꿈을 꿔본다. 바로 이런 것이 창조이고 진정한 텐배거가 아닐까. 국가의 창조적 리더십이 왜 중요하고 절실한지의 이유이기도 하다.

이 책에서 나는 개인과 기업 나아가 국가까지 텐배거가 가능함을 새로운 비전과 가치창조를 통해 이야기하고자 했다. 다소 거칠고 이해되지 않는 부분은 텐배거라는 의지와 열정이 만들어낸 거친 노력의 결과일 것이다. 그러나 그것을 이루어가고자 하는 방법은 사뭇 진지하고 구체적이며 현재 진행형이다.

주변을 둘러보면 텐배거 정신으로 밀고 나아가야 할 문제들이 곳곳에 산재해 있는 것을 알 수 있다. 누군가는 말했다. "커다란 성과를 기대하지 말고 꾸준히 노력하는 것이 훌륭한 일을 해내기 위한 가장 확실한 첫걸음이다."

텐배거로 가는 첫걸음에 당신과 당신의 기업 그리고 사랑하는 국가가 함께한다면 그것이 바로 세계 초일류가 되는 지름길이 될 것이다.

평범한 일상에 불타는 텐배거를 날려보자!

**텐배거** 10배 성장전략

지은이 | 이상직
펴낸이 | 김경태
펴낸곳 | 한국경제신문 한경BP

제1판 1쇄 발행 | 2007년 5월 30일
제1판 5쇄 발행 | 2007년 9월 20일

주소 | 서울특별시 중구 중림동 441
기획출판팀 | 3604-553~6
영업마케팅팀 | 3604-561~2, 595  FAX | 3604-599
홈페이지 | http://www.hankyungbp.com
전자우편 | bp@hankyung.com
등록 | 제 2-315(1967. 5. 15)

ISBN 978-89-475-2611-1
값 11,500원